LANGENSCHEIDTS

SPRACHFÜHRER

FRANZÖSISCH

mit

Reisewörterbuch

Deutsch – Französisch

LANGENSCHEIDT

BERLIN · MÜNCHEN · WIEN · ZÜRICH

Herausgegeben und bearbeitet von der Langenscheidt-Redaktion
Übersetzung: Robert-Alexandre Donjean

Langenscheidts Sprachführer Französisch enthält

- Redewendungen und Wörter für die Reise
- die phonetische Umschrift (A.I.P.) für alle Wörter und Wendungen
- eine Kurzgrammatik der französischen Sprache
- eine Einführung in Schrift und Aussprache des Französischen
- sowie zusätzlich ein deutsch-französisches Reisewörterbuch im Anhang

Auflage:	16.	15.	14.	13.	Letzte Zahlen
Jahr:	1986	85	84	83	maßgeblich

Druck: Druckhaus Langenscheidt, Berlin-Schöneberg
Printed in Germany · ISBN 3-468-22152-5

Wo ist mein Gepäck?
Où sont mes bagages?
u sɔ̃ me baˈgaːʒ

***Wann (Wo)* treffen wir uns?**
Quand (Où) nous rencontrons-nous?
kɑ̃ (u) nu rɑ̃kɔ̃trɔ̃ˈnu

Wo kann ich ... mieten?
Où puis-je louer ...?
u pɥiʒ‿luˈe

Können Sie mir ... leihen?
Pouvez-vous me prêter ...?
puveˈvu mə prɛˈte

Können Sie das reparieren?
Pouvez-vous réparer cela?
puveˈvu repaˈre sla

***Geben (Zeigen)* Sie mir bitte ...**
Donnez-moi (Montrez-moi), s'il vous plaît ...
dɔneˈmwa (mɔ̃treˈmwa), silvuˈplɛ ...

***Eine Karte (Zwei Karten)*, bitte!**
Un billet (Deux billets), s'il vous plaît!
œ̃ biˈjɛ (dø biˈjɛ), silvuˈplɛ

Wie spät ist es?
Quelle heure est-il?
kɛl‿ˈœːr ɛˈtil

Gestern.	**Heute.**	**Morgen.**	**In acht Tagen.**
Hier.	Aujourd'hui.	Demain.	Dans huit jours.
jɛːr	oʒurˈdɥi	dəˈmɛ̃	dɑ̃ ɥi ʒuːr

In *einer Stunde (zehn Minuten)*.
Dans *une heure (dix minutes)*.
dɑ̃‿z‿yn‿ˈœːr (di miˈnyt)

Nächste Woche.
La semaine prochaine.
la səˈmɛn prɔˈʃɛn

Vor *zwei Stunden (fünf Minuten)*.
Il y a *deux heures (cinq minutes)*.
ilˈja dø‿z‿ˈœːr (sɛ̃ miˈnyt)

Vorige Woche.
La semaine *dernière (passée)*.
la səˈmɛn dɛrˈnjɛːr (paˈse)

Ich *will (kann)* nicht.
Je ne *veux (peux)* pas.
ʒɛ nə vø (pø) pa

... ist nicht in Ordnung.
... ne marche pas.
... nə marʃˈpa

Herein!	**Einen Moment, bitte!**	**Lassen Sie mich in Ruhe!**
Entrez!	Une minute, s'il vous plaît!	Laissez-moi tranquille!
ɑ̃ˈtre	yn miˈnyt, silvuˈplɛ	lɛseˈmwa trɑ̃ˈkij

Herr Ober!	**Fräulein!**	**Ich möchte zahlen!**	**Hilfe!**
Garçon!	Mademoiselle!	Je voudrais payer!	Au secours!
garˈsɔ̃	madmwaˈzɛl	ʒə vuˈdrɛ pɛˈje	o s(ə)ˈkuːr

Holen Sie schnell einen *Arzt (Krankenwagen)*!
Faites venir *un médecin (une ambulance)* immédiatement!
fɛt vəˈnir œ̃ meˈdsɛ̃ (yn‿ɑ̃byˈlɑ̃ːs) imedjatˈmɑ̃

INFORMATION

Hinweise für den Benutzer

Dieser Sprachführer bietet Ihnen alle auf der Reise und im Alltag des fremden Landes erforderlichen wichtigen Redewendungen und Wörter mit durchgehender Aussprachebezeichnung. Eine übersichtliche Gliederung macht seine Benutzung denkbar einfach, so daß Sie Ihre Fragen und Wünsche mit Hilfe der gebräuchlichen und praktischen Wendungen dieses Buches rasch und klar zum Ausdruck bringen können.
Wir geben Ihnen zunächst einige allgemeine Hinweise über den Aufbau und Inhalt des Sprachführers.

Aufbau des Sprachführers

Wir haben den gesamten Stoff in 22 Kapitel gegliedert. Sie beginnen mit allgemeinen Redewendungen und Wörtern. Dann folgen Kapitel über das Reisen mit den verschiedenen Verkehrsmitteln, über Unterkunft und Verpflegung, über andere Fragen, die Ihnen in einem fremden Land begegnen werden, über Einkäufe, über den Umgang mit Behörden, über Gesundheit, kulturelle Veranstaltungen und Vergnügungen. Im Anhang finden Sie die Zusammenstellung der wichtigsten Bekanntmachungen und Warnungen, der Abkürzungen, der Maße und Gewichte und der Farben.
Sie werden selbst bemerken, daß die deutschen Redewendungen und Wörter schwarz und fett gedruck sind, die französischen dagegen rot. Darunter oder daneben steht dann in gewöhnlicher schwarzer Schrift die Aussprache der französischen Wörter und Sätze.
Gelegentlich haben wir zwei Sätze zusammengefaßt und dabei die auszutauschenden Wörter oder Satzteile durch Schrägdruck gekennzeichnet. Ein Beispiel: Zu „Wann wird *geöffnet* (*geschlossen*)?" gehört die Übersetzung „À quelle heure est-ce qu'on *ouvre* (*ferme*)?" Das bedeutet: „Wann wird geöffnet?" heißt „À quelle heure est-ce

qu'on ouvre?" und „Wann wird geschlossen?" heißt „À quelle heure est-ce qu'on ferme?".
Allgemeine Bemerkungen, die Ihnen helfen sollen, sich im fremden Land richtig zu verhalten und seine Besonderheiten zu verstehen, haben wir rot umrandet. Schwarz umrandet finden Sie Hinweise und Aufschriften, die Ihnen begegnen werden.
Ein Sternchen (*) zu Beginn eines Satzes deutet an, daß es sich um einen Satz handelt, den Sie von Ihrem Gesprächspartner hören können.

Angaben zur Aussprache des Französischen

Eine ausführliche Erklärung der Aussprache des Französischen finden Sie auf den Seiten 8–11. Für eine korrekte Aussprache ist es nötig, sich mit den Zeichen der Internationalen Lautschrift vertraut zu machen. Sie werden dabei feststellen, daß die meisten Buchstaben dieselben wie im lateinischen Alphabet sind, und daß Sie sich nur einige wenige abgewandelte Buchstaben einprägen müssen, die spezifisch französische Laute wiedergeben. Die Lautschrift wird Ihnen dabei helfen, das Französische richtig auszusprechen und Ihren Gesprächspartner zu verstehen.

Übersicht über die Grammatik

Wenn Sie sich zumindest einige Grundkenntnisse der Grammatik aneignen wollen, dann können sie von der auf den Seiten 195–200 kurzgefaßten Zusammenstellung der wichtigsten grammatischen Erscheinungen Gebrauch machen. Abgesehen davon, daß Sie damit Einblick in den Aufbau der französischen Sprache erhalten und die im Sprachführer angegebenen Sätze und Wendungen besser verstehen, wird es Ihnen auch möglich sein, einige einfache Sätze selbst zu bilden.

Reisewörterbuch

Das Reisewörterbuch im Anhang umfaßt 40 Seiten und hilft Ihnen, wenn Sie die französische Übersetzung von Einzelwörtern und wichtigen Wendungen schnell ermitteln wollen. Die Übersetzungen sind jeweils mit einer phonetischen Umschrift und Seitenverweisen auf den Hauptteil versehen, so daß dieses Wörterverzeichnis Ihnen zugleich auch als Sachregister dient.

INHALTSVERZEICHNIS

DIE AUSSPRACHE DES FRANZÖSISCHEN

macht dem Anfänger gewöhnlich erhebliche Schwierigkeiten. Um Ihnen eine einwandfreie Aussprache der französischen Wörter und Sätze zu vermitteln, haben wir in diesem Sprachführer die „Internationale Lautschrift" verwendet. Eine Erklärung der einzelnen Lautzeichen mit Beispielen finden Sie am Schluß dieses Kapitels. Im folgenden haben wir Lautzeichen und Lautschrift jeweils in eckige Klammern gesetzt.

Wir geben Ihnen nun die wichtigsten Ausspracheregeln.

Die Aussprache der Konsonanten ist im Französischen und Deutschen nahezu gleich, jedoch spricht der Franzose die Konsonanten klarer aus als der Deutsche. Vor allem sind stimmhafte und stimmlose Konsonanten genau voneinander zu unterscheiden. So bleiben die weichen (stimmhaften) Konsonanten *b*, *d*, *g* am Wortende – soweit sie überhaupt ausgesprochen werden – stimmhaft, während sie im Deutschen stimmlos werden. Die stimmlosen (harten) Konsonanten *p*, *t*, *k* werden im Französischen ohne den nachfolgenden Hauchlaut des Deutschen ausgesprochen.

Anders als im Deutschen werden vor allem die Buchstaben *c* und *g* ausgesprochen. Man muß hier unterscheiden, ob diese Buchstaben vor a, o, u und Konsonanten oder aber vor e und i stehen: Die Aussprache richtet sich ausschließlich nach dem *folgenden* Buchstaben. Im einzelnen sieht das so aus:

c vor a, o, u und Konsonanten wie deutsches k [k]: *carte.*

c vor e, i und y wie scharfes (stimmloses) s [s]: *cent.*

Soll *c* vor a, o und u nicht wie [k], sondern wie [s] gesprochen werden, so wird *ç* geschrieben: *garçon.*

g vor a, o, u und Konsonanten wie deutsches g [g]: *gare.*

g vor e, i und y als stimmhafter Reibelaut [ʒ]: *Gérard.*

Soll *g* vor a, o und u nicht wie [g], sondern wie [ʒ] gesprochen werden, so wird ein e eingefügt: *Georges.*

Soll dagegen *g* vor e, i und y nicht wie [ʒ], sondern wie [g] gesprochen werden, wird hinter dem g ein u eingeschoben: *guichet.*

Ferner erwähnen wir:

ch wird vor Vokalen meist wie deutsches sch [ʃ] gesprochen: *chapeau*, vor Konsonanten und am Wortende dagegen meist wie deutsches k [k]: *chronique.*

h ist stets stumm.

j ist stets wie [ʒ] zu sprechen: *journal.*

l wird in Verbindung mit i oft zu einem weichen j-Laut: *soleil, fille.*

qu wird wie deutsches k [k] gesprochen, das u bleibt stumm: *quarante.*

s am Wortanfang und nach Konsonanten wie scharfes (stimmloses) s [s]: *salle.*

s zwischen Vokalen wie weiches (stimmhaftes) s [z]: *rosé.*

v stets wie deutsches w [v]: *vin.*

y wird als Konsonant wie j [j] gesprochen: *payer.*

z stets wie weiches (stimmhaftes) s [z]: *douze.*

Viele Buchstaben werden im Französischen überhaupt nicht ausgesprochen, wie z. B. das auslautende r der Zeitwörter auf -er: *aller.*

Im Französischen werden zusammengehörende Wörter eines Satzes eng verbunden gesprochen. Bei dieser *Bindung* werden Konsonanten, die sonst stumm sind, häufig wieder ausgesprochen. In der Lautschrift haben wir die Bindung durch einen Bogen ‿ angegeben.

Die Vokale erklingen in Länge und Kürze stets rein und ungetrübt.

Eine wichtige Eigenart des Französischen sind die vier Nasalvokale [ɑ̃], [ɛ̃], [ɔ̃] und [œ̃]. Bei ihrer Aussprache darf das deutsche *ng* **nicht** gesprochen werden.

Die Akzente geben im Französischen nicht die Betonung an, sondern bezeichnen die Aussprache. Der *accent aigu* ´ auf e deutet auf geschlossene Aussprache hin: *é* = [e]. Der *accent grave* ` bezeichnet die offene Aussprache: *è* = [ɛ], kann aber auch zur Unterscheidung gleichlautender Wörter dienen: *ou* = oder, *où* = wo. Der *accent circonflexe* ^ kommt auf allen Vokalen vor, (â, ê, î, ô, û) und bezeichnet meist die Dehnung der Laute.

Die Cédille, unter c stehend, bedeutet, daß c vor a, o und u nicht wie [k], sondern wie [s] zu sprechen ist: *français.*

Damit Sie die französischen Wörter immer richtig betonen, setzen wir in der Lautschrift stets das Betonungszeichen ˈ *vor* die betonte Silbe.

Erklärung der einzelnen Lautzeichen mit Beispielen

A. Vokale

a	kurzes geschlossenes (helles) *a* wie in *Ratte*	madame [ma'dam] (gnädige) Frau
aː	langes geschlossenes (helles) *a* wie in *Straße*	garage [ga'raːʒ] Garage
ɑ	kurzes offenes (dunkles) *a* wie in *Mantel*	gâteau [gɑ'to] Kuchen
ɑː	langes offenes (dunkles) *a* wie in *Qual*	tasse [tɑːs] Tasse
ɑ̃	kurzes nasaliertes offenes *a*	temps [tɑ̃] Zeit
ɑ̃ː	langes nasaliertes offenes *a*	prendre ['prɑ̃ːdrə] nehmen
e	kurzes geschlossenes *e* wie in *Edikt*	été [e'te] Sommer
ɛ	kurzes offenes *e*, offener als in *fällen*	adresse [a'drɛs] Anschrift
ɛː	langes offenes *e*, offener als in *gähnen*	neige [nɛːʒ] Schnee
ɛ̃	kurzes nasaliertes offenes *ä*	matin [ma'tɛ̃] Morgen
ɛ̃ː	langes nasaliertes offenes *ä*	dinde [dɛ̃ːd] Pute
ə	ganz schwaches, flüchtiges *e* wie in *Bitte*	je [ʒə] ich
i	halblanges *i*, etwa wie in *vielleicht*	midi [mi'di] Mittag
iː	langes *i* wie in *Dieb*	dire [diːr] sagen
o	halblanges geschlossenes *o* wie in *Advokat*	rideau [ri'do] Vorhang
oː	langes geschlossenes *o* wie in *Sohle*	rôle [roːl] Rolle
ɔ	kurzes offenes *o*, offener als in *Ort*	octobre [ɔk'tɔbrə] Oktober
ɔː	langes offenes *o*	sport [spɔːr] Sport
ɔ̃	kurzes nasaliertes offenes *o*	nom [nɔ̃] Name
ɔ̃ː	langes nasaliertes offenes *o*	montre ['mɔ̃ːtrə] Uhr
ø	kurzes geschlossenes *ö*	deux [dø] zwei
øː	langes geschlossenes *ö* wie in *schön*	chanteuse [ʃɑ̃'tøːz] Sängerin
œ	kurzes offenes *ö* wie in *öfter*	œuf [œf] Ei
œː	langes offenes *ö*	fleur [flœːr] Blume
œ̃	kurzes nasaliertes offenes *ö*	brun [brœ̃] braun
u	halblanges *u* wie in *Statue*	trou [tru] Loch
uː	langes *u* wie in *Mut*	rouge [ruːʒ] rot

y	kurzes *ü*, etwa wie in *amüsieren*	fumer [fy'me] rauchen
yː	langes *ü* wie in *Mühle*	cure [kyːr] Kur
ɥ	kurzer, gleitender *ü*-Laut	cuir [kɥiːr] Leder

B. Konsonanten

I. Zu achten ist besonders auf die Laute:

s	scharfes *s* wie in *Straße*	salle [sal] Saal cent [sɑ̃] hundert
z	weiches *s* wie in *sausen*	blouse [bluːz] Bluse
ʃ	wie *sch* in *lauschen*	chapeau [ʃa'po] Hut
ʒ	wie *j* in *Journal* bzw. *g* in *Genie*	jour [ʒuːr] Tag léger [le'ʒe] leicht
v	wie *w* in *Wein*	avant [a'vɑ̃] vor
ɲ	wie *gn* in *Champagner*, jedoch zarter zu sprechen	baigner [bɛ'ɲe] baden
ŋ	wie deutsches *n* vor *g* oder *k*, wie in *Menge* oder *Anker*	dancing [dɑ̃'siŋ] Tanzlokal
j	sanftes *j*, etwa wie in *Jahr*	payer [pɛ'je] zahlen
w	kurzer, mit beiden Lippen gebildeter *w*-Laut	soir [swaːr] Abend louer [lwe] mieten

Keine Schwierigkeiten bieten die Laute:

p t k	*p* wie in *Puppe* *t* wie in *Tor* *k* wie in *kalt*	jedoch ohne Hauch zu sprechen	pain [pɛ̃] Brot train [trɛ̃] Zug cœur [kœːr] Herz
b d g	*b* wie in *Bad* *d* wie in *dann* *g* wie in *Golf*	jedoch möglichst weich zu sprechen	bain [bɛ̃] Bad dur [dyːr] hart gare [gaːr] Bahnhof
f	deutsches *f* wie in *Fall*		frais [frɛ] frisch
l	deutsches *l* wie in *Lampe*		aller [a'le] gehen
m	deutsches *m* wie in *Magen*		mer [mɛːr] Meer
n	deutsches *n* wie in *nie*		nez [ne] Nase
r	meist Zäpfchen-r		rue [ry] Straße

ALLGEMEINES

Begrüßung

Guten Morgen!
Bonjour!
bɔ̃'ʒuːr

Guten Tag!
Bonjour!
bɔ̃'ʒuːr

Guten Abend!
Bonsoir!
bɔ̃'swaːr

Es gilt im Französischen als sehr formlos, der Anrede, dem Gruß und jeder kurzen Antwort (wie oui, non, si *usw.) nicht jedesmal ein* Monsieur (Madame, Mademoiselle) *hinzuzufügen.*

***Herzlich willkommen!**
Soyez *le bienvenu (la bienvenue, les bienvenus).*
swa'je lə (la, le) bjɛ̃və'ny

Es freut mich sehr, *Sie (dich)* zu sehen!
Enchanté de *vous (te)* voir!
ɑ̃ʃɑ̃'te də vu (tə) vwaːr

Wie geht es *Ihnen (dir)*?
Comment *allez-vous (vas-tu)*?
kɔ'mɑ̃‿t‿ale'vu (va'ty)

Wie geht's?
Ça va?
sa va

Und Ihnen?
Et vous?
e vu

***Wie geht es Ihrer Familie?**
Comment va votre famille?
kɔ'mɑ̃ va vɔtr‿fa'mij

Mein(e) ... ist krank.
Mon (Ma) ... est malade.
mɔ̃ (ma) ... ɛ ma'lad

***Hatten Sie eine gute Reise?**
Avez-vous fait un bon voyage?
awevu‿'fɛ œ̃ bɔ̃ vwa'jaːʒ

***Haben Sie gut geschlafen?**
Avez-vous bien dormi?
awe'vu bjɛ̃ dɔr'mi

Danke, (recht) gut!
(Assez) bien, merci!
(a'se) bjɛ̃, mɛr'si

Wir fühlen uns *gut (ausgezeichnet)*.
Nous nous sentons *bien (très bien).*
nu nu sɑ̃'tɔ̃ bjɛ̃ (trɛ'bjɛ̃)

***Ich danke (Wir danken)* für den herzlichen Empfang!**
Je remercie (Nous remercions) de l'accueil cordial.
ʒə rəmɛr'si (nu rəmɛr'sjɔ̃) də la'kœj kɔr'djal

Anreden

Herr	Monsieur	məˈsjø
Frau	Madame	maˈdam
Fräulein	Mademoiselle	madmwaˈzɛl
Meine Damen!	Mesdames	meˈdam
Meine Herren!	Messieurs	mɛˈsjø

Meine Damen und Herren!
Mesdames et Messieurs!
meˈdam‿z‿e mɛˈsjø

Ihre *Frau (Gattin)*	*Votre femme* *(Madame Duval)*	vɔtrə fam (maˈdam Dyˈval)
Ihr *Mann (Gatte)*	*Votre mari* *(Monsieur Duval)*	vɔtrə maˈri (məˈsjø Dyˈval)
Ihr Sohn	Votre fils	vɔtrə fis
Ihre Tochter	Votre fille	vɔtrə fij
Herr Doktor	Monsieur le Docteur	məˈsjø lə dɔkˈtœːr

Anders als in Deutschland wird der Doktortitel in Frankreich nur für Ärzte (Männer oder Frauen) angewandt.

Herr Professor	Monsieur le Professeur	məˈsjø lə prɔfɛˈsœːr
Herr Präsident	Monsieur le Président	məˈsjø lə preziˈdɑ̃

Briefe

Herrn	Monsieur	məˈsjø
Frau	Madame	maˈdam
Fräulein	Mademoiselle	madmwaˈzɛl
Sehr geehrter Herr Duval!	Monsieur,	məˈsjø
Sehr geehrte Herren!	Messieurs,	mɛˈsjø
Lieber Peter!	Cher Pierre,	ʃɛːr pjɛːr
Liebe Frau Duval!	Chère Madame Duval,	ʃɛːr maˈdam dyˈval
Hochachtungsvoll!	Veuillez agréer, *Monsieur (Madame, Mademoiselle)*, l'expression de mes sentiments distingués.	vœˈje agreˈe, məˈsjø (maˈdam, madmwaˈzɛl), lɛksprɛˈsjɔ̃ də me sɑ̃tiˈmɑ̃ distɛ̃ˈge
Mit herzlichen Grüßen	Amitiés	amiˈtje

Bekanntschaft

Mein Name ist ...
Mon nom est ...
mɔ̃ nɔ̃ ɛ

Ich heiße ...
Je m'appelle ...
ʒə ma'pɛl

Das ist ... C'est sɛ

mein Mann	mon mari	mɔ̃ ma'ri
meine Frau	ma femme	ma fam
mein Sohn	mon fils	mɔ̃ fis
meine Tochter	ma fille	ma fij
mein Freund	mon ami	mɔna'mi
meine Freundin	mon amie	mɔna'mi
meine Verlobte	ma fiancée	ma fjɑ̃'se

Sehr erfreut!
Enchanté!
ɑ̃ʃɑ̃'te

Kennen wir uns nicht schon vom Sehen?
Ne nous connaissons-nous pas déjà de vue?
nə nu kɔnɛ'sɔ̃ nu pa de'ʒa də vy

Wohnen Sie hier?
Vous habitez ici?
vu‿z‿abi'te i'si

Sind Sie *Herr (Frau)* Duval?
Êtes-vous *Monsieur (Madame)* Duval?
ɛt'vu mə'sjø (ma'dam) dy'val

Wie ist Ihr Name bitte?
Quel est votre nom, s'il vous plaît?
'kɛlɛ vɔtrə‿'nɔ̃, silvu'plɛ

Wie heißt du?
Comment est-ce que tu t'appelles?
kɔ'mɑ̃ 'ɛskə ty ta'pɛl

Woher kommen Sie?
D'où venez-vous?
du vəne'vu

Sind Sie schon lange hier?
Vous êtes ici depuis longtemps déjà?
vuzɛti'si də'pɥi lɔ̃'tɑ̃ de'ʒa

Wir sind seit *einer Woche (14 Tagen)* hier.
Nous sommes ici depuis *une semaine (quinze jours)*.
nu sɔm‿z‿i'si də'pɥi yn sə'mɛn (kɛ̃:z ʒu:r)

Gefällt es *Ihnen (dir)* hier?
Vous plaisez-vous (Te plais-tu) ici?
vu plɛze'vu (tə plɛ'ty) i'si

***Uns (Mir)* gefällt es sehr gut.**
Nous nous plaisons (Je me plais) très bien ici.
nu nu plɛ'zɔ̃ (ʒə mə plɛ) trɛ bjɛ̃ i'si

***Sind Sie (Bist du)* allein hier?**
Êtes-vous seul(e)s (Es-tu seul[e]) ici?
ɛtvu‿'sœl (ɛty‿'sœl) i'si

Ich verbringe hier meinen Urlaub.
Je passe mes vacances ici.
ʒə pɑs me va'kɑ̃s i'si

Wo *arbeiten Sie (arbeitest du)*?
Où est-ce que *vous travaillez (tu travailles)*?
u 'ɛskə vu trava'je (ty tra'vaj)

Was sind Sie von Beruf?
Quelle est votre profession?
'kɛlɛ vɔtrə‿prɔfɛ'sjɔ̃

Was studieren Sie?
Qu'est-ce que vous étudiez?
'kɛskə vu‿z‿ety'dje

Haben Sie noch etwas Zeit?
Avez-vous encore un peu de temps?
ave'vu ɑ̃'kɔːr œ̃ pø də tɑ̃

Wollen wir *zum (zur)* ... gehen?
On va *au (à la)* ...?
ɔ̃ va o (a la)

Wann treffen wir uns?
Quand nous rencontrons-nous?
kɑ̃ nu rɑ̃kɔ̃trɔ̃'nu

Darf ich Sie abholen?
Vous permettez que je vienne vous chercher?
vu pɛrmɛ'te kə ʒə vjɛn vu ʃɛr'ʃe

Lassen Sie mich bitte in Ruhe!
Laissez-moi tranquille, s'il vous plaît!
lɛse'mwa trɑ̃'kil, silvu'plɛ

Besuch

Ist Herr ... zu Hause?
Monsieur ... est-il chez lui?
mə'sjø ... ɛ'til ʃe lɥi

Ist *Frau (Fräulein)* ... zu Hause?
Madame (Mademoiselle) ... est-elle chez elle?
ma'dam (madmwa'zɛl) ... ɛ'tɛl ʃe‿z‿'ɛl

Kann ich *Herrn (Frau, Fräulein)* ... sprechen?
Je peux parler à *Monsieur (Madame, Mademoiselle)* ...?
ʒ(ə) pø par'le a mə'sjø (ma'dam, madmwa'zɛl)

Wohnt hier *Herr (Frau)* ...?
Est-ce que *Monsieur (Madame)* ... habite ici?
ɛskə mə'sjø (ma'dam) ... abit‿i'si

Ich suche ...
Je cherche ...
ʒə ʃɛrʃ

Wann ist er zu Hause?
Quand sera-t-il chez lui?
kɑ̃ sra'til ʃe lɥi

Ich komme später noch einmal wieder.
Je reviendrai plus tard.
ʒə rəvjɛ̃'dre ply taːr

Wann *kann ich (sollen wir)* kommen?
Quand est-ce *que je peux (qu'il nous faut)* venir?
kɑ̃t'ɛskə ʒə pø ('ɛskil nu fo) və'nir

Ich komme *(Wir kommen)* sehr gern.
Je viendrai (Nous viendrons) très volontiers.
ʒə vjɛ̃'dre (nu vjɛ̃'drɔ̃) trɛ vɔlɔ̃'tje

***Herein**
Entrez!
ɑ̃'tre

***Bitte nehmen Sie Platz!**
Prenez place, s'il vous plaît!
prəne‿'plas, silvu'plɛ

***Einen Augenblick, bitte!**
Une minute, s'il vous plaît!
yn mi'nyt, silvu'plɛ

***Treten Sie näher!**
Approchez!
aprɔ'ʃe

Vielen Dank für Ihre Einladung!
Merci beaucoup pour votre invitation.
mɛrsi‿bo'ku pur vɔtr‿ɛ̃vita'sjɔ̃

Störe ich?
Je vous dérange?
ʒə vu de'rɑ̃:ʒ

Machen Sie sich bitte keine Umstände!
Ne vous dérangez pas!
nə vu derɑ̃ʒe'pa

***Was darf ich Ihnen anbieten?**
Qu'est-ce que je peux vous offrir?
'kɛskə ʒə pø vu‿z‿ɔ'fri:r

***Möchten Sie ...?**
Est-ce que vous voulez ...?
ɛskə vu vu'le ...

Ich soll Sie von *Herrn (Frau)* Duval grüßen.
Monsieur (Madame) Duval vous présente ses amitiés.
mə'sjø (ma'dam) dy'val vu pre'zɑ̃t se‿z‿ami'tje

Ich muß jetzt leider gehen.
Je regrette, mais il faut que je m'en aille maintenant.
ʒə rə'grɛt, mɛ‿z‿il‿'fo kə ʒə mɑ̃'naj mɛ̃t'nɑ̃

Vielen Dank für *den netten Abend (Ihren Besuch)*!
Merci infiniment pour *la charmante soirée (votre visite)*.
mɛr'si ɛ̃fini'mɑ̃ pur la ʃar'mɑ̃t swa're (vɔtr‿vi'zit)

Grüßen Sie bitte *Herrn (Frau)* Duval von mir!
Saluez *Monsieur (Madame)* Duval de ma part, s'il vous plaît!
sa'lɥe mə'sjø (ma'dam) dy'val də ma pa:r, silvu'plɛ

Ich hoffe, wir sehen uns bald wieder!
J'espère que nous nous reverrons bientôt.
ʒəs'pɛ:r kə nu nu rəvɛ'rɔ̃ bjɛ̃'to

Abschied

Auf Wiedersehen!
Au revoir!
o:‿r(ə)‿'vwa:r

Bis bald!
À bientôt!
a bjɛ̃'to

Gute Nacht!
Bonne nuit!
bɔn‿'nɥi

Bis morgen!
À demain!
a d(ə)'mɛ̃

Alles Gute!
Bonne chance!
bɔn‿'ʃɑ̃:s

***Angenehme Reise!**
Bon voyage!
bɔ̃ vwa'ja:ʒ

Ich möchte mich verabschieden.
Je désire prendre congé.
ʒə de'zi:r prɑ̃:dr‿kɔ̃'ʒe

Wir müssen leider gehen.
Malheureusement nous devons nous en aller.
malørøz'mɑ̃ nu d(ə)vɔ̃ nu‿z‿ɑ̃na'le

Ich danke Ihnen für Ihren Besuch.
Je vous remercie de votre visite.
ʒə vu rəmɛr'si də vɔtrə‿vi'zit

Es hat mir sehr gut gefallen.
Ça m'a beaucoup plu.
sa ma bo'ku ply

Wann sehen wir uns wieder?
Quand nous reverrons-nous?
kɑ̃ nu rəvɛrɔ̃'nu

Ich rufe morgen an.
Je téléphonerai demain.
ʒə telefɔn're də'mɛ̃

Darf ich Sie nach Hause bringen?
Vous permettez que je vous raccompagne chez vous?
vu pɛrmɛ'te kə ʒə vu rakɔ̃'paɲ ʃe vu

Es ist schon spät.
Il est déjà tard.
i'lɛ de'ʒa ta:r

Grüßen Sie . . .!
Saluez . . .!
sa'lɥe

Vielen Dank!
Merci beaucoup!
mɛrsi‿bo'ku

Es war sehr schön!
C'était très bien!
setɛ trɛ 'bjɛ̃

Kommen Sie bald wieder!
Au plaisir de vous revoir!
o plɛ'zi:r də vu rə'vwa:r

Ich bringe *Sie (dich)* noch *zum (zur)* . . .
Je *vous accompagne (t'accompagne)* encore *jusqu'au (jusqu'à la)* . . .
ʒə vu‿z‿akɔ̃'paɲ (takɔ̃'paɲ) ɑ̃'kɔ:r ʒys'ko (ʒys'ka la)

Allgemeine Fragen

Wann?	**Warum?**	**Was?**	**Wer?**	**Was für ...?**
Quand?	Pourquoi?	Que?	Qui?	*Quel (Quelle)?*
kɑ̃	purˈkwa	kə	ki	kɛl (kɛl)

Welche(r)?	**Wem?**	**Mit wem?**	**Wen?**	**Wie?**
Quelle (Quel)?	A qui?	Avec qui?	Qui?	Comment?
kɛl (kɛl)	a ki	aˈvɛk ki	ki	kɔˈmɑ̃

Wie lange?	**Wo?**	**Woher?**	**Wohin?**	**Wozu?**
Combien de temps?	Où	D'où	Où	Pourquoi?
kɔ̃ˈbjɛ̃ də tɑ̃	u	du	u	purˈkwa

Wieviel(e)?	**Darf man hier ...?**	**Brauchen Sie ...?**
Combien?	Peut-on ... ici?	Avez-vous besoin de ...?
kɔ̃ˈbjɛ̃	pøˈtɔ̃ ... iˈsi	aveˈvu bəˈzwɛ̃ də

Haben Sie ...?	**Kann ich ...?**	**Wann kann ich ... bekommen?**
Avez-vous ...?	Est-ce que je peux ...?	Je peux avoir ... quand?
aveˈvu	ɛskə ʒə ˈpø ...	ʒə pø aˈvwar ... kɑ̃

Wann wird *geöffnet (geschlossen)*?
À quelle heure est-ce qu'on *ouvre (ferme)*?
a kɛl‿ˈœːr ɛskɔ̃ˈnuvrə (fɛrm)

Was wünschen Sie?
Que désirez-vous?
kə dezireˈvu

Was ist das?
Qu'est-ce que c'est?
ˈkɛskə sɛ

Was ist geschehen?
Qu'est-ce qui s'est passé?
ˈkɛski sɛ paˈse

Was bedeutet das?
Qu'est-ce que cela veut dire?
ˈkɛskə sla vø diːr

Was kostet das?
Combien ça coûte?
kɔ̃ˈbjɛ̃ saˈkut

Was *suchen Sie (suchst du)*?
Que *cherchez-vous (cherches-tu)*?
kə ʃɛrʃeˈvu (ʃɛrʃˈtu)

Wem gehört das?
À qui est-ce?
a ki ɛs

***Zu wem möchten Sie?**
Qui cherchez-vous?
ki ʃɛrʃeˈvu

Wer ist da?
Qui est là?
ki ɛ la

Wer kann ...?
Qui peut ...?
ki pø

Wie heißt ...?
Comment s'appelle...?
kɔ'mɑ̃ sa'pɛl

Wie *heißen Sie (heißt du)*?
Quel est *votre (ton)* nom?
kɛlɛ vɔtr (tɔ̃) nɔ̃

Wie komme ich *nach (zum, zur, bis)* ...
Pour aller à (au) ..., s'il vous plaît?
pur‿a'le a (o) ..., silvu'plɛ

Wie funktioniert das?
Comment est-ce que cela marche?
kə'mɑ̃ 'ɛskə sla marʃ

Wie lange dauert es?
Combien de temps faut-il?
kɔ̃'bjɛ̃ də tɑ̃ fo'til

Wieviel bekomme ich?
Je touche combien?
ʒə tuʃ kɔ̃'bjɛ̃

Wieviel ist es?
Ça fait combien?
sa fɛ kɔ̃'bjɛ̃

Wo befindet sich ...?
Où se trouve...?
u sə truv

Wo *ist (sind)* ...?
Où *est (sont)*...?
u ɛ (sɔ̃)

Wo ist *der (die, das)* nächste ...?
Où est *le prochain (la prochaine)*...?
u ɛ lə prɔ'ʃɛ̃ (la prɔ'ʃɛn)

Wo kann ich ...?
Je peux ... où?
ʒə pø ... u

Wo bekomme ich ...?
Je peux avoir ... où?
ʒə pø a'vwar ... u

Wo gibt es ...?
Où y a-t-il ...?
u ja'til

Wo *wohnen Sie (wohnst du)*?
Où *habitez-vous (habites-tu)*?
u abite'vu (abit‿'ty)

Wo sind wir?
Où sommes-nous?
u sɔm'nu

Woher *kommen Sie (kommst du)*?
D'où *venez-vous (viens-tu)*?
du vəne'vu (vjɛ̃'ty)

Wohin *gehen Sie (gehst du)*?
Où *allez-vous (vas-tu)*?
u ale'vu (va'ty)

Wohin führt *dieser Weg (diese Straße)*?
Où va *ce chemin (cette route)*?
u va sə ʃ(ə)mɛ̃ (sɛt rut)

Bitte, Wunsch

Bringen Sie mir bitte ...
Apportez-moi ..., s'il vous plaît.
apɔrte'mwa ..., silvu'plɛ

Geben Sie uns bitte ...
Donnez-nous ..., s'il vous plaît.
dɔne'nu ..., silvu'plɛ

Zeigen Sie mir bitte ...
Montrez-moi ..., s'il vous plaît.
mɔ̃tre'mwa ..., silvu'plɛ

Sagen Sie mir bitte ...
Dites-moi ..., s'il vous plaît.
dit‿mwa ..., silvu'plɛ

Was wünschen Sie?
Que désirez-vous?
kə dezire'vu

***Ich hätte (Wir hätten)* gern ...**
J'aimerais (Naus aimerions) ...
ʒɛm'rɛ (nu‿z‿ɛmə'rjɔ̃)

Ich brauche ...
J'ai besoin de ...
ʒe bə'zwɛ̃ də

Ich möchte lieber ...
J'aimerais mieux ...
ʒɛm'rɛ mjø

Kann ich ... haben?
Je peux avoir ...?
ʒə pø a'vwar ...

Bitte helfen Sie mir!
Aidez-moi, s'il vous plaît!
ɛde'mwa, silvu'plɛ

Holen Sie bitte ...
Allez me chercher ..., s'il vous plaît.
ale mə ʃɛr'ʃe ..., silvu'plɛ

Können wir ... bekommen?
Pourrions-nous avoir ...?
purjɔ̃nu‿z‿a'vwa:r

Gestatten Sie?
Vous permettez?
vu pɛrme'te

Alles Gute!
Bonne chance!
bɔn ʃɑ̃:s

Viel Vergnügen!
Amusez-vous bien!
amy'zevu bjɛ̃

Gute Besserung!
Bon rétablissement!
bɔ̃ retablis'mɑ̃

Ich wünsche *Ihnen (dir)* ...
Je *vous (te)* souhaite ...
ʒə vu (tə) 'swɛt

Bitte! *hat im Deutschen mehrere verschiedene Bedeutungen:*

1. *Es drückt wirklich eine Bitte aus, als Aussprache eines Wunsches:*
   Geben Sie mir bitte ...!
   Donnez-moi ..., s'il vous plaît! dɔne'mwa ..., silvu'plɛ
2. *Als Antwort auf Dankesworte:*
   Bitte! Je vous en prie. ʒə vu‿z‿ɑ̃‿'pri
3. *Als Antwort auf Entschuldigung:*
   Bitte! Bitte sehr! Il n'y a pas de quoi. ilnja‿pa‿d‿'kwa
4. *Fragend:*
   Was, bitte? Pardon? par'dɔ̃
   Wie bitte? Pardon? par'dɔ̃

Danken

Danke (sehr)!
Merci (bien)!
mɛr'si (bjɛ̃)

***Vielen (Herzlichen)* Dank!**
Merci *beaucoup (infiniment)*!
mɛr'si bo'ku (ɛ̃fini'mɑ̃)

Danke, gleichfalls!
Merci, vous (toi) aussi!
mɛr'si vu (twa) o'si

Nein, danke.
Non, merci.
nɔ̃, mɛr'si

Ich bin *Ihnen (dir)* sehr dankbar.
Je *vous (te)* suis bien reconnaissant.
ʒə vu (tə) sɥi bjɛ̃ rəkɔnɛ'sɑ̃

Vielen Dank für Ihre *Hilfe (Bemühungen)*!
Merci beaucoup pour *votre aide (vos efforts)*!
mɛrsi‿bo'ku pur vɔtr‿'ɛd (vo‿z‿ɛ'fɔːr)

***Ich danke (Wir danken)* Ihnen vielmals für ...**
Je vous remercie (Nous vous remercions) beaucoup pour ...
ʒə vu rəmɛr'si (nu vu rəmɛr'sjɔ̃) bo'ku pur

Bejahung und Verneinung

Ja.
Oui.
wi

Gewiß.
Certainement.
sɛrtɛn'mɑ̃

Selbstverständlich.
Cela va sans dire.
sla va sɑ̃ diːr

Sehr gern.
Très volontiers.
trɛ vɔlɔ̃'tje

(Sehr) gut!
(Très) bien!
(trɛ) bjɛ̃

Richtig!
C'est ça!
sɛ'sa

Prima!
Extra!
ɛks'tra

Mit Vergnügen!
Avec plaisir!
avek‿plɛ'ziːr

Nein.
Non.
nɔ̃

Niemals.
Jamais.
ʒa'mɛ

Nichts.
Rien.
rjɛ̃

Auf keinen Fall!
En aucun cas!
ɑ̃nokœ̃‿'ka

Ich *will (kann)* nicht.
Je ne *veux (peux)* pas.
ʒə nə vø (pø) pa

Vielleicht.
Peut-être.
pø'tɛtrə

Wahrscheinlich.
Probablement.
prɔbablə'mɑ̃

Entschuldigung

Entschuldigung!
Excusez-moi!
ɛkskyze‿'mwa

Verzeihung!
Pardon!
par'dɔ̃

Entschuldigen Sie (mich) bitte!
Excusez-moi, s'il vous plaît!
ɛkskyze‿'mwa, silvu'plɛ

Es tut mir sehr leid.
Je suis très désolé.
ʒə sɥi trɛ dezɔ'le

Es ist mir sehr unangenehm.
Cela m'est très désagréable.
sla mɛ trɛ dezagre'ablə

Ich muß mich bei *Ihnen (dir)* entschuldigen.
Je dois m'excuser auprès de *vous (toi)*.
ʒə dwa mɛksky'ze o'prɛ də vu (twa)

Nehmen Sie es bitte nicht übel!
Ne m'en veuillez pas!
nə mɑ̃ vœje‿'pa

Bedauern

(Wie) schade!
(Quel) dommage!
(kɛl) dɔ'maːʒ

Zu meinem (großen) Bedauern ...
À mon (grand) regret ...
a mɔ̃ (grɑ̃) rə'grɛ

Ich bedaure das sehr.
Je le regrette beaucoup.
ʒə lə rə'grɛt bo'ku

Es ist sehr schade, daß ...
C'est bien dommage que ...
sɛ bjɛ̃ dɔ'maːʒ kə

Es ist leider unmöglich.
Malheureusement c'est impossible.
malœrøz'mɑ̃ sɛ‿t‿ɛ̃pɔ'siːblə

Glückwunsch, Beileid

Ich gratuliere *Ihnen (Dir)*	Mes félicitations pour	me felisita'sjɔ̃ pur
zur Verlobung	vos (tes) fiançailles ..	vo (te) fjɑ̃'saj
zur Vermählung	votre (ton) mariage .	vɔtr(ə) (tɔ̃) ma'rjaːʒ
zum Geburtstag	Bon anniversaire! ..	bɔn‿anivɛr'sɛːr
zum Namenstag	Bonne fête!	bɔn fɛt

Herzliche Glückwünsche!
Toutes mes félicitations!
tut me felisita'sjɔ̃

Frohes Fest!
Bonne fête!
bɔn fɛt

***Ich wünsche (Wir wünschen)* Ihnen ein glückliches neues Jahr!**
Je vous souhaite (Nous vous souhaitons) une bonne année.
ʒə vu su'ɛt (nu vu suɛ'tɔ̃) yn bɔn‿a'ne

Viel Glück!
Bonne chance!
bɔn ʃɑ̃:s

Viel Erfolg!
Bonne chance!
bɔn ʃɑ̃:s

Alles Gute!
Bonne chance!
bɔn ʃɑ̃:s

Mein aufrichtiges Beileid.
Mes sincères condoléances.
me sɛ̃'sɛ:r kɔ̃dɔle'ɑ̃:s

Unsere herzliche Anteilnahme!
Nous vous assurons de notre sympathie.
nu vu‿z‿asy'rɔ̃ də nɔtr‿sɛ̃pa'ti

Beschwerden

Ich möchte mich beschweren.
Je désire me plaindre.
ʒə de'zi:r mə 'plɛ̃drə

Ich muß mich über ... beschweren.
Il faut que je me plaigne de ...
il fo kə ʒə mə plɛɲ də

Das ist sehr ärgerlich.
C'est très fâcheux.
sɛ trɛ fɑ'ʃø

Es *fehlt (fehlen)* ...
Il n'y a pas de ...
il nja pa də

Ich habe kein(e) ...
Je n'ai pas de ...
ʒə ne pa də

... funktioniert nicht.
... ne marche pas.
... nə marʃ pa

... ist nicht in Ordnung.
... ne marche pas.
... nə marʃ pa

Es gefällt *mir (uns)* nicht, daß...
Ça ne *me (nous)* plaît pas que ...
sa n(ə)mə (nu) plɛ 'pa kə ...

Verständigung

Sprechen Sie Deutsch?
Parlez-vous allemand?
parle'vu al'mɑ̃

Englisch?
anglais?
ɑ̃'glɛ

Französisch?
français?
frɑ̃'sɛ

Ich spreche etwas...
Je parle un peu...
ʒə parl œ̃ pø

Ich habe nicht alles verstanden.
Je n'ai pas tout compris.
ʒə ne pa tu kɔ̃'pri

Verstehen Sie mich?
Me comprenez-vous?
mə kɔ̃prə'nevu

Ich verstehe.
Je comprends.
ʒə kɔ̃'prɑ̃

Ich verstehe nichts.
Je ne comprends rien.
ʒə nə kɔ̃prɑ̃‿'rjɛ̃

Sprechen Sie bitte etwas langsamer!
Parlez un peu plus lentement, s'il vous plaît!
par'le œ̃ pø ply lɑ̃t'mɑ̃, silvu'plɛ

Was heißt ... auf französisch?
Comment dit-on en français ...?
kɔ'mɑ̃ di‿t‿ɔ̃ ɑ̃ frɑ̃'sɛ

Was bedeutet das?
Qu'est-ce que ça veut dire?
kɛskə sa vø diːr

Wie heißt das auf Französisch?
Comment dit-on ça en français?
kɔ'mɑ̃ di‿t‿ɔ̃ sa ɑ̃ frɑ̃'sɛ

Wie spricht man dieses Wort aus?
Comment prononce-t-on ce mot?
kɔ'mɑ̃ prɔ'nɔːstɔ̃ sə mo

Wie bitte?
Pardon?
par'dɔ̃

Könnten Sie mir das bitte übersetzen?
Pourriez-vous le traduire pour moi, s'il vous plaît.
purje'vu lə tra'dɥiːr pur mwa, silvu'plɛ

Schreiben Sie das bitte auf!
Ecrivez(-le), s'il vous plaît!
ekri've(lə), silvu'plɛ

Buchstabieren Sie bitte!
Épelez, s'il vous plaît!
eple, silvu'plɛ

Wetter

Wie wird das Wetter?
Quel temps fera-t-il?
kɛl tɑ̃ fəraˈtil

Was meldet der Wetterbericht?
Qu'annonce la météo?
kaˈnɔ̃s la meteˈo

Das Barometer *steigt (fällt)*.
Le baromètre *monte (descend)*.
lə barɔˈmɛtrə mɔ̃t (deˈsɑ̃)

Wir bekommen ...
Nous aurons ...
nu‿z‿oˈrɔ̃

schönes Wetter	du beau temps	dy bo tɑ̃
schlechtes Wetter ...	du mauvais temps ..	dy mɔˈvɛ tɑ̃
wechselhaftes Wetter	du temps instable ...	dy tɑ̃ ɛ̃ˈstablə

Es bleibt schön.
Il continue à faire beau.
il kɔ̃tiˈny a fɛːr bo

Es sieht nach Regen aus.
On dirait qu'il va pleuvoir.
ɔ̃ diˈrɛ kil va plœˈvwaːr

Wird es *regnen (schneien)*?
Va-t-il *pleuvoir (neiger)*?
vaˈtil plœˈvwaːr (nɛˈʒe)

Ist die Paßstraße frei?
Le col est ouvert?
lə kɔl‿ɛ‿t‿uˈvɛr

Wie ist der Zustand der Straßen nach ...?
Quel est l'état des routes pour ...?
ˈkɛlɛ leˈta de rut pur

Wieviel Grad haben wir?
Combien de degrés avons-nous?
kɔ̃ˈbjɛ̃ də dəˈgre avɔ̃ˈnu

Es ist ... Grad *über (unter)* Null.
Le thermomètre marque ... degrés *au-dessus (au-dessous)* de zéro.
lə tɛrmɔˈmɛtrə mark ... dəˈgre oˈdsy (oˈdsu) də zeˈro

Es ist *kalt (warm)*.
Il fait *froid (chaud)*.
il fɛ frwa (ʃo)

Bleibt das Wetter schön?
Continuera-t-il à faire beau?
kɔ̃tinyˈratil a fɛːr bo

Es ist ...	**– sehr glatt.**	**– sehr heiß.**	**– neblig.**
Il fait ...	– très glissant.	– très chaud.	– du brouillard.
il fɛ ...	trɛ gliˈsɑ̃	trɛ ʃo	dy bruˈjaːr
	– sehr schwül.	**– windig.**	**– stürmisch.**
	– très lourd.	– du vent.	– de la tempête.
	trɛ luːr	dy vɑ̃	də la tɑ̃ˈpɛt

Das Wetter wird sich ändern.
Le temps va changer.
lə tɑ̃ va ʃɑ̃ˈʒe

Das Wetter wird (wieder) schön.
Le temps se met au beau (de nouveau).
lə tɑ̃ sə mɛ o bo (də nuˈvo)

Der Wind hat sich gelegt.
Le vent est tombé.
lə vɑ̃ ɛ tɔ̃ˈbe

Der Wind hat sich gedreht.
Le vent a tourné.
lə vɑ̃ a turˈne

Wir werden ein Gewitter bekommen.
Nous aurons un orage.
nu‿z‿oˈrɔ̃ œnoˈraːʒ

Es gibt Sturm.
Il y aura de la tempête.
iljoˈra də la tɑ̃ˈpɛt

Wird sich der Nebel auflösen?
Est-ce que le brouillard se dissipera?
ɛskə lə bruˈjar sə disip(ə)ˈra

Es hat aufgehört zu regnen.
Il a cessé de pleuvoir.
il a sɛˈse də plœˈvwaːr

Das Wetter klärt sich auf.
Le temps s'éclaircit.
lə tɑ̃ seklɛrˈsi

Die Sonne scheint.
Il fait du soleil.
il fɛ dy sɔˈlɛːj

Die Sonne brennt.
Le soleil brûle
lə sɔˈlɛːj bryl

Der Himmel ist klar.
Le ciel est dégagé.
lə sjɛl ɛ degaˈʒe

Barometer	baromètre *m*	barɔˈmɛtrə
bewölkt	couvert	kuˈvɛːr
Bewölkung	nuages *m/pl.*	nɥaːʒ
Blitz	éclair *m*	eˈklɛːr
– es blitzt	il fait des éclairs	il fɛ de‿z‿eˈklɛːr
Dämmerung	crépuscule *m*	krepysˈkyl
Donner	tonnerre *m*	tɔˈnɛːr
– es donnert	il tonne	il tɔn
Eis	glace *f*	glas
Erdbeben	tremblement *m* de terre	trɑ̃bləˈmɑ̃ də tɛːr
Frost	gelée *f*	ʒəˈle
– es friert	il gèle	il ʒɛːl
Gewitter	orage *m*	ɔˈraːʒ
Glatteis	verglas *m*	vɛrˈgla

Hagel	grêle *f*	grɛl
– es hagelt	il grêle	il grɛl
Hitze	grande chaleur *f*	grɑ̃:d ʃaˈlœ:r
Hoch	anticyclone *m*	ɑ̃tisiˈklɔn
Klima	climat *m*	kliˈmɑ
Luft	air *m*	ɛ:r
Luftdruck	pression *f* atmosphérique	prɛˈsjɔ̃ atmɔsfeˈrik
Luftzug	courant *m* d'air	kuˈrɑ̃ dɛ:r
Mond	lune *f*	lyn
Nebel	brouillard *m*	bruˈja:r
Niederschläge	chute *f* de pluie	ʃyt də plɥi
Regen	pluie *f*	plɥi
– es regnet	il pleut	il plø
Regenschauer	averse *f*	aˈvɛrs
Schnee	neige *f*	nɛ:ʒ
– es schneit	il neige	il nɛ:ʒ
Schneegestöber	tourbillons *m/pl.* de neige	turbiˈjɔ̃ də nɛ:ʒ
Schneesturm	tempête *f* de neige	tɑ̃ˈpɛt də nɛ:ʒ
Sonne	soleil *m*	sɔˈlɛ:j
Sonnenaufgang	lever *m* du soleil	ləˈve dy sɔˈlɛ:j
Sonnenuntergang	coucher *m* du soleil	kuˈʃe dy sɔˈlɛ:j
Stern	étoile *f*	eˈtwal
Straßenzustand	état *m* des routes	eˈta de rut
Sturm	tempête *f*	tɑ̃ˈpɛt
Tau	rosée *f*	roˈze
Tauwetter	dégel *m*	deˈʒɛl
– es taut	il dégèle	il deˈʒɛ:l
Temperatur	température *f*	tɑ̃peraˈty:r
Tief	cyclone *m*	siˈklon
Wetter	temps *m*	tɑ̃
Wetterbericht	météo *f*	meteˈo
Wind	vent *m*	vɑ̃
– es ist windig	il fait du vent	il fɛ dy vɑ̃
– Nordwind	vent *m* du nord	vɑ̃ dy nɔ:r
– Ostwind	vent *m* d'est	vɑ̃ dɛst
– Südwind	vent *m* du sud	vɑ̃ dy syd
– Westwind	vent *m* d'ouest	vɑ̃ duˈɛst
Wolke	nuage *m*	nɥa:ʒ
Wolkenbruch	pluie *f* torrentielle	plɥi tɔrɑ̃ˈsjɛl

Zahlen

Grundzahlen

0	zéro	ze'ro
1	un	œ̃
2	deux	dø
3	trois	trwa
4	quatre	'katrə
5	cinq	sɛ̃:k
6	six	sis
7	sept	sɛt
8	huit	ɥit
9	neuf	nœf
10	dix	dis
11	onze	ɔ̃:z
12	douze	du:z
13	treize	trɛ:z
14	quatorze	ka'tɔrz
15	quinze	kɛ̃:z
16	seize	sɛ:z
17	dix-sept	di'sɛt
18	dix-huit	di'zɥit
19	dix-neuf	diz'nœf
20	vingt	vɛ̃
21	vingt et un	vɛ̃t‿e‿œ̃
22	vingt-deux	vɛ̃t dø
30	trente	trɑ̃:t
31	trente et un	trɑ̃:t‿e‿œ̃
40	quarante	ka'rɑ̃:t
50	cinquante	sɛ̃'kɑ̃:t
60	soixante	swa'sɑ̃:t
70	soixante-dix	swa'sɑ̃:t dis
71	soixante et onze	swa'sɑ̃:t e ɔ̃:z
72	soixante-douze	swa'sɑ̃:t du:z
80	quatre-vingts	katrə'vɛ̃
90	quatre-vingt-dix	katrə vɛ̃'dis
100	cent	sɑ̃
101	cent un	sɑ̃ œ̃
110	cent dix	sɑ̃ dis
200	deux cents	dø sɑ̃
1 000	mille	mil
2 000	deux mille	dø mil
1 000 000	un million	œ̃ mi'ljɔ̃

Ordnungszahlen

1.	premier	prəˈmje
2.	deuxième (second)	døˈzjɛm (s[ə]gɔ̃)
3.	troisième	trwaˈzjɛm
4.	quatrième	katriˈjɛm
5.	cinquième	sɛ̃ˈkjɛm
6.	sixième	siˈzjem
7.	septième	sɛˈtjɛm
8.	huitième	ɥiˈtjɛm
9.	neuvième	nœˈvjɛm
10.	dixième	diˈzjɛm
11.	onzième	ɔ̃ˈzjɛm
12.	douzième	duˈzjɛm
13.	treizième	trɛˈzjɛm
14.	quatorzième	katɔrˈzjɛm
15.	quinzième	kɛ̃ˈzjɛm
16.	seizième	sɛˈzjɛm
17.	dix-septième	disɛˈtjɛm
18.	dix-huitième	dizɥiˈtjɛm
19.	dix-neuvième	disnœˈvjɛm
20.	vingtième	vɛ̃ˈtjɛm
21.	vingt et unième	vɛ̃t‿e‿yˈnjɛm
22.	vingt-deuxième	vɛ̃t døˈzjɛm
30.	trentième	trɑ̃ˈtjɛm
40.	quarantième	karɑ̃ˈtjɛm
50.	cinquantième	sɛ̃kɑ̃ˈtjɛm
100.	centième	sɑ̃ˈtjɛm
101.	cent unième	sɑ̃ yˈnjɛm
102.	cent deuxième	sɑ̃ døˈzjɛm
200.	deux centième	dø sɑ̃ˈtjɛm
1 000.	millième	milˈjɛm
2 000.	deux millième	dø milˈjɛm
3 000.	trois millième	trwa milˈjɛm
10 000.	dix millième	di milˈjɛm
20 000.	vingt millième	vɛ̃ milˈjɛm
100 000.	cent millième	sɑ̃ milˈjɛm
1 000 000.	millionième	miljɔˈnjɛm

Uhrzeit

Wie spät ist es?
Quelle heure est-il?
kɛl‿œːr‿ɛ'til

Haben Sie genaue Zeit?
Avez-vous l'heure exacte?
ave'vu lœːr ɛg'zakt

Es ist 1 Uhr.
Il est une heure.
il‿ɛ‿t‿yn‿'œːr

Es ist ungefähr 2 Uhr.
Il est environ deux heures.
il‿ɛ‿t‿ɑ̃vi'rɔ̃ dø‿z‿'œːr

Es ist genau 3 Uhr.
Il est exactement trois heures.
il‿ɛ‿t‿ɛgzaktə'mɑ̃ trwa‿z‿'œːr

Es ist ein Viertel nach 5.
Il est cinq heures et quart.
il‿ɛ sɛ̃k‿'œːr e kaːr

Es ist *halb 7 (6 Uhr 30)*.
Il est six heures et demie.
il‿ɛ siz‿'œːr e də'mi

Es ist drei Viertel 9.
Il est neuf heures moins le quart.
il‿ɛ nœv‿'œːr mwɛ̃ lə kaːr

Es ist 5 (Minuten) nach 4.
Il est quatre heures cinq.
il‿ɛ katr‿œːr‿'sɛ̃ːk

Es ist 10 (Minuten) vor 8.
Il est huit heures moins dix.
il‿ɛ ɥit‿'œːr mwɛ̃ dis

Wann? À quelle heure? a kɛl‿'œːr

Um 10 Uhr.
À dix heures.
a diz‿'œːr

Pünktlich um 11.
À onze heures précises.
a ɔ̃ːz‿œːr‿pre'siːz

Um 9 Uhr 30.
À neuf heures trente.
a nœv‿œːr‿'trɑ̃ːt

Um 20 Uhr 15.
À vingt heures quinze.
a vɛ̃‿t‿œːr‿'kɛ̃ːz

Von 4 bis 5.
De quatre à cinq (heures).
də 'katr‿a‿sɛ̃ːk (œːr)

Zwischen 5 und 6.
Entre cinq et six.
ɑ̃tr sɛ̃ːk e sis

Um 5 Uhr nachmittags.
À cinq heures de l'après-midi.
a sɛ̃ːk‿'œːr də laprɛmi'di

Um 7 Uhr abends.
À sept heures du soir.
a sɛt‿'œːr dy swaːr

In einer halben Stunde
Dans une demi-heure.
dɑ̃‿z‿yn dəmiˈœːr

In zwei Stunden.
Dans deux heures.
dɑ̃ dø‿z‿ˈœːr

Nicht vor 7 Uhr.
Pas avant sept heures.
pa aˈvɑ̃ sɛt‿ˈœːr

Kurz nach 9 Uhr.
Peu après neuf heures.
pø aˈprɛ nœv‿ˈœːr

Es ist (zu) spät.
Il est (trop) tard.
il‿ɛ (tro) taːr

Es ist noch zu früh.
Il est encore trop tôt.
il‿ɛ‿t‿ɑ̃ˈkɔːr tro to

Geht diese Uhr richtig?
Cette montre, marche-t-elle bien?
sɛt mɔ̃tr, marʃtɛl‿ˈbjɛ̃

Sie geht *vor (nach)*.
Elle *avance (retarde)*.
ɛl aˈvɑ̃ːs (rəˈtɑːrd)

Allgemeine Zeitangaben

Am Tage.
Pendant la journée.
pɑ̃ˈdɑ̃ la ʒurˈne

Morgens.
Le matin.
lə maˈtɛ̃

Vormittags.
Dans la matinée.
dɑ̃ la matiˈne

Gegen Mittag.
Vers midi.
vɛr miˈdi

Mittags.
À midi.
a miˈdi

Nachmittags.
L'après-midi.
laprɛmiˈdi

Abends.
Le soir.
lə swaːr

Nachts.
La nuit.
la nɥi

Um Mitternacht.
À minuit.
a miˈnɥi

Täglich.
Tous les jours.
tu le ʒuːr

Stündlich.
D'heure en heure.
dœːr ɑ̃ˈnœːr

Vorgestern.
Avant-hier.
avɑ̃ˈtjɛːr

Gestern.
Hier.
jɛːr

Heute.
Aujourd'hui.
oʒurˈdɥi

Morgen.
Demain.
dəˈmɛ̃

Übermorgen.
Après-demain.
aprɛdəˈmɛ̃

In einer Woche.
Dans une semaine.
dɑ̃‿z‿yn‿səˈmɛn

In 14 Tagen.
Dans quinze jours.
dɑ̃ kɛ̃ːz ʒuːr

Heute *morgen (vormittag)*.
Ce matin.
sə maˈtɛ̃

Heute *mittag (abend)*.
Ce *midi (soir)*.
sə miˈdi (swaːr)

Heute nacht.
Cette nuit.
sɛt nɥi

Heute nachmittag.
Cet après-midi.
sɛt‿aprɛmiˈdi

Morgen früh.
Demain matin.
dəˈmɛ̃ maˈtɛ̃

Gestern abend.
Hier soir.
jɛːr‿ˈswaːr

Vor zwei Tagen.
Il y a deux jours.
ilja‿dø‿ˈʒuːr

Vor drei Wochen.
Il y a trois semaines.
ilˈja trwa səˈmɛn

Vor einem Monat.
Il y a un mois.
ilja‿œ̃‿ˈmwa

Seit zehn Tagen
Depuis dix jours.
dəˈpɥi di ʒuːr

Innerhalb einer Woche.
Dans les huit jours.
dɑ̃ le ɥi ʒuːr

Am Wochenende.
Au week-end.
o ɥikˈɛnd

***Voriges (nächstes)* Jahr.**
L'année *dernière (prochaine)*.
laˈne dɛrˈnjɛːr (prɔˈʃɛːn)

Jedes Jahr.
Chaque année.
ʃak‿aˈne

Jede Woche.
Chaque semaine.
ʃak səˈmɛn

Von Zeit zu Zeit.
De temps en temps.
dɛ̃ tɑ̃‿z‿ɑ̃‿ˈtɑ̃

Um diese Zeit.
À cette *heure (date)*.
a sɛt‿ˈœr (sɛt‿ˈdat)

Zur Zeit.
Actuellement.
aktɥɛlˈmɑ̃

bald	bientôt	bjɛ̃ˈto
bis	jusqu'à	ʒysˈka
früher	plus tôt	ply‿ˈto
jederzeit	à tout moment	a tu mɔˈmɑ̃
jetzt	maintenant	mɛ̃tˈnɑ̃
manchmal	quelquefois	kɛlkəˈfwa
neulich	l'autre jour	lotr‿ˈʒuːr
rechtzeitig	à temps	a‿ˈtɑ̃
seit	depuis	dəˈpɥi
später	plus tard	ply‿ˈtaːr
vorher	avant	aˈvɑ̃
vor kurzem	récemment	resaˈmɑ̃
vorläufig	pour le moment	pur lə mɔˈmɑ̃

Sekunde	seconde *f*	z(ə)gɔ̃ːd
Minute	minute *f*	miˈnyt
Stunde	heure *f*	œːr

Tag	jour *m*	ʒuːr
Woche	semaine *f*	seˈmɛn
Monat	mois *m*	mwa
Jahr	an *m* (année *f*)	ɑ̃ (aˈne)
– halbes Jahr	six mois	si mwa
– Vierteljahr	trois mois	trwa mwa

Wochentage

Montag	lundi *m*	lœ̃ˈdi
Dienstag	mardi *m*	marˈdi
Mittwoch	mercredi *m*	mɛrkrəˈdi
Donnerstag	jeudi *m*	ʒøˈdi
Freitag	vendredi *m*	vɑ̃drəˈdi
Sonnabend/Samstag	samedi *m*	samˈdi
Sonntag	dimanche *m*	diˈmɑ̃ʃ

Monate

Januar	janvier *m*	ʒɑ̃ˈvje
Februar	février *m*	fevriˈe
März	mars *m*	mars
April	avril *m*	aˈvril
Mai	mai *m*	mɛ
Juni	juin *m*	ʒɥɛ̃
Juli	juillet *m*	ʒɥiˈjɛ
August	août *m*	u(t)
September	septembre *m*	sɛpˈtɑ̃ːbrə
Oktober	octobre *m*	ɔkˈtɔbrə
November	novembre *m*	nɔˈvɑ̃ːbrə
Dezember	décembre *m*	deˈsɑ̃ːbrə

Jahreszeiten

Frühling	printemps *m*	prɛ̃ˈtɑ̃
Sommer	été *m*	eˈte
Herbst	automne *m*	oˈtɔn
Winter	hiver *m*	iˈvɛːr

Feiertage

Allerheiligen	la Toussaint	la tuˈsɛ̃
Allerseelen	le Jour des Morts	lə ʒuːr de mɔːr
Fronleichnam	Fête-Dieu *f*	fɛtˈdjø
Himmelfahrt	l'Ascension *f*	lasɑ̃ˈsjɔ̃
Karfreitag	vendredi *m* saint	vɑ̃drəˈdi sɛ̃
Nationalfeiertag	fête *f* nationale	fɛt nasjɔˈnal
Neujahr	jour *m* de l'an	ʒuːr də lɑ̃

Ostern .... Pâques *m* .... pɑːk
Pfingsten .... la Pentecôte .... la pɑ̃tˈkot
Weihnachten .... Noël *m* .... nɔˈɛl

Datum

Den wievielten haben wir heute?
Nous sommes le combien aujourd'hui?
nu səm lə kɔ̃ˈbjɛ̃ oʒurˈdɥi

Heute ist der 2. Juli.
Aujourd'hui, c'est le deux juillet.
oʒurˈdɥi sɛ lə dø ʒɥiˈjɛ

Am 15. Mai 1974.
Le quinze mai dix-neuf cent soixante-quatorze.
lə kɛ̃ːz mɛ disnœfˈsɑ̃ swasɑ̃tkaˈtɔːrz

Am 4. *dieses (nächsten)* Monats.
Le quatre *de ce mois (du mois prochain).*
lə katr də sə mwa (dy mwa prɔˈʃɛ̃)

Bis zum 10. März.
Jusqu'au dix mars.
ʒysˈko di mars

Am 1. April *dieses (vergangenen)* Jahres.
Le premier avril *de cette année (de l'année passée).*
lə prəˈmje‿r‿aˈvril də sɛt‿aˈne (də laˈne paˈse)

Wir reisen am 20. September ab.
Nous partirons le vingt septembre.
nu partiˈrɔ̃ lə vɛ̃ sɛpˈtɑ̃ːbrə

Wir sind am 12. August angekommen.
Nous sommes arrivés le douze août.
nu‿sɔm‿z‿ariˈve lə duːz u(t)

Der Brief wurde am 9. Juni abgeschickt.
La lettre a été expédiée le neuf juin.
la ˈlɛtrə a eˈte ekspeˈdje lə nœf ʒɥɛ̃

Vielen Dank für Ihr Schreiben vom 2. Februar.
Je vous remercie (Nous vous remercions) de votre lettre du deux février.
ʒə vu rəmɛrˈsi (nu vu rəmɛrˈsjɔ̃) də vɔtrə‿ˈlɛtrə dy dø fevriˈje

Alter

Wie alt *sind Sie (bist du)*?
Quel âge *avez-vous (as-tu)*?
kɛl‿ˈaːʒ aveˈvu (aˈty)

Wie alt ist *er (sie)*?
Quel âge *a-t-il (a-t-elle)*?
kɛl‿ˈaːʒ aˈtil (aˈtɛl)

Ich bin 20 Jahre alt.
J'ai vingt ans.
ʒe vɛ̃‿t‿ˈɑ̃

Kinder unter 6 Jahren.
Enfants au-dessous de six ans.
ɑ̃ˈfɑ̃ oˈdsu də siz‿ˈɑ̃

Er ist *jünger (älter)*.
Il est *plus jeune (plus âgé)*.
il‿ɛ ply‿ˈʒœn (ply‿z‿aˈʒe)

Im Alter von ... Jahren.
À l'âge de ... ans.
a laːʒ də ... ɑ̃

Ich bin über 18 Jahre alt.
J'ai plus de dix-huit ans.
ʒe ply də dizɥit‿ˈɑ̃

Ich bin am ... geboren.
Je suis né le ...
ʒə sɥi ne lə

– minderjährig, erwachsen.
– mineur, adulte.
miˈnœːr, aˈdylt

In meinem Alter.
À mon âge.
a mɔ̃ˈnaːʒ

Familie

Bruder	frère *m*	frɛːr
Cousin(e)	cousin *m* (cousine *f*)	kuˈzɛ̃ (kuˈzin)
Ehefrau	femme *f*; épouse *f*	fam; eˈpuːz
Ehemann	mari *m*	maˈri
Eltern	parents *m/pl.*	paˈrɑ̃
Enkel	petit-fils *m*	p(ə)tiˈfis
Enkeltochter	petite-fille *f*	p(ə)titˈfij
Familie	famille *f*	faˈmij
Großmutter	grand-mère *f*	grɑ̃ˈmɛːr
Großvater	grand-père *m*	grɑ̃ˈpɛːr
Junge	garçon *m*	garˈsɔ̃
Mädchen	fille *f*	fij
Mutter	mère *f*	mɛːr
Neffe	neveu *m*	nəˈvø
Nichte	nièce *f*	njɛs
Onkel	oncle *m*	ˈɔ̃klə
Schwester	sœur *f*	sœːr
Sohn	fils *m*	fis
Tante	tante *f*	tɑ̃ːt
Tochter	fille *f*	fij
Vater	père *m*	pɛːr
– Stiefvater	beau-père *m*	boˈpɛːr

Berufe

Angestellte(r)	employé(e *f*) *m*	ɑ̃plwa'je
Apotheker	pharmacien *m*	farma'sjɛ̃
Arbeiter	ouvrier *m*	uvri'je
Architekt	architecte *m*	arʃi'tɛkt
Autoschlosser	mécanicien *m*	mekani'sjɛ̃
Bäcker	boulanger *m*	bulɑ̃'ʒe
Beamter	fonctionnaire *m*	fɔ̃ksjɔ'nɛːr
Bergmann	mineur *m*	mi'nœːr
Bibliothekar	bibliothécaire *m*	bibliɔte'kɛːr
Bildhauer	sculpteur *m*	skyl'tœːr
Briefträger	facteur *m*	fak'tœːr
Buchhalter	comptable *m*	kɔ̃'tablə
Buchhändler	libraire *m*	li'brɛːr
Dolmetscher	interprète *m*	ɛ̃tɛr'prɛt
Drogist	droguiste *m*	drɔ'gist
Eisenbahner	cheminot *m*	ʃəmi'no
Elektriker	électricien *m*	elɛktri'sjɛ̃
Fahrlehrer	moniteur *m* d'auto-école	mɔni'tœːr dotɔe'kɔl
Fischer	pêcheur *m*	pɛ'ʃœːr
Fliesenleger	carreleur *m*	kar'lœːr
Förster	garde *m* forestier	gard fɔrɛs'tje
Friseuse	coiffeuse *f*	kwa'føːz
Gärtner	jardinier *m*	ʒardi'nje
Gastwirt	restaurateur *m*	rɛstɔra'tœːr
Glaser	vitrier *m*	vitri'je
Großhändler	grossiste *m*	gro'sist
Handwerker	artisan *m*	arti'zɑ̃
Hausfrau	femme *f* au foyer	fam‿o‿fwa'je
Industrieller	industriel *m*	ɛ̃dystri'ɛl
Ingenieur	ingénieur *m*	ɛ̃ʒe'njœːr
Journalist	journaliste *m*	ʒurna'list
Kaufmann	commerçant *m*	kɔmɛr'sɑ̃
Kellner	serveur *m*	sɛr'vœːr
Kindergärtnerin	jardinière *f* d'enfants	ʒardi'njɛːr dɑ̃'fɑ̃
Klempner	plombier *m*	plɔ̃'bje
Koch	cuisinier *m*	kɥizi'nje
Konditor	pâtissier *m*	pɑti'sje
Kraftfahrer	chauffeur *m*	ʃo'fœːr

Krankenschwester	infirmière *f*	ɛ̃fir'mjɛːr
Kriminalbeamter	agent *m* de la police judiciaire	a'ʒɑ̃ də la pɔ'lis ʒydisjɛːr
Künstler	artiste *m*	ar'tist
Landwirt	agriculteur *m*	agrikyl'tœːr
Lehrer	instituteur *m*	ɛ̃stity'tœːr
Lehrling	apprenti *m*	aprɑ̃'ti
Maler	peintre *m*	'pɛ̃ːtrə
Maurer	maçon *m*	ma'sɔ̃
Mechaniker	mécanicien *m*	mekani'sjɛ̃
Metzger	boucher *m*	bu'ʃe
Musiker	musicien *m*	myzi'sjɛ̃
Notar	notaire *m*	nɔ'tɛːr
Offizier	officier *m*	ɔfi'sje
Optiker	opticien *m*	ɔpti'sjɛ̃
Plätterin	repasseuse *f*	rəpa'søːz
Politiker	homme *m* politique	ɔm pɔli'tik
Postbeamter	employé *m* de postes	ɑ̃plwa'je de pɔst
Prokurist	fondé *m* de pouvoir	fɔ̃'de də pu'vwaːr
Rechtsanwalt	avocat *m*	avɔ'ka
Rentner	retraité *m*	r(ə)tre'te
Richter	juge *m*	ʒyʒ
Schlosser	serrurier *m*	sɛry'rje
Schneider	tailleur *m*	ta'jœːr
Schriftsteller	écrivain *m*	ekri'vɛ̃
Schuhmacher	cordonnier *m*	kɔrdɔ'nje
Schüler(in)	élève *m* (*f*)	e'lɛːv
Seemann	marin *m*	ma'rɛ̃
Sekretärin	secrétaire *f*	səkre'tɛːr
Student(in)	étudiant(e *f*) *m*	ety'djɑ̃(t)
Studienrat	professeur *m*	prɔfɛ'sœːr
Techniker	technicien *m*	tɛkni'sjɛ̃
Technische Zeichnerin	dessinatrice *f* industrielle	desina'tris ɛ̃dystri'jɛl
Tierarzt	vétérinaire *m*	veteri'nɛːr
Tischler	menuisier *m*	mənɥi'zje
Uhrmacher	horloger *m*	ɔrlɔ'ʒe
Verkäufer	vendeur *m*	vɑ̃'dœːr
Vertreter	représentant *m*	rəprezɑ̃'tɑ̃
Volkswirt	économiste *m*	ekɔnɔ'mist
Wissenschaftler	savant *m*	sa'vɑ̃

Zimmermann	charpentier *m*	ʃarpɑ̃'tje

In dieser Liste vermißte Berufe suchen Sie bitte in den entsprechenden Kapiteln.

Ausbildung

Was studieren Sie?
Quelles études faites-vous?
kɛl‿e'tyd fɛt'vu

Wo studieren Sie?
Où étudiez-vous?
u etydje'vu

Ich studiere (in) ...
J'étudie (à) ...
ʒety'di (a)

Ich besuche die ... Schule.
Je vais à l'école de (des) ...
ʒə vɛ a le'kɔl də (de) ...

Akademie	académie *f*	akade'mi
– **Kunstakademie**	académie *f* des beaux-arts	akade'mi de bo'zaːr
– **Sportakademie**	école *f* de sports	e'kɔl də 'spɔːr
Fakultät	faculté *f*	fakyl'te
Hochschule	Université *f*	yniversi'te
Institut	institut *m*	ɛ̃sti'ty
Lehrgang	cours *m*	kuːr
Schule	école *f*	e'kɔl
– **Berufsschule**	centre *m* de formation professionnelle	'sɑ̃trə də fɔrmɑ'sjɔ̃ prɔfɛsjɔ'nɛl
– **Handelsschule**	école *f* de commerce	e'kɔl də kɔ'mɛrs
– **Kunstgewerbeschule**	école *f* des arts décoratifs	e'kɔl de‿z‿'aːr dekɔra'tif
– **Oberschule**	lycée *m*; collège *m*	li'se; kɔ'lɛːʒ
Studium	études *f/pl.*	e'tyd
– **Fernstudium**	cours *m/pl.* par correspondance	kuːr par kɔrɛspɔ̃'dɑ̃ːs
Studienfach	matière *f*	ma'tjɛːr
– **Anglistik**	philologie *f* anglo-saxonne	filɔlɔ'ʒi ɑ̃glosak'sɔn
– **Archäologie**	archéologie *f*	arkeɔlɔ'ʒi
– **Architektur**	architecture *f*	arʃitɛk'tyːr

– **Betriebswirtschaft**	économie *f* d'entreprise	ekɔnɔˈmi dɑ̃trəˈpriːz
– **Biologie**	biologie *f*	bjɔlɔˈʒi
– **Chemie**	chimie *f*	ʃiˈmi
– **Geographie**	géographie *f*	ʒeɔgraˈfi
– **Geologie**	géologie *f*	ʒeɔlɔˈʒi
– **Germanistik**	philologie *f* allemande	filɔlɔˈʒi alˈmɑ̃ːd
– **Geschichte**	histoire *f*	isˈtwaːr
– **Jura**	droit *m*	drwa
– **Kunstgeschichte**	histoire *f* de l'art	isˈtwaːr də laːr
– **Malerei**	peinture *f*	pɛ̃ˈtyːr
– **Maschinenbau**	construction *f* mécanique	kɔ̃strykˈsjɔ̃ mekaˈnik
– **Mathematik**	mathématiques *f/pl.*	matemaˈtik
– **Medizin**	médecine *f*	medˈsin
– **Musik**	musique *f*	myˈsik
– **Pädagogik**	pédagogie *f*	pedagɔˈʒi
– **Pharmazie**	pharmacie *f*	farmaˈsi
– **Physik**	physique *f*	fiˈzik
– **Politologie**	sciences *f/pl.* politiques	sjɑ̃ːs pɔliˈtik
– **Psychologie**	psychologie *f*	psikɔlɔˈʒi
– **Romanistik**	science *f* des langues romanes	sjɑ̃ːs de lɑ̃ːg rɔˈman
– **Schiffbau**	construction *f* navale	kɔ̃strykˈsjɔ̃ naˈval
– **Slawistik**	science *f* des langues slaves	sjɑ̃ːs de lɑ̃ːg slav
– **Soziologie**	sociologie *f*	sɔsjɔlɔˈʒi
– **Veterinärmedizin**	médicine *f* vétérinaire	medˈsin veteriˈnɛːr
– **Wirtschaftswissenschaft**	science *f* économique	sjɑ̃ːs ekɔnɔˈmik
– **Zahnmedizin**	dentisterie *f*	dɑ̃tistəˈri
– **Zoologie**	zoologie *f*	zɔɔlɔˈʒi
Universität	université *f*	ynivɛrsiˈte
Vorlesungen	cours *m/pl.*	kuːr

MIT AUTO, MOTORRAD UND FAHRRAD

Fragen nach dem Weg

Wo *ist (sind)* . . . ?
Où *est (sont)* . . . ?
u ɛ (sɔ̃)

Wie komme ich nach . . . ?
Pour aller à . . . ?
pur‿a'le a

Wieviel Kilometer sind es bis zur nächsten Stadt?
Combien de kilomètres y a-t-il jusqu'à la prochaine ville?
kɔ'bjɛ̃ də kilɔ'mɛːtrə ja'til ʒyska‿la‿prɔ'ʃɛn vil

Ist das die Straße nach . . . ?
Est-ce la route qui mène à . . . ?
ɛs la rut ki mɛn a

Bin ich hier richtig nach . . . ?
Est-ce la bonne direction pour . . . ?
ɛs la bɔn dirɛk'sjɔ̃ pur

Muß ich . . . *fahren (gehen)*?
Il faut y aller *en voiture (à pied)?*
il‿fotijale ɑ̃ vwa'tyr (a pje)

Rechts.
À droite.
a drwat

Links.
À gauche.
a goʃ

Geradeaus.
Tout droit.
tu drwa

Zurück.
En arrière.
ɑ̃‿n‿ar'jɛːr

Dort.
Là.
la

In dieser Richtung.
Dans cette direction.
dɑ̃ sɛt dirɛk'sjɔ̃

Bis zu . . .
Jusqu'à . . .
ʒys'ka

Wie lange?
Combien de temps?
kɔ̃'bjɛ̃ də tɑ̃

Wohin?
Où
u

Wie weit ist es nach . . . ?
C'est loin d'ici (à) . . . ?
sɛ‿lwɛ̃‿di'si (a)

Zeigen Sie mir das bitte auf der Karte.
Veuillez me l'indiquer sur la carte, s'il vous plaît.
vœ'je mə lɛ̃di'ke syr la kart, silvu'plɛ

Fahrzeuge

Anhänger	remorque *f*	rə'mɔrk
Auto	voiture *f*	vwa'tyːr
– **Kombiwagen**	commerciale *f*	kɔmɛr'sjal
– **Lastauto**	camion *m*	ka'mjɔ̃
– **Lieferauto**	camionnette *f*	kamjɔ'nɛt
– **Personenauto**	voiture *f* particulière	vwa'tyːr partikyl'jɛːr

Autobus	autobus *m*	otə'bys
Fahrrad	bicyclette *f*	bisi'klɛt
Fahrzeug	véhicule *m*	vei'kyl
Kleinbus	minibus *m*	mini'bys
Leihwagen	voiture *f* de location	vwa'tyr‿də‿lɔka'sjɔ̃
Moped	cyclomoteur *m*	siklɔmɔ'tœːr
Motorrad	moto *f*	mɔ'to
Motorroller	scooter *m*	sku'tœːr
Pferdewagen	roulotte *f*	ru'lɔt
Reiseomnibus	autocar *m*	otɔ'kaːr
Wohnwagen	caravane *f*	kara'van

Autovermietung

Wo kann ich ein Auto mieten?
Je peux louer une voiture où?
ʒə pø lwe yn vwa'tyr‿u

... mit Fahrer.
... avec chauffeur.
av'ɛk ʃo'fœːr

Ich möchte ein Auto mieten.
J'aimerais louer une voiture.
ʒɛmrɛ‿lwe yn vwa'tyr

... für 2 *(6)* Personen.
... pour *deux (six)* personnes.
pur dø (si) pɛr'sɔn

... für *einen Tag (zwei Tage, eine Woche, zwei Wochen)*.
... pour *un jour (deux jours, une semaine, deux semaines)*.
pur œ̃ ʒuːr (dø ʒuːr, yn səmɛn, dø smɛn)

Wieviel kostet es?
Ça coûte combien?
sa kut kɔ̃'bjɛ̃

... einschließlich Vollkaskoversicherung?
... l'assurance tous risques inclus?
lasy'rɑ̃ːs tu 'riskə ɛ̃'kly

Muß ich das Benzin selbst bezahlen?
Dois-je payer l'essence moi-même?
dwaʒ‿pɛ'je lɛ'sɑ̃ːs mwa'mɛm

Wieviel muß ich bei Ihnen hinterlegen?
Je dois vous verser une caution de combien?
ʒə dwa vu vɛr'se yn ko'sjɔ̃ də kɔ̃'bjɛ̃

***Wann (Wo)* kann ich den Wagen abholen?**
Quand (Où) puis-je venir chercher la voiture?
kɑ̃ (u) pɥiʒ vənir‿ʃɛr'ʃe la vwa'tyːr

Ist jemand da, wenn ich das Auto zurückbringe?
Est-ce qu'il y aura quelqu'un quand je ramènerai la voiture?
ɛskil jora kɛl'kɛ̃ kɑ̃ ʒə ramɛn're la vwa'tyr

Fahren

Ich fahre nach ...
Je vais à ...
ʒə vɛ a

Fahren Sie nach ...?
Allez-vous à ...?
ale'vu a

Schnell/langsam.
Vite/lentement.
vit/lɑ̃t'mɑ̃

Mit dem *Auto (Motorrad, Fahrrad)* fahren.
Aller *en voiture (en moto, à bicyclette)*
ale ɑ̃ vwa'tyr (ɑ̃ mɔ'to, abisi'klɛt)

Ampel	feux *m/pl.*	fø
Ausfahrt	sortie *f*	sɔr'ti
Autobahn	autoroute *f*	otɔ'rut
Autobahngebühr	péage *m*	pe'aːʒ
Automobilklub	club *m* automobile	klœb‿otɔmo'bil
Bahnübergang	passage *m* à niveau	pa'saːʒ‿a‿ni'vo
Baustelle	chantier *m*	ʃɑ̃'tje
Brücke	pont *m*	pɔ̃
Durchfahrt	passage *m*	pa'saːʒ
Einfahrt	entrée *f*	ɑ̃'tre
Fahrbahn	chaussée *f*	ʃo'se
Fahrspur	voie *f*	vwa
Fahrt	voyage *m* en voiture	vwa'jaːʒ‿ɑ̃‿vwa'tyːr
– abbiegen	tourner	tur'ne
– anhalten	arrêter	arɛ'te
– aussteigen	descendre	de'sɑ̃ːdrə
– ausweichen	éviter	evi'te
– bremsen	freiner	frɛ'ne
– sich einordnen	se ranger	sə rɑ̃'ʒe
– einsteigen	monter (en voiture)	mɔ̃'te (ɑ̃ vwa'tyːr)
– fahren	aller en voiture	a'le‿ɑ̃‿vwa'tyːr
– per Anhalter fahren	faire de l'auto-stop	fɛr də lotɔ'stɔp
– halten	s'arrêter	sarɛ'te
– parken	stationner	stasjɔ'ne
– überholen	dépasser; doubler	depa'se; du'ble
– wenden	faire demi-tour	fɛːr dmi'tuːr
Gefälle	descente *f*	de'sɑ̃ːt
Halteverbot	stationnement *m* interdit	stasjɔn'mɑ̃ ɛ̃tɛr'di
Höchstgeschwindigkeit	vitesse *f* maximum	vi'tɛs maksi'mɔm
Hupverbot	défense de klaxonner	de'fɑ̃s də klaksɔ'ne
Kreisverkehr	sens *m* giratoire	sɑ̃ːs ʒira'twaːr
Kreuzung	croisement *m*	krwaz'mɑ̃

Kurve	virage *m*	vi'raːʒ
Kurzparkzone	zone *f* bleue	zoːn blø
Mittelstreifen	bande *f* médiane	bɑ̃d me'djan
Ortschaft	agglomération *f*	aglɔmerɑ'sjɔ̃
Ortstafel	panneau *m* de localité	pa'no də lɔkali'te
Parkplatz	parking *m*	par'kiŋ
Parkscheibe	disque *m* bleu	'diskə blø
Parkuhr	parcomètre *m*	parkɔ'mɛːtrə
Parkverbot	stationnement *m* interdit	stasjɔn'mɑ̃ ɛ̃tɛr'di
Paß	col *m*	kɔl
Radfahrweg	piste *f* cyclable	pist si'klablə
Sackgasse	voie *f* sans issue	vwa sɑ̃‿z‿i'sy
Schleudergefahr	route *f* glissante	rut gli'sɑ̃t
Seitenwind	vent *m* latéral	vɑ̃ late'ral
Serpentine	lacet *m*	la'sɛ
Steigung	montée *f*	mɔ̃'te
Steinschlag	chute *f* de pierres	ʃyt də pjɛːr
Straße	route *f*	rut
– **Einbahnstraße**	sens *m* unique	sɑ̃ːs y'nik
– **Hauptstraße**	rue *f* principale	ry prɛ̃si'pal
– **Küstenstraße**	route *f* côtière	rut ko'tjɛːr
– **Landstraße**	grand-route *f*	grɑ̃'rut
– **Querstraße**	rue *f* latérale	ry late'ral
Tunnel	tunnel *m*	ty'nɛl
Überholverbot	interdiction *f* de dépasser	ɛ̃tɛrdik'sjɔ̃ də depa'se
Umleitung	déviation *f*	devjɑ'sjɔ̃
Verkehr	circulation *f*	sirkylɑ'sjɔ̃
Verkehrspolizei	police *f* routière	pɔ'lis ru'tjɛːr
Verkehrsregeln	code *m* de la route	kɔd‿də‿la‿rut
Verkehrsschild	panneau *m*	pa'no
Vorfahrt	priorité *f*	priɔri'te
Weg	chemin *m*	ʃmɛ̃
Wegweiser	poteau *m* indicateur	pɔ'to ɛ̃dika'tœːr
Wildwechsel	passage *m* de gibier	pa'saːʒ də ʒi'bje
Zebrastreifen	passage *m* clouté	pa'saːʒ klu'te

Garage, Parkplatz

Wo kann ich meinen Wagen unterstellen?
Je peux garer ma voiture où?
ʒ(ə) pø ga're ma vwa'ty:r‿u

Ist hier in der Nähe eine Garage?
Il y a un garage dans le coin?
ilja œ̃ ga'ra:ʒ dɑ̃lkwɛ̃

Haben Sie noch *eine Garage (eine Box)* frei?
Avez-vous encore *un garage (un box)* de libre?
ave'vu ɑ̃'kɔ:r œ̃ ga'ra:ʒ (œ̃ bɔks) də libr(ə)

Wo kann ich den Wagen lassen?
Je peux laisser la voiture où?
ʒ(ə) pø le'se la vwa'ty:r‿u

Kann ich ihn hier lassen?
Je peux la laisser ici?
ʒə pø la le'se i'si

Kann ich hier parken?
Je peux me garer ici?
ʒ(ə) pø mə ga're i'si

Ist der Parkplatz bewacht?
Le parking, est-il gardé?
lə par'kiŋ, ɛtil‿gar'de

Ist noch ein Platz frei?
Y a-t-il encore une place libre?
ja'til ɑ̃'kɔ:r yn plas 'librə

Wie lange kann ich hier parken?
Combien de temps je peux stationner ici?
kɔ̃'bjɛ̃‿də‿tɑ̃ ʒ(ə) pø stasjɔ'ne i'si

Was kostet das Unterstellen *pro Nacht (bis ...)*?
Combien coûte le garage *pour une nuit (jusqu'à ...)*?
kɔ̃'bjɛ̃ kut lə ga'ra:ʒ pur‿yn‿'nɥi (ʒys'ka)

Ist die Garage die ganze Nacht geöffnet?
Le garage est-il ouvert toute la nuit?
lə ga'ra:ʒ ɛtil‿u'vɛ:r tut la nɥi

Wann schließen Sie?
Quand fermez-vous?
kɑ̃ fɛrme'vu

Ich fahre *heute abend (morgen um 8)* weiter.
Je continue mon voyage *ce soir (demain à huit heures)*.
ʒə kɔ̃ti'ny mɔ̃ vwa'ja:ʒ sə swa:r (də'mɛ̃ a ɥit‿'œ:r)

Ich möchte meinen Wagen aus der Garage holen.
Je voudrais sortir ma voiture du garage.
ʒə vu'drɛ sɔr'tir ma vwa'ty:r dy ga'ra:ʒ

Tankstelle, Kundendienst

Wo ist die nächste Tankstelle?
Où est la station d'essence la plus proche?
u ɛ la sta'sjɔ̃ dɛ'sɑ̃:s la ply prɔʃ

Wie weit ist es?
C'est à quelle distance?
sɛta‿kɛl dis'tɑ̃:s

Geben sie mir bitte 20 Liter *Normalbenzin (Super)*.
Donnez-moi vingt litres *d'essence ordinaire (de super)*, s'il vous plaît.
dɔne'mwa vɛ̃ 'litrə dɛ'sɑ̃:s ɔrdi'nɛ:r (də sy'pɛ:r), silvu'plɛ

Ich möchte 15 Liter Diesel.
Je voudrais quinze litres de diesel.
ʒə vu'drɛ kɛ̃:z 'litrə də dje'zɛl

Den Tank voll, bitte.
Faites le plein, s'il vous plaît.
fɛt lə plɛ̃, silvu'plɛ

Ich brauche Kühlwasser.
J'ai besoin d'eau (pour le radiateur).
ʒe bə'zwɛ̃ do (pur lə radja'tœ:r)

Füllen Sie bitte Kühlwasser nach.
Faites le plein d'eau du radiateur, s'il vous plaît.
fɛt lə plɛ̃ do dy radja'tœ:r, silvu'plɛ

Eine Straßenkarte, bitte.
Une carte routière, s'il vous plaît.
yn kart ru'tjɛ:r, silvu'plɛ

Benzin	essence *f*	ɛ'sɑ̃:s
Benzingutschein	bon *m* d'essence	bɔ̃ dɛ'sɑ̃:s
Benzinkanister	jerrycan *m*	ʒeri'kan
Benzintank	réservoir *m* d'essence	rezɛr'vwa:r dɛ'sɑ̃:s
Bremsflüssigkeit	liquide *m* de freinage	li'kid də frɛ'na:ʒ
Frostschutzmittel	antigel *m*	ɑ̃ti'ʒɛl
Kühlwasser	eau *f* du radiateur	o‿dy‿radja'tœ:r
Kundendienst	service-entretien *m*	sɛrvis‿ɑ̃trə'tjɛ̃
Reservetank	bidon *m* de réserve	bi'dɔ̃ də re'zɛrv
Tankstelle	station *f* d'essence	sta'sjɔ̃ dɛ'sɑ̃:s
Tankwart	pompiste *m*	pɔ̃'pist
Wasser	eau *f*	o
– destilliertes Wasser	eau *f* distillée	o disti'le
Zündkerze	bougie *f* d'allumage	bu'ʒi daly'ma:ʒ

Öl

Prüfen Sie bitte den Ölstand.
Vérifiez le niveau d'huile, s'il vous plaît.
veri'fje lə nivo‿'dɥil, silvu'plɛ

Ist noch genug Öl da?
Y a-t-il encore assez d'huile?
ja'til ɑ̃'kɔːr‿ase‿'dɥil

Ich brauche *Motorenöl (Getriebeöl)*.
Il me faut de l'huile *de moteur (de graissage)*.
il mə fo də lɥil də mɔ'tœːr (də grɛ'saːʒ)

. . . Liter Öl, bitte.
. . . litres d'huile, s'il vous plaît.
litrə‿'dɥil, silvu'plɛ

Füllen Sie bitte Öl nach.
Faites le plein d'huile, s'il vous plaît.
fɛt lə plɛ̃‿'dɥil, silvu'plɛ

Wechseln Sie bitte das Öl.
Changez l'huile, s'il vous plaît.
ʃɑ̃'ʒe lɥil, silvu'plɛ

Abschmierdienst	service *m* de graissage	sɛr'vis də grɛ'saːʒ
Getriebeöl	huile *f* de graissage	ɥil də grɛ'saːʒ
Motorenöl	huile *f* de moteur	ɥil də mɔ'tœːr
Öl	huile *f*	ɥil
– spezial / normal	spéciale / ordinaire	spe'sjal / ɔrdi'nɛːr
Ölkännchen	burette *f*	by'rɛt
Ölstand	niveau *m* d'huile	ni'vo dɥil
Ölwechsel	changement *m* d'huile	ʃɑ̃ʒ'mɑ̃ dɥil

Reifendienst

Können Sie diesen Reifen reparieren?
Pouvez-vous réparer ce pneu?
puve'vu repare sə pnø

Können Sie diesen Schlauch noch flicken?
Pouvez-vous encore réparer cette chambre à air?
puve'vu ɑ̃'kɔːr repa're sɛt ʃɑ̃br‿a‿'ɛːr

Wechseln Sie bitte diesen Reifen.
Changez ce pneu, s'il vous plaît.
ʃɑ̃'ʒe sə pnø, silvu'plɛ

Einen neuen Schlauch, bitte.
Une nouvelle chambre à air, s'il vous plaît.
yn nu'vɛl ʃɑ̃br‿a‿'ɛːr, silvu'plɛ

Ein Reifen ist geplatzt.
Un pneu a crevé.
œ̃ pnø a krə've

Pumpen Sie bitte den Reservereifen auf.
Gonflez le pneu de rechange, s'il vous plaît.
gɔ̃'fle lə pnø də rə'ʃɑ̃ːʒ, silvu'plɛ

Prüfen Sie bitte den Reifendruck.
Vérifiez la pression des pneus, s'il vous plaît.
veri'fje la prɛ'sjɔ̃ de pnø, silvu'plɛ

Vorn 1.6, hinten 2.0 atü.
A l'avant 1.6, à l'arrière 2.0 kg.
ala'vɑ̃ œ̃‿'sis, alar'jɛr dø kilo

Da die Werte für den Reifendruck der einzelnen Wagentypen verschieden sind, empfehlen wir Ihnen, die für Ihren Wagen gültigen Zahlen aufzuschreiben und dem Tankwart vorzulegen.

Bereifung	pneus *m/pl.*	pnø
Rad	roue *f*	ru
– **Hinterrad**	roue *f* arrière	ru ar'jɛːr
– **Reserverad**	roue *f* de secours	ru də sə'kuːr
– **Vorderrad**	roue *f* avant	ru a'vɑ̃
Reifen	pneu *m*	pnø
– **schlauchloser Reifen**	tubeless *m*	tyb'lɛs
Reifendruck	pression *f* des pneus	prɛ'sjɔ̃ de pnø
Reifenpanne	crevaison *f*	krəvɛzɔ̃
Reifenwechsel	changement *m* de pneu	ʃɑ̃ʒ'mɑ̃ də pnø
Schlauch	chambre *f* à air	ʃɑ̃br‿a‿'ɛːr
Ventil	soupape *f*	su'pap

Wagenwäsche

Wo kann ich meinen Wagen waschen lassen?
Je peux faire laver ma voiture où?
ʒə pø fɛr la've ma vwa'tyːr‿u

Säubern Sie bitte *die Windschutzscheibe (die Scheiben).*
Nettoyez *le pare-brise* (*les vitres*), s'il vous plaît.
nɛtwa'je lə par'briːz (le vitrə) silvu'plɛ

Waschen Sie mir bitte den Wagen.
Lavez-moi la voiture, s'il vous plaît.
lave'mwa la vwa'tyːr, silvu'plɛ

Reinigen Sie den Wagen bitte auch innen.
Nettoyez aussi l'intérieur de la voiture, s'il vous plaît.
nɛtwa'je ɔ'si lɛ̃ter'jœːr də la vwa'tyːr, silvu'plɛ

Panne, Unfall

***Ich habe (Wir haben)* eine Panne.**
J'ai (Nous avons) une panne.
ʒe (nu‿z‿a'vɔ̃) yn pan

... ist defekt.
... ne marche pas.
nə marʃ pa

Ich habe einen Unfall gehabt.
J'ai eu un accident.
ʒe y œ̃‿n‿aksi'dɑ̃

Kann ich bei Ihnen telefonieren?
Je peux téléphoner de chez vous?
ʒə pø telefɔ'ne d(ə)‿ʃe‿vu

Verständigen Sie bitte die Polizei.
Appelez la police, s'il vous plaît.
a'ple la pɔ'lis, silvu'plɛ

Holen Sie einen Arzt!
Faites venir un médecin!
fɛt və'ni:r œ̃ med'sɛ̃

Rufen Sie schnell einen Krankenwagen!
Faites venir une ambulance immédiatement!
fɛt və'ni:r yn‿ɑ̃by'lɑ̃:s imedjat'mɑ̃

Bitte helfen Sie mir!
Aidez-moi, s'il vous plaît!
ɛde'mwa, silvu'plɛ

Ich brauche Verbandszeug.
J'ai besoin de pansement.
ʒe bə'zwɛ̃ də pɑ̃s'mɑ̃

Können Sie mir ... leihen?
Pouvez-vous me prêter ...?
puve'vu mə prɛ'te

Könnten Sie ...
Pourriez-vous ...
purje'vu

– mich ein Stück mitnehmen?
– m'emmener un bout de chemin?
mɑ̃'mne œ̃ bu‿d‿'ʃmɛ̃

– meinen Wagen abschleppen?
– remorquer ma voiture?
rəmɔr'ke ma vwa'ty:r

– mir einen *Mechaniker (Abschleppwagen)* schicken?
– m'envoyer un mécanicien (une dépanneuse)?
mɑ̃vwa'je œ̃ mekani'sjɛ̃ (yn depa'nø:z)

– sich um die Verletzten kümmern?
– vous occuper des blessés?
vu‿z‿ɔky'pe de ble'se

Wo ist eine Reparaturwerkstatt?
Où y a-t-il un atelier de réparation?
u ja'til œ̃‿n‿atə'lje də repara'sjɔ̃

Bitte geben Sie mir Ihren Namen und Ihre Adresse an.
Donnez-moi vos nom et adresse, s'il vous plaît.
dɔne'mwa vo 'nɔ̃ e a'drɛs, silvu'plɛ

Es ist Ihre Schuld!
C'est de votre faute!
sɛ də vɔtrə‿fot

Ich hatte Vorfahrt.
J'avais la priorité.
ʒaˈvɛ la priɔriˈte

Es ist niemand verletzt.
Personne n'est blessé.
pɛrˈsɔn nɛ blɛˈse

Können Sie mein Zeuge sein?
Pouvez-vous être mon témoin?
puveˈvu ˈɛtrə mɔ̃ teˈmwɛ̃

Sie haben ... beschädigt.
Vous avez abîmé ...
vu‿z‿ave abiˈme

... ist (schwer) verletzt.
... est (grièvement) blessé.
... ɛ (griɛvəˈmɑ̃) blɛˈse

Vielen Dank für Ihre Hilfe!
Merci beaucoup pour votre aide!
mɛrsi‿boˈku pur vɔtr‿ˈɛːd

Wo ist Ihr Wagen versichert?
Chez qui est assurée votre voiture?
ʃe‿ki‿ɛtasyˈre vɔtrə vwaˈtyr

Abschleppdienst	service *m* de dépannage	sɛrˈvis də depaˈnaːʒ
Abschleppseil	câble *m* de remorquage	ˈkɑːblə də rəmɔrˈkaːʒ
Abschleppwagen	dépanneuse *f*	depaˈnøːz
Auffahrunfall	télescopage *m*	telɛskɔˈpaːʒ
Aufprall	choc *m*	ʃɔk
Blechschaden	dégâts *m/pl.* de carrosserie	deˈga də karɔˈsri
Feuerwehr	pompiers *m/pl.*	pɔ̃ˈpje
Hilfe	aide *f*; secours *m*	ɛd; səˈkuːr
Krankenhaus	hôpital *m*	ɔpiˈtal
Krankenwagen	ambulance *f*	ɑ̃byˈlɑ̃ːs
Mechaniker	mécanicien *m*	mekaniˈsjɛ̃
Panne	panne *f*	pan
Polizei	police *f*	pɔˈlis
Reparaturwerkstatt	atelier *m* de réparation	atəlˈje də reparɑˈsjɔ̃
Sanitätsstelle	poste *m* de secours	pɔst də skuːr
Unfall	accident *m*	aksiˈdɑ̃
Unfallschaden	dégâts *m/pl.* d'accident	deˈga daksiˈdɑ̃
Verbandszeug	pansement *m*	pɑ̃sˈmɑ̃
Verletzung	blessure *f*	blɛˈsyːr
Versicherung	assurance *f*	asyˈrɑ̃ːs
Vertragswerkstatt	garage *m* concessionnaire	gaˈraːʒ kɔ̃sɛsjɔˈnɛːr
Vorsicht!	Attention!	atɑ̃ˈsjɔ̃
Zusammenstoß	collision	kɔliˈzjɔ̃

Reparaturwerkstatt

Wo ist die nächste Reparaturwerkstatt?
Où est l'atelier de réparation le plus proche?
u ɛ latel'je də reparɑ'sjɔ̃ lə ply prɔʃ

. . . ist nicht in Ordnung.
. . . n'est pas en bon état.
nɛ pa‿z‿ɑ̃ bɔ̃ne'ta

. . . ist defekt.
. . . ne marche pas.
nə marʃ pa

Können Sie das machen?
Pouvez-vous faire cela?
puve'vu fɛːr sla

Wer kann das machen?
Qui peut faire cela?
ki pø fɛːr sla

Prüfen Sie bitte . . .
Vérifiez . . ., s'il vous plaît.
veri'fje . . ., silvu'plɛ

Geben Sie mir bitte . . .
Donnez-moi . . ., s'il vous plaît.
dɔne'mwa . . ., silvu'plɛ

Reparieren Sie das bitte.,
Réparez cela, s'il vous plaît.
repa're sla, silvu'plɛ

Haben Sie Original-Ersatzteile für . . . ?
Avez-vous des pièces de rechange d'origine pour . . . ?
ave'vu de pjɛs də rə'ʃɑ̃ːʒ dɔri'ʒin pur

Wann bekommen Sie die Ersatzteile?
Quand aurez-vous les pièces de rechange?
kɑ̃ ore'vu le pjɛs də rə'ʃɑ̃ːʒ

Ich brauche *eine neue (einen neuen)* . . .
J'ai besoin *d'une nouvelle (d'un nouveau)* . . .
ʒe bə'zwɛ̃ dyn nu'vɛl (dœ̃ nu'vo)

Kann ich damit noch fahren?
Puis-je encore rouler ainsi?
pɥiʒ‿ɑ̃kɔːr ru'le ɛ̃'si

Machen Sie bitte nur die nötigsten Reparaturen!
Ne faites que les réparations strictement nécessaires.
nə fɛt kə le reparɑ'sjɔ̃ striktə'mɑ̃ nesɛ'sɛːr

Wann ist es fertig?
Quand la voiture sera-t-elle prête?
kɑ̃ la vwa'tyːr səratɛl‿'prɛt

Wieviel kostet es?
Ça coûte combien?
sa‿kut‿kɔ̃'bjɛ̃

Wagenteile, Reparaturen

Achse	essieu *m*	ɛ'sjø
Anlasser	démarreur *m*	dema'rœːr
Auspuff	échappement *m.*	eʃap'mɑ̃
Automatik	changement *m* de vitesse automatique	ʃɑ̃ʒ'mɑ̃ d(ə)‿vi'tɛs‿ɔtɔma'tik
Batterie	batterie *f*	ba'tri
Beleuchtung	éclairage *m*	eklɛ'raːʒ
Benzinleitung	conduite *f* d'essence	kɔ̃'dɥit dɛ'sɑ̃ːs
Benzinpumpe	pompe *f* à essence	pɔ̃p a ɛ'sɑ̃ːs
Benzinuhr	indicateur *m* de niveau d'essence	ɛ̃dika'tœːr də ni'vo dɛ'sɑ̃ːs
Birne	ampoule *f*	ɑ̃'pul
– auswechseln	changer	ʃɑ̃'ʒe
Blinker	clignotant *m*	kliɲɔ'tɑ̃
Bremsbelag	garniture *f* de frein	garni'tyːr də frɛ̃
Bremsen	freins *m/pl.*	frɛ̃
– Fußbremse	frein *m* à pied	frɛ̃‿a‿'pje
– Handbremse	frein *m* à main	frɛ̃‿a‿'mɛ̃
– Scheibenbremse	frein *m* à disque	frɛ̃‿a‿'disk
Bremsflüssigkeit	liquide *m* de freinage	li'kid də frɛ'naːʒ
Bremslichter	feux *m/pl.* de stop	fø də stɔp
Bremspedal	pédale *f* de frein	pe'dal də frɛ̃
Bremstrommel	tambour *m* de frein	tɑ̃'buːr də frɛ̃
Dichtung	joint *m*	jwɛ̃
Differential	différentiel *m.*	diferɑ̃'sjɛl
Düse	gicleur *m*	ʒi'klœːr
Einspritzpumpe	pompe *f* à injection	pɔ̃p a ɛ̃ʒɛk'sjɔ̃

Die Batterie ist leer.
La batterie est vide.
la ba'tri ɛ vid

Sie muß aufgeladen werden.
Il faut la recharger.
Il fo la rəʃar'ʒe

Die Bremsen sind nicht in Ordnung.
Les freins ne sont pas en bon état.
le frɛ̃ nə sɔ̃ pa ɑ̃ bɔ̃‿ne'ta

Sie sind *locker (zu fest)*.
Ils sont *peu (trop)* serrés.
il sɔ̃ pø (tro) sɛ're

Die Bremstrommeln werden zu heiß.
Les tambours de frein chauffent.
le tɑ̃'buːr də frɛ̃ ʃof

Ersatzrad	roue *f* de rechange	ru də rə'ʃɑ̃:ʒ
Ersatzteil	pièce *f* de rechange	pjɛs də rə'ʃɑ̃:ʒ
Fahrgestell	châssis *m* de la voiture	ʃɑ'si də la vwa'ty:r
Feder	ressort *m*	rə'sɔ:r
Fehlzündung	raté *m*	ra'te
Fett	graisse *f*	grɛs
Feuerlöscher	extincteur *m*	ɛkstɛ̃k'tœ:r
Freilauf(nabe)	moyeu *m* à roue libre	mwa'jø a ru 'librə
Frostschutzmittel	antigel *m*	ɑ̃ti'ʒɛl
Funke	étincelle *f*	etɛ̃'sɛl
Gang	vitesse *f*	vi'tɛs
– **Gang einlegen**	mettre en ... vitesse	'mɛtrə ɑ̃ ... vi'tɛs
– **Leerlauf**	point *m* mort (moteur *m* débrayé)	pwɛ̃ mɔ:r (mɔ'tœ:r debrɛ'je)
– **Rückwärtsgang**	marche *f* arrière	marʃ ar'jɛ:r
Gangschaltung	changement *m* de vitesse	ʃɑ̃ʒ'mɑ̃ də vi'tɛs
Gas	accélérateur *m*	akselera'tœ:r
– **Gas geben**	accélérer	aksele're
– **Gas wegnehmen**	ralentir	ralɑ̃'tir
Gaspedal	accélérateur *m*	akselera'tœ:r
Getriebe	boîte *f* de vitesses	bwat de vi'tɛs
Gewinde	filet *m*	fi'lɛ
Griff	poignée *f*	pwa'ɲe
Heckscheibe	lunette *f* arrière	ly'nɛt‿a'rjɛr
Heizung	chauffage *m*	ʃo'fa:ʒ
Hupe	avertisseur *m* sonore	avɛrti'sœ:r sɔ'nɔ:r

Der ... Gang springt heraus.
La vitesse est mal enclenchée.
la vi'tɛs‿ɛ‿mal‿ɑ̃klɑ̃'ʃe

Die Gangschaltung muß nachgesehen werden.
Il faut contrôler le changement de vitesse.
il fo kɔ̃tro'le lə ʃɑ̃ʒ'mɑ̃ də vi'tɛs

Aus dem Getriebe tropft Öl.
Il y a de l'huile qui goutte de la boîte des vitesses.
il'ja de lɥil ki gut də la bwat de vi'tɛs

– **Lichthupe**	avertisseur *m* lumineux	avɛrti'sœːr lymi'nø
Innenleuchte	éclairage *m* intérieur	eklɛ'raːʒ ɛ̃te'rjœːr
Isolierung	isolement *m*	izɔl'mɑ̃
Kabel	câble *m*	'kaːblə
Kardanwelle	arbre *m* de cardan	'arbrə də kar'dɑ̃
Karosserie	carrosserie *f*	karɔs'ri
Keilriemen	courroie *f* trapézoïdale	ku'rwa trapezɔi'dal
Kette	chaîne *f*	ʃɛn
– **Schneeketten**	chaînes *f/pl.* antidérapantes	ʃɛn ɑ̃tidera'pɑ̃ːt
Kilometerzähler	compteur *m* kilométrique	kɔ̃'tœːr kilɔme'trik
Kofferraum	coffre *m*	'kɔfrə
Kolben	piston *m*	pis'tɔ̃
Kolbenring	segment *m* de piston	sɛg'mɑ̃ də pis'tɔ̃
Kompression	compression *f*	kɔ̃prɛ'sjɔ̃
Kondensator	condensateur *m*	kɔ̃dɑ̃sa'tœːr
Kontakt	contact *m*	kɔ̃'takt
Kontrollampe	lampe-témoin *f*	lɑ̃pte'mwɛ̃
Kotflügel	garde-boue *m*	gardə'bu
Kugellager	roulement *m* à billes	rul'mɑ̃ a bij
Kühler	radiateur *m*	radja'tœːr
Kühlergrill	volet *m* du radiateur	vɔ'lɛ dy radja'tœːr
Kupplung	embrayage *m*	ɑ̃brɛ'jaːʒ
Kupplungspedal	pédale *f* d'embrayage	pe'dal dɑ̃brɛ'jaːʒ
Kurbelwelle	vilebrequin *m*	vilbrə'kɛ̃

Die Heizung funktioniert nicht.
Le chauffage ne fonctionne pas.
le ʃo'faːʒ nə fɔ̃ks'jɔn pa

Aus dem Kühler tropft Wasser.
Il y a de l'eau qui goutte du radiateur.
il'ja də lo ki 'gut dy radja'tœːr

Die Kupplung *rutscht durch (trennt nicht)*.
L'embrayage patine
lɑ̃brɛ'jaːʒ patiːn

Kurzschluß	court-circuit *m*	kursir'kɥi
Lack(ierung)	laque *m od. f*	lak
Lager	coussinet *m*	kusi'nɛ
Lampe	lampe *f*	lɑ̃p
Lenkrad	volant *m*	vɔ'lɑ̃
Lenkung	conduite *f*	kɔ̃'dɥit
Lichtmaschine	dynamo *f*	dina'mo
löten	souder	su'de
Luftfilter	filtre *m* à air	filtrə‿a ɛːr
Luftpumpe	pompe *f* à air	pɔ̃p‿a‿'ɛːr
Motor	moteur *m*	mɔ'tœːr
– **Dieselmotor**	moteur *m* diesel	mɔ'tœːr dje'zɛl
– **Heckmotor**	moteur *m* à l'arrière	mɔ'tœːr a lar'jɛːr
– **Zweitaktmotor**	moteur (à) deux temps	mɔ'tœːr a dø tɑ̃
Nabe	moyeu *m*	mwa'jø
Nationalitätszeichen	plaque *f* de nationalité	plak də nasjɔnali'te
Nockenwelle	arbre *m* à cames	arbr‿a‿'kam
Nummernschild	plaque *f* d'immatriculation	plak dimatrikylɑ'sjɔ̃
Öleinfüllstutzen	orifice *m* de remplissage d'huile	ɔri'fis də rɑ̃pli'saːʒ dɥil
Ölmeßstab	réglette-jauge *f*	reglɛt'ʒoːʒ
Ölpumpe	pompe *f* à huile	pɔmp‿a‿'ɥil
Pedal	pédale *f*	pe'dal
Pleuellager	coussinet *m* de tête de bielle	kusi'nɛ də tɛt də bjɛl
Pleuelstange	bielle *f*	bjɛl

Die Lichtmaschine gibt keinen Strom.
La dynamo ne donne pas de courant.
la dina'mo nə dɔn pa də ku'rɑ̃

Der Motor zieht nicht.
Le moteur ne tire pas.
lə mɔ'tœːr nə tir pa

– läuft sich heiß.
– chauffe.
ʃof

– klopft.
– cogne.
'kɔɲə

– setzt plötzlich aus.
– cale.
– kal

– stottert.
– a des ratés.
a de ra'te

Rad	roue *f*	ru
Radkappe	enjoliveur *m*	ɑ̃ʒɔli'vœːr
Reparatur	réparation *f*	reparɑ'sjɔ̃
Reservekanister	bidon *m* de réserve	bi'dɔ̃ də re'zɛrv
Rückspiegel	rétroviseur *m*	retrəvi'zœːr
Schalter	commutateur *m*	kɔmyta'tœːr
Schalthebel	levier *m* de changement de vitesse	lə'vje də ʃɑ̃ʒ'mɑ̃ də vi'tɛs
Scheibenwaschanlage	lave-glace *m*	lav'glas
Scheibenwischer	essuie-glace *m*	ɛsɥi'glas
Scheinwerfer	phare *m*	faːr
– Abblendlicht	feux *m/pl.* de croisement	fø də krwaz'mɑ̃
– Fernlicht	feux *m/pl.* de route	fø də rut
– Schlußlicht	feux *m/pl.* rouges arrière	fø ruːʒ‿ar'jɛːr
– Standlicht	feux *m/pl.* de position	fø də pɔzi'sjɔ̃
Schiebedach	toit *m* ouvrant	twa u'vrɑ̃
Schlauch	chambre *f* à air	ʃɑ̃br‿a‿'ɛːr
Schraube	vis *f*	vis
– Schraubenmutter	écrou *m*	e'kru
Schwimmer	flotteur *m*	flɔ'tœːr
Schwimmernadel	pointeau *m*	pwɛ̃'to
Sicherheitsgurt	ceinture *f* de sécurité	sɛ̃'tyːr də sekyri'te
Sicherung	fusible *m*	fy'ziːblə
Sitz	siège *m*	sjɛːʒ
– Rücksitz	siège *m* arrière	sjɛːʒ‿ar'jɛːr
– Vordersitz	siège *m* avant	sjɛːʒ‿a'vɑ̃
Speiche	rayon *m*	rɛ'jɔ̃

Der Scheibenwischer *schmiert (ist abgebrochen).*
L'essuie-glace *nettoie mal (est cassé).*
lɛsɥi'glas nɛ'twa mal (ɛ ka'se)

Diese Schraube muß *angezogen (gelockert)* werden.
Cette vis doit être *serrée (desserrée).*
sɛt vis dwa‿t‿ɛːtr‿sɛ're (desɛ're)

Die Sicherung ist durchgebrannt.
Le fusible est fondu.
lə fy'ziːblə ɛ fɔ̃'dy

Starter	démarreur *m*	dema'rœːr
Steuerung	direction *f*	dirɛk'sjɔ̃
Stoßdämpfer	amortisseur *m*	amɔrti'sœːr
Stoßstange	pare-chocs *m*	par'ʃɔk
Tachometer	tachymètre *m*	taki'mɛːtrə
Thermostat	thermostat *m*	tɛrmɔ'sta
Türschloß	serrure *f* de la portière	sɛ'ryːr də la pɔr'tjɛːr
Unterbrecher	interrupteur *m*	ɛ̃tɛryp'tœːr
Ventil	soupape *f*	su'pap
Ventilator	ventilateur *m*	vɑ̃tila'tœːr
Verdeck	capote *f*	ka'pɔt
Vergaser	carburateur *m*	karbyra'tœːr
Verteiler	distributeur *m*	distriby'tœːr
Wagenschlüssel	clé *f* de la voiture	kle də la vwa'tyːr
Warndreieck	triangle *m* avertisseur	tri'ɑ̃ːglə avɛrti'sœːr
Windschutzscheibe	pare-brise *m*	par'briːz
Zündanlage	installation *f* de l'allumage	ɛ̃stalɑ'sjɔ̃ də laly'maːʒ
Zündkabel	fil *m* d'allumage	fil daly'maːʒ
Zündkerze	bougie *f* d'allumage	bu'ʒi daly'maːʒ
Zündschloß	serrure *f* de contact	sɛ'ryːr də kɔ̃'takt
Zündschlüssel	clé *f* de contact	kle də kɔ̃'takt
Zündung	allumage *m*	aly'maːʒ
Zylinder	cylindre *m*	si'lɛ̃drə
Zylinderkopf	culasse *f*	ky'las
Zylinderkopfdichtung	joint *m* de culasse	ʒwɛ̃ də ky'las

Biegen Sie bitte die Stoßstange gerade.
Redressez le pare-chocs, s'il vous plaît.
rədrɛ'se lə par'ʃɔk, silvu'plɛ

Würden Sie bitte den Vergaser *überprüfen (reinigen)*?
Voudriez-vous *vérifier (nettoyer)* le carburateur?
vudrije'vu veri'fje (nɛtwa'je) lə karbyra'tœːr

Wechseln Sie bitte die Zündkerzen aus.
Changez les bougies, s'il vous plaît.
ʃɑ̃'ʒe le bu'ʒi, silvu'plɛ

Werkzeug

Können Sie mir ... leihen?
Pourriez-vous me prêter ...?
purjeˈvu mə prɛˈte

Ich brauche ...
J'ai besoin de ...
ʒe bəˈzwɛ̃ də

Bindfaden	ficelle *f*	fiˈsɛl
Bohrer	foret *m*	fɔˈrɛ
Draht	fil *m* métallique	fil metaˈlik
– ein Stück Draht	un bout de fil métallique	œ̃ bu‿d‿fil metaˈlik
Feile	lime *f*	lim
Hammer	marteau *m*	marˈto
Kabel	câble *m*	ˈkɑːblə
Luftpumpe	pompe *f* à air	pɔ̃p‿a‿ˈɛːr
Meißel	ciseau *m*	siˈzo
Prüflampe	lampe-témoin *f*	lɑ̃pteˈmwɛ̃
Schmirgelpapier	papier *m* d'émeri	paˈpje demˈri
Schraube	vis *f*	vis
– Schraubenmutter	écrou *m*	eˈkru
Schraubenschlüssel	clé *f* anglaise	kle ɑ̃ˈglɛːz
Schraubenzieher	tournevis *m*	turnˈvis
Steckschlüssel	clé *f* à douille	kle‿a‿ˈduj
Trichter	entonnoir *m*	ɑ̃tɔˈnwaːr
Tuch, Lappen	chiffon *m*	ʃiˈfɔ̃
Wagenheber	cric *m*	krik
Werkzeug	outil *m*	uˈti
Werkzeugkasten	coffre *m* à outils	kɔfr‿a‿uˈti
Zange	tenailles *f/pl.*; pinces *f/pl.*	təˈnaːj; pɛ̃s

Verkehrshinweise

ATTENTION!
Achtung!

ATTENTION! VOIE FERRÉE!
Vorsicht! Zug!

CHAUSSÉE RÉTRÉCIE
Engpaß

CROISEMENT
Kreuzung

DANGER!
Achtung!

INTERDICTION DE DÉPASSER
Überholen verboten

DÉFENSE DE TOURNER À DROITE
Abbiegen nach rechts verboten

HÔPITAL
Krankenhaus

STATIONNEMENT INTERDIT
Parken verboten

PARKING
Parkplatz

PASSAGE À NIVEAU GARDÉ
Bewachter Bahnübergang

PASSAGE À NIVEAU NON GARDÉ
Unbewachter Bahnübergang

SENS UNIQUE
Einbahnstraße

SENS INTERDIT
Durchfahrt verboten

SENS OBLIGATOIRE
Geradeaus

SIGNAUX SONORES INTERDITS
Hupen verboten

TOUT DROIT
Geradeaus

VERS LA GAUCHE
Nach links

VIRAGE
Kurve

VERS LA DROITE
Nach rechts

VITESSE MAXIMUM
Höchstgeschwindigkeit

RESPECTER LA PRIORITÉ
Vorfahrt beachten

MIT DEM BUS

Wo ist die nächste Bushaltestelle?
Où est l'arrêt d'autobus le plus proche?
u ɛ la'rɛ dotɔ'bys lə ply prɔʃ

Wo halten die Busse nach ...?
Où s'arrêtent les autobus pour ...?
u sa'rɛt le‿z‿otɔ'bys pur

Ist das weit?
Est-ce loin?
ɛs lwɛ̃

Wann fährt *ein (der erste/letzte)* Bus nach ...?
Quand part *un (le premier/dernier)* autobus pour ...?
kɑ̃ pa:r œ̃ (lə prə'mje / dɛr'nje) otɔ'bys pur

Welcher Bus fährt nach ...?
Quel autobus va à ...?
kɛl‿otɔ'bys va a

Wohin fährt der Bus?
Où va l'autobus?
u va lotɔ'bys

Fährt ein Bus nach ...?
Y a-t-il un autobus qui va à ...?
ja'til œ̃‿notɔ'bys ki va a

Wann sind wir in ...?
Quand arrivons-nous à ...?
kɑ̃ arivɔ̃'nu a

Muß ich nach ... umsteigen?
Faut-il changer d'autobus pour ...?
fo'til ʃɑ̃'ʒe dotɔ'bys pur

Wo muß ich umsteigen?
Où faut-il changer?
u fo'til ʃɑ̃'ʒe

Wo gibt es die Fahrscheine?
Où peut-on prendre les tickets?
u pøtɔ̃‿'prɑ̃:drə le ti'kɛ

Bitte *einmal (zwei Karten)* nach..
Un ticket (Deux tickets) pour... s'il vous plaît.
œ̃ ti'kɛ (dø ti'kɛ) pur ... silvu'plɛ

Bus	autobus *m*	otɔ'bys
Endstation	terminus *m*	tɛrmi'nys
Fahrer	conducteur *m*	kɔ̃dyk'tœ:r
Fahrschein	ticket *m*	ti'kɛ
Gepäck	bagages *m/pl.*	ba'ga:ʒ
Haltestelle	arrêt *m*	a'rɛ
Linie	ligne *f*	'liɲə
Richtung	direction *f*	dirɛk'sjɔ̃
Schaffner	receveur *m*	rəsə'vœ:r
Umsteigefahrschein ..	ticket *m* de correspondance ..	ti'kɛ də kɔrɛspɔ̃'dɑ̃:s

MIT DER EISENBAHN

Bahnhof

Wo ist der *Bahnhof (Hauptbahnhof)*?	**Wo ist ...?**
Où est la gare (centrale)?	Où est ...?
u ɛ la gaːr (sɑ̃ˈtral)	u ɛ

das Auskunftsbüro	le bureau de renseignements?	lə byˈro də rɛ̃sɛɲəˈmɑ̃
Bahnsteig 2	le quai deux?	lə kɛ‿ˈdø
der Fahrkartenschalter	le guichet pour les billets?	lə giʃɛ pur le biˈjɛ
ein Fahrplan	l'horaire?	lɔˈrɛːr
die Gepäckaufbewahrung	la consigne?	la kɔ̃ˈsiɲə
die Gepäckausgabe	la remise des bagages?	la rəˈmiz de baˈgaːʒ
Gleis 4	la voie quatre?	la vwa‿ˈkatrə
das Restaurant	le restaurant?	lə rɛstɔˈrɑ̃
der Sanitätsraum	l'infirmerie?	lɛ̃firməˈri
die Toilette	les W.-C. *m/pl.*?	le veˈse
der Wartesaal	la salle d'attente?	la sal daˈtɑ̃ːt
eine Wechselstube	le bureau de change?	lə byˈro də ʃɑ̃ːʒ
der Zimmernachweis	la réservation de chambres?	la rezɛrvaˈsjɔ̃ də ʃɑ̃br

Fahrplan

Abfahrt	départ *m*	deˈpaːr
Ankunft	arrivée *f*	ariˈve
Anschlußzug	train *m* de correspondance	trɛ̃ də kɔrɛspɔ̃ˈdɑ̃ːs
Autoreisezug	train *m* auto-couchettes	trɛ̃ otɔkuˈʃɛt
Bahnsteig	quai *m*	kɛ
Eilzug	rapide *m*	raˈpid
Expreßzug	express *m*	eksˈprɛs
Fernschnellzug	train *m* direct	trɛ̃ diˈrɛkt
Gleis	voie *f*	vwa
Kursbuch	indicateur *m* des chemins de fer	ɛ̃dikɑˈtœːr de ʃmɛ̃ de fɛːr
Kurswagen	voiture *f* directe	vwaˈtyːr diˈrɛkt
Liegewagen	voiture-couchettes *f*	vwaˈtyːr kuˈʃɛt

Personenzug	train *m* omnibus	trɛ̃ ɔmniˈbys
Schienenbus	autorail *m*	otɔˈraj
Schlafwagen	wagon-lit *m*	vagɔ̃ˈli
Schnellzug, D-Zug	train *m* direct; express *m*	trɛ̃ diˈrɛkt; ɛksˈprɛs
Speisewagen	wagon-restaurant *m*	vaˈgɔ̃ rɛstɔˈrɑ̃
Triebwagen	automotrice *f*	otɔmɔˈtris
Vorortzug	train *m* de banlieue	trɛ̃ də bɑ̃ˈljø
zuschlagpflichtig	soumis à un supplément	suˈmi a œ̃ sypleˈmɑ̃

Auskunft

Wann fährt ein *Personenzug (Schnellzug)* nach ...?
Quand part un *train omnibus (train direct)* pour ...?
kɑ̃ paːr œ̃ trɛ̃ ɔmniˈbys (trɛ̃ diˈrɛkt) pur

Wann fährt der *erste (letzte)* Zug nach ...?
Quand part le *premier (dernier)* train pour ...?
kɑ̃ paːr lə prəˈmje (dɛrˈnje) trɛ̃ pur

Wo ist der Zug nach ...?
Où est le train pour ...?
u ɛ lə trɛ̃ pur

Ist das der Zug nach ...?
Est-ce le train pour ...?
ɛs lə trɛ̃ pur

Fährt dieser Zug über ...?
Ce train passe-t-il par ...?
sə trɛ̃ pasˈtil par

Hält dieser Zug in ...?
Ce train, s'arrête-t-il à ...?
sə trɛ̃ sarɛt‿ˈtil a

Hat der Zug aus ... Verspätung?
Le train de ... a-t-il du retard?
lə trɛ̃ de ... aˈtil dy rəˈtaːr

Wieviel?
Combien?
kɔ̃ˈbjɛ̃

Haben wir Anschluß nach ...?
Avons-nous une correspondance pour ...?
avɔ̃ˈnu yn kɔrɛspɔ̃ˈdɑ̃ːs pur

Wann ist er in ...?
Quand arrive-t-il à ...?
kɑ̃ arivˈtil a

Müssen wir umsteigen?
Faut-il changer de train?
fotil‿ʃɑ̃ˈʒe də trɛ̃

Wo?
Où?
u

Hat der Zug einen *Speisewagen (Schlafwagen)*?
Le train a-t-il un *wagon-restaurant (wagon-lit)*?
lə trɛ̃ aˈtil œ̃ vaˈgɔ̃rɛstɔˈrɑ̃ (vagɔ̃ˈli)

Kann ich die Fahrt in ... unterbrechen?
Je peux interrompre mon voyage à ...?
ʒə pø ɛ̃tɛˈrɔ̃ːprə mɔ̃ vwaˈjaːʒ a

Auf welchem Bahnsteig kommt der Zug aus ... an?
Sur quel quai arrive le train de ... ?
syr kɛl kɛ aˈriv lə trɛ̃ də

Von welchem Bahnsteig fährt der Zug nach ... ab?
De quel quai part le train pour ... ?
də kɛl kɛ paːr lə trɛ̃ pur

Fahrkarten

Bitte *eine Karte (zwei Karten)* nach ...
Un billet (Deux billets) pour ..., s'il vous plaît.
œ̃ biˈjɛ (dø biˈjɛ) pur ..., silvuˈplɛ

– einfach
– aller
aˈle

– hin und zurück
– aller et retour.
aˈle e rəˈtuːr

– erster Klasse.
– de première.
də prəˈmjɛːr

– zweiter Klasse.
– de seconde.
də sgɔ̃ːd

Ich möchte eine Platzkarte für den 12-Uhr-Zug nach ...
Je voudrais réserver une place pour le train de douze heures pour ...
ʒə vuˈdrɛ rezɛrˈve yn plas pur lə trɛ̃ də duˈzœːr pur

Wie lange ist die Karte gültig?
Jusqu'à quand ce billet est-il valable?
ʒyska‿ˈkɑ̃ sə biˈjɛ ɛtil‿vaˈlablə

Ich möchte die Fahrt in ... unterbrechen.
J'aimerais interrompre le voyage à ...
ʒɛmˈrɛ ɛ̃tɛˈrɔ̃ːprə lə vwaˈjaːʒ a

Ich möchte ... vorbestellen.
Je voudrais réserver ...
ʒə vuˈdrɛ rezɛrˈve

Was kostet die Fahrt nach ...?
Le billet pour ... coûte combien?
lə biˈjɛ pur ... kut kɔ̃ˈbjɛ̃

Reservieren Sie bitte 2 Plätze.
Réservez deux places,
s'il vous plaît.
rezɛrˈve dø plas, silvuˈplɛ

Bahnsteigkarte	ticket *m* de quai	tiˈkɛ də kɛ
Fahrkarte	ticket *m*; billet *m* ...	tiˈkɛ; biˈjɛ
– einfache Fahrkarte.	billet *m* aller	biˈjɛ aˈle
– ermäßigte Fahrkarte	billet *m* à prix réduit	biˈjɛ a pri reˈdɥi
Fahrpreis	prix *m* du parcours .	pri dy parˈkuːr
Kinderfahrkarte	billet *m* demi-tarif ..	biˈjɛ dəmitaˈrif
Platzkarte	réservation place assise	rezɛrvaˈsjɔ̃ plas‿aˈsiːz
Rückfahrkarte	billet *m* aller et retour	biˈjɛ aˈle e rəˈtuːr

Sammelfahrschein ...	billet *m* collectif	biˈjɛ kɔlɛkˈtif
Schlafwagenkarte ...	billet *m* de wagon-lit.	biˈjɛ də vagɔ̃ˈli
Zuschlagkarte (für den Schnellzug nach...)	supplément (pour le rapide à destination de)	sypleˈmɑ̃ (pur lə raˈpid a dɛstinɑˈsjɔ̃ də)

Gepäck

Ich möchte ...
Je voudrais
ʒə vuˈdrɛ

– dieses Gepäck nach ... aufgeben.
– faire enregistrer ces bagages pour ...
fɛːr ɑ̃rəʒisˈtre se baˈgaːʒ pur

– dieses Gepäck hierlassen.
– laisser ces bagages ici.
lɛˈse se baˈgaːʒ iˈsi

– mein Gepäck *versichern (abholen)*.
– *faire assurer (retirer)* mes bagages.
fɛːr asyˈre (rətiˈre) me baˈgaːʒ

Hier ist *die Fahrkarte (der Gepäckschein)*.
Voici *le ticket (le bulletin d'enregistrement)*.
vwaˈsi lə tiˈkɛ (lə bylˈtɛ̃ dɑ̃rəʒistrəˈmɑ̃)

Es sind zwei Koffer und eine Tasche.
Il y a deux valises et un sac.
ilja dø vaˈliːz‿e‿œ̃ sak

Geht das Gepäck mit demselben Zug ab?
Les bagages partent par le même train?
le baˈgaːʒ partə par lə mɛm trɛ̃

Wann ist es in ...?
Quand arriveront-ils à ...
kɑ̃ arivrɔ̃‿t‿il‿a

Das sind nicht meine Sachen.
Ce ne sont pas mes bagages.
sə nə sɔ̃ pa me baˈgaːʒ

Es fehlt ein Koffer.
Il manque une valise.
il mɑ̃k yn vaˈliːz

Gepäck	bagages *m/pl.*	baˈgaːʒ
Gepäckabfertigung ..	enregistrement *m* des bagages	ɑ̃rəʒistrəˈmɑ̃ de baˈgaːʒ
Gepäckannahme	enregistrement *m* des bagages	ɑ̃rəʒistrəˈmɑ̃ de baˈgaːʒ
Gepäckaufbewahrung	consigne *f*	kɔ̃ˈsiɲə
Gepäckausgabe	remise *f* des bagages.	rəˈmiːz de baˈgaːʒ
Gepäckschein	bulletin *m* d'enregistrement....	bylˈtɛ̃ dɑ̃rəʒistrəˈmɑ̃
Gepäckschließfach ..	consigne *f* automatique	kɔ̃ˈsiɲə otɔmaˈtik
Handgepäck	bagage *m* à main ...	baˈgaːʒ‿a mɛ̃
Koffer	valise *f*............	vaˈliːz
(Reise-)Tasche	sac *m* (de voyage)...	sak (də vwaˈjaːʒ)

Gepäckträger

Gepäckträger .... porteur *m* .... pɔr'tœːr

***Dieses Gepäck (Diesen Koffer)* bitte ...**
Ces bagages (Cette valise) ..., s'il vous plaît.
se ba'gaːʒ (sɛt va'liːz) ..., silvu'plɛ

– zum Zug nach ...
– au train pour ...
o trɛ̃ pur

– zum Bahnsteig 2.
– au quai deux.
o kɛ dø

– zur Aufbewahrung.
– à la consigne.
a la kɔ̃'siɲə

– zum Ausgang.
– à la sortie.
a la sɔr'ti

– zum Taxi.
– au taxi.
o tak'si

– zum Bus nach ...
– à l'autobus pour ...
a lotɔ'bys pur

Wieviel bekommen Sie?
Combien vous dois-je?
kɔ̃'bjɛ̃ vu dwaʒ

Auf dem Bahnsteig

Ist das der Zug *nach (aus)* ...?
Est-ce le train *pour (venant de)* ...?
ɛs lə trɛ̃ pur (və'nɑ̃ də)

Wo ist .... Où est .... u ɛ

– die erste Klasse?
– la première classe?
la prə'mjɛːr klɑːs

– der Kurswagen nach ...?
– la voiture directe pour ...?
la vwa'tyːr di'rɛkt pur

– der Liegewagen?
– la voiture-couchettes?
la vwa'tyːr ku'ʃɛt

– der Schlafwagen?
– le wagon-lit?
lə vagɔ̃'li

– der Speisewagen?
– le wagon-restaurant?
lə va'gɔ̃ rɛstɔ'rɑ̃

– **der Gepäckwagen?**
– le fourgon?
lə fur'gɔ̃

– **Wagen Nr. ...?**
– la voiture numéro ...?
la vwa'tyːr nyme'ro

Dort.
Voilà.
vwa'la

Vorn.
À l'avant.
a la'vɑ̃

In der Mitte.
Au milieu.
o mi'ljø

Am Ende.
À l'arrière (En queue)
a la'rjɛːr (ɑ̃ kø)

Wann kommt der Zug an?
À quelle heure arrive le train?
a kɛl‿'œːr a'riːv lə trɛ̃

RENSEIGNEMENTS	SORTIE	PASSAGE SOUTERRAIN
Auskunft	**Ausgang**	**Unterführung**

ACCÈS AUX QUAIS	BUFFET
Zu den Bahnsteigen	**Bahnhofsgaststätte**

ENREGISTREMENT DES BAGAGES	VOIE
Gepäckannahme	**Gleis**

LAVABOS	POSTE DE SECOURS	EAU POTABLE
Waschräume	**Sanitätsstelle**	**Trinkwasser**

TOILETTES	MESSIEURS	DAMES
Toiletten	**Herren**	**Damen**

PASSAGE	SALLE D'ATTENTE	JOURNAUX
Übergang	**Wartesaal**	**Zeitungen**

Im Zug

Ist dieser Platz frei?
Cette place, est-elle libre?
sɛt plas, ɛtɛl‿'liːbrə

Das ist mein Platz.
C'est ma place.
sɛ ma plas

Darf ich das Fenster *öffnen (schließen)*?
Vous permettez que *j'ouvre (je ferme)* la fenêtre?
vu pɛrmɛ'te kə 'ʒuvrə (ʒə fɛrm) la fə'nɛːtrə

Gestatten Sie?
Vous permettez?
vu pɛrme'te

Können Sie mir bitte helfen?
Pourriez-vous m'aider, s'il vous plaît?
purje'vu mɛ'de, silvu'plɛ

Können wir die Plätze tauschen?

Pourrions-nous échanger les places?
purjɔ̃ˈnu eʃɑ̃ˈʒe le plas

Ich kann nicht rückwärts fahren.

Je ne supporte pas de rouler dans le sens contraire de la marche.
ʒə nə sypɔrt(ə) pa də ruˈle dɑ̃‿sɑ̃s kɔ̃ˈtrɛːr də la marʃ

***Die Fahrkarten, bitte!**

Les billets, s'il vous plaît.
le biˈjɛ, silvuˈplɛ

Ich möchte *zuzahlen (nachlösen)*.

Je voudrais un supplément.
ʒə vudrɛ œ̃ sypleˈmɑ̃

Wie viele Stationen sind es noch bis . . . ?

Combien de stations y a-t-il encore jusqu'à . . . ?
kɔ̃ˈbjɛ̃ də staˈsjɔ̃ jaˈtil ɑ̃ˈkɔːr ʒysˈka

Sind wir pünktlich in . . . ?

Arrivons-nous à l'heure prévue à . . . ?
ariˈvɔ̃nu a lœːr preˈvy a

Wo sind wir jetzt?

Où sommes-nous maintenant?
u sɔmˈnu mɛ̃tˈnɑ̃

Wie lange haben wir Aufenthalt?

Combien de temps le train s'arrête-t-il ici?
kɔ̃ˈbjɛ̃ də tɑ̃ lə trɛ̃ saˈrɛt‿til iˈsi

Erreiche ich den Zug nach . . . ?

Est-ce que j'aurai le train pour . . . ?
ɛskə ʒoˈre lə trɛ̃ pur

NON-FUMEURS	FUMEURS
Nichtraucher	**Raucher**
POUR MUTILÉS	POUR MÈRES AVEC ENFANTS
Für Schwerbeschädigte	**Für Mutter und Kind**
SIGNAL D'ALARME	WAGON-RESTAURANT
Notbremse	**Speisewagen**

WAGON-LIT	W.-C.	LIBRE	OCCUPÉ
Schlafwagen	**Toilette**	**Frei**	**Besetzt**

abfahren	partir	par'tiːr
Abfahrt	départ *m*	de'paːr
Abteil	compartiment *m*	kɔ̃parti'mɑ̃
ankommen	arriver	ari've
Ankunft	arrivée *f*	ari've
Anschluß	correspondance *f*	kɔrɛspɔ̃'dɑ̃ːs
Aufenthalt	arrêt *m*	a'rɛ
Ausgang	sortie *f*	sɔr'ti
Auskunft	renseignement *m*	rɑ̃sɛɲə'mɑ̃
aussteigen	descendre	de'sɑ̃ːdrə
Bahnhof	gare *f*	gaːr
Bahnhofsvorsteher	chef *m* de gare	ʃɛf də gaːr
Bahnsteig	quai *m*	kɛ
Eingang	entrée *f*	ɑ̃'tre
einsteigen	monter (en voiture)	mɔ̃'te (ɑ̃ vwa'tyːr)
Eisenbahn	chemin *m* de fer	ʃmɛ̃ də fɛr
Ermäßigung	réduction *f*	redyk'sjɔ̃
Fahrkarte	billet *m*; ticket *m*	bi'jɛ; ti'kɛ
Fahrpreis	prix *m* du billet	pri dy bi'jɛ
Fensterplatz	coin-fenêtre *m*	kwɛ̃fə'nɛːtrə
Gepäck	bagages *m/pl.*	ba'gaːʒ
Gepäcknetz	filet *m*	fi'lɛ
Gleis	voie *f*	vwa
Güterbahnhof	gare *f* (de) marchandises	gaːr (də) marʃɑ̃'diːz
Heizung	chauffage *m*	ʃo'faːʒ
– kalt	froid	frwa
– warm	chaud	ʃo
Kursbuch	indicateur *m*	ɛ̃dika'tœːr
Lokomotive	locomotive *f*	lɔkɔmɔ'tiːv
Schaffner	contrôleur *m*	kɔ̃tro'lœːr
Sperre	barrière *f*	ba'rjɛːr
Strecke	ligne *f*	'liɲə
umsteigen	changer de train	ʃɑ̃'ʒe də trɛ̃
Wagen, Waggon	voiture *f*	vwa'tyːr
Wagentür	portière *f*	pɔr'tjɛːr
Zug	train *m*	trɛ̃
Zugführer	chef *m* de train	ʃɛf də trɛ̃

MIT DEM FLUGZEUG

Auskunft und Buchung

Gibt es eine (direkte) Flugverbindung nach . . . ?
Y a-t-il une liaison aérienne (directe) avec . . . ?
ja'til yn liɛ'zɔ̃ ae'rjɛn (di'rɛkt) a'vɛk

Wann fliegt *heute (morgen)* ein Flugzeug nach . . . ?
À quelle heure décolle *aujourd'hui (demain)* un avion pour . . . ?
a kɛl‿'œːr de'kɔl oʒur'dɥi (də'mɛ̃) œ̃‿na'vjɔ̃ pur

Wann fliegt die nächste Maschine nach . . . ?
Quand décolle le prochain appareil pour . . . ?
kɑ̃ de'kɔl lə prɔ'ʃɛ‿n‿apa'rɛj pur

Landet die Maschine in . . . zwischen?
L'appareil fait escale à . . . ?
lapa'rɛj fɛt ɛs'kal a

Habe ich Anschluß nach . . . ?
J'ai une correspondance pour . . . ?
ʒe yn kɔrɛspɔ̃'dɑ̃ːs pur . . .

Wann sind wir in . . . ?
À quelle heure serons-nous à . . . ?
a kɛl‿'œːr sərɔ̃'nu a

Sind noch Plätze frei?
Il y a encore des places de libre?
ilja ɑ̃'kɔːr de plas də libr(ə)

Wieviel kostet ein Flug nach . . . (und zurück)?
Combien coûte un vol (aller et retour) à . . . ?
kɔ̃'bjɛ̃ kut‿œ̃‿'vɔl (al'le e rə'tuːr) a

Wieviel Gepäck ist frei?
À combien de bagages a-t-on droit?
a kɔ̃'bjɛ̃ də ba'gaːʒ atɔ̃‿'drwa

Was kostet das Übergepäck?
Les bagages en excédent c'est combien?
le ba'gaːʒ‿ɑ̃‿nɛkse'dɑ̃ sɛ kɔ̃'bjɛ̃

Wie hoch ist die Flughafengebühr?
La taxe d'aéroport, c'est combien?
la taks daerɔ'pɔːr sɛ kɔ̃'bjɛ̃

Wie komme ich zum Flughafen?
Pour aller à l'aéroport?
pur‿ale a laerɔ'pɔːr

Wann muß ich dort sein?
Je dois y être à quelle heure?
ʒə dwa‿z‿i‿ɛtr‿a kɛlœːr

Bitte für Freitag einen Flug nach ...
Un vol pour vendredi pour ..., s'il vous plaît.
œ̃ vɔl pur vɑ̃drə'di pur ..., silvu'plɛ

Bitte für den 8. Mai einen Hin- und Rückflug nach ...
Un vol aller et retour pour le huit mai pour ..., s'il vous plaît.
œ̃ vɔl a'le e rə'tu:r pur lə ɥi mɛ pur ..., silvu'plɛ

– 1. Klasse.
– première classe.
prə'mjɛ:r klas

– Economy-Klasse.
– classe économique
klas‿ekɔnɔ'mik

Wie lange ist der Flugschein gültig?
Quelle est la durée de validité du billet d'avion?
'kɛl‿ɛ la dy're də validi'te dy bi'jɛ da'vjɔ̃

Ich muß diesen Flug annullieren.
Il me faut annuler ce vol.
il mə fo any'le sə vɔl

Wie hoch ist die Annullierungsgebühr?
La taxe d'annulation, c'est combien?
la taks danyla'sjɔ̃ sɛ kɔ̃'bjɛ̃

Auf dem Flughafen

Kann ich das als Handgepäck mitnehmen?
Puis-je prendre cela comme bagage à main?
pɥiʒ‿'prɑ̃:drə sla kɔm ba'ga:ʒ‿a‿mɛ̃

Wo ist *der Warteraum (Ausgang B)*?
Où est *la salle d'attente (la sortie B)*?
u ɛ la sal da'tɑ̃:t (la sɔr'ti be)

Wo ist der Informationsschalter?
Où est le bureau d'information?
u ɛ lə by'ro dɛ̃fɔrmɑ'sjɔ̃

Was muß ich zahlen?
Combien dois-je payer?
kɔ̃'bjɛ̃ dwaʒ‿pɛ'je

Wo gibt es hier zollfreie Waren?
Où peut-on acheter ici des marchandises exemptes de douane?
u pøtɔ̃‿naʃ'te i'si de marʃɑ̃'di:z ɛg'zɑ̃:t də du'an

Hat die Maschine nach ... Verspätung?
L'appareil pour ... a-t-il du retard?
lapa'rɛj pur ... a'til dy rə'ta:r

Ist die Maschine aus ... schon gelandet?
L'avion venant de ... a-t-il déjà atterri?
la'vjɔ̃ və'nɑ̃ də ... a'til de'ʒa ate'ri

Im Flugzeug

***Bitte das Rauchen einstellen!**
Éteignez vos cigarettes!
etɛ'ɲe vo siga'rɛt

***Anschnallen, bitte!**
Attachez vos ceintures!
ata'ʃe vo sɛ̃'ty:r

Wie hoch fliegen wir?
À quelle altitude sommes-nous?
a kɛl‿alti'ty:d sɔm'nu

Wo sind wir jetzt?
Où sommes-nous maintenant?
u sɔm'nu mɛ̃t'nɑ̃

Was ist das für ein *Gebirge (Fluß)*?
Quelle montagne (Quel fleuve) est-ce?
kɛl mɔ̃'taɲə (kɛl flœ:v) ɛs

Kann ich ... haben?
Je peux avoir ...?
ʒə pø a'vwa:r

Mir ist schlecht.
J'ai mal au cœur.
ʒe mal‿o‿'kœ:r

Haben Sie ein Mittel gegen Luftkrankheit?
Avez-vous un remède contre le mal de l'air?
ave'vu œ̃ rə'mɛd 'kɔ̃trə lə mal də lɛ:r

Wann landen wir?
Quand atterrissons-nous?
kɑ̃ atɛri'sɔ̃nu

Wie ist das Wetter in ...?
Quel temps fait-il à ...?
kɛl tɑ̃ fɛ'til a

Abflug	départ *m*	de'pa:r
Anflug	approche *f*	a'prɔʃ
Ankunft	arrivée *f*	ari've
anschnallen	attacher les ceintures	ata'ʃe le sɛ̃'ty:r
Anschnallgurt	ceinture *f*	sɛ̃'ty:r
aufsteigen	s'élever	selə've
Ausgang	sortie *f*	sɔr'ti
Auskunft	renseignement *m*	rɑ̃sɛɲə'mɑ̃
Besatzung	équipage *m*	eki'pa:ʒ
Buchung	réservation *f*	rezɛrvɑ'sjɔ̃
Chartermaschine	charter *m*	ʃar'tɛr
Düsenflugzeug	avion *m* à réaction	a'vjɔ̃ a reak'sjɔ̃

Fahrwerk	train *m* d'atterrissage	trɛ̃ datɛri'saːʒ
fliegen	voler	vɔ'le
Flug	vol *m*	vɔl
Fluggast	passager *m*	pasa'ʒe
Fluggesellschaft	compagnie *f* aérienne	kɔ̃pa'ɲi ae'rjɛn
Flughafen	aéroport *m*	aerɔ'pɔːr
Flughafengebühr	taxe *f* d'aéroport	taks daerɔ'pɔːr
Flugkapitän	commandant *m* de bord	kɔmɑ̃'dɑ̃ də bɔːr
Flugplan	indicateur *m*	ɛ̃dika'tœːr
Flugschein	billet *m* d'avion	bi'jɛ da'vjɔ̃
Flugstrecke	ligne *f* aérienne	'liɲə ae'rjɛn
Flugzeit	durée *f* de vol	dy're də vɔl
Flugzeug	avion *m*	a'vjɔ̃
Frischluftdüse	aération *f*	aera'sjɔ̃
Handgepäck	bagage *m* à main	ba'gaːʒ‿a‿mɛ̃
Hubschrauber	hélicoptère *m*	elikɔp'tɛːr
Informationsschalter	guichet *m* d'information	gi'ʃɛ dɛ̃fɔrmɑ'sjɔ̃
landen	atterrir	atɛ'riːr
Landung	atterrissage	atɛri'saːʒ
Linienmaschine	avion *m* de ligne	a'vjɔ̃ də 'liɲə
Luftkrankheit	mal *m* de l'air	mal də lɛːr
Nebel	brouillard *m*	bru'jaːr
Notausgang	sortie *f* de secours	sɔr'ti d‿sə'kuːr
Notlandung	atterrissage *m* forcé	atɛri'saːʒ fɔr'se
Notrutsche	glissoire *f* de secours	gli'swaːr d‿sə'kuːr
Rückflug	vol *m* de retour	vɔl də rə'tuːr
Schwimmweste	gilet *m* de sauvetage	ʒi'lɛ də sov'taːʒ
Start	décollage *m*	dekɔ'laːʒ
starten	décoller	dekɔ'le
Stewardeß	hôtesse *f* de l'air	ho'tɛs də lɛːr
Triebwerk	réacteur *m*	reak'tœːr
Übergepäck	bagages *m/pl* en excédent	ba'gaʒ ɑ̃‿nɛkse'dɑ̃
Warteraum	salle *f* d'attente	sal da'tɑ̃ːt
Wetter	temps *m*	tɑ̃
Zielflughafen	aéroport *m* d'arrivée	aerɔ'pɔːr dari've
zollfreie Waren	marchandises *f/pl.* exemptes de douane	marʃɑ̃'diːz ɛgzɑ̃ːt də du'an
Zwischenlandung	escale *f*	ɛs'kal

MIT DEM SCHIFF

Auskunft, Schiffskarten

Wann fährt *ein Schiff (die Fähre)* nach ... ab?
Quand part *un bateau (le ferry-boat)* pour ...?
kɑ̃ paːr œ̃ ba'to (lə fɛri'bot) pur

Wo?
Où?
u

Wie oft geht die Autofähre nach ...?
Tous les combien est-ce que le ferry-boat va à ...?
tu le kɔ̃'bjɛ̃ ɛskə lə fɛri'bot va a

Wie lange dauert die Überfahrt (von ...) nach ...?
Quelle est la durée de la traversée (de ...) à ...?
'kɛl‿ɛ la dy're də la travɛr'se (də ...) a

Wie weit ist der Bahnhof vom Hafen entfernt?
Quelle est la distance entre la gare et le port?
'kɛl‿ɛ la dis'tɑ̃ːs 'ɑ̃trə la gɑ'r e lə pɔːr

Welche Häfen werden angelaufen?
Dans quels ports fait-on escale?
dɑ̃ kɛl‿'pɔːr fɛtɔ̃ ɛs'kal

Wann legen wir in ... an?
Quand faisons-nous escale à ...?
kɑ̃ fəzɔ̃'nu ɛskal a

Habe ich Anschluß nach ...?
J'ai une correspondance pour ...?
ʒe yn kɔrɛspɔ̃'dɑ̃ːs pur

Kann man in ... an Land gehen?
Peut-on descendre à terre à ...?
pøtɔ̃‿de'sɑ̃dr‿a‿tɛːr a

Wie lange?
Combien de temps?
kɔ̃'bjɛ̃ də tɑ̃

Werden Landausflüge veranstaltet?
A-t-on organisé des excursions?
atɔ̃‿ɔrgani'ze de‿z‿ɛkskyr'sjɔ̃

Wann müssen wir an Bord sein?
À quelle heure faut-il être à bord?
a kɛl‿'œːr fo'til ɛːtr‿a‿'bɔːr

Wo bekommt man die Karten?
On prend les billets où?
ɔ̃ prɑ̃ le bi'jɛ u

Ich möchte ...
Je voudrais ...
ʒə vu'drɛ ...

– einen Schiffsplatz nach ...
– un billet pour ...
œ̃ bi'jɛ pur

– für morgen zwei Plätze auf der ... nach ...
– pour demain deux places sur le ... qui part pour ...
pur də'mɛ̃ dø pla:s syr lə ... ki pa:r pur

– eine Kreuzfahrt machen.
– faire une croisière.
fɛr‿yn krwa'zjɛ:r

– einen Beförderungsschein für ein *Auto (Motorrad, Fahrrad)*.
– un billet pour une *auto (motocyclette, bicyclette)*.
œ̃ bi'jɛ pur yn‿o'to (motɔsi'klɛt, bisi'klɛt)

– eine Einzelkabine.
– une cabine individuelle.
yn ka'bin ɛ̃divi'dɥɛl

– eine *Außenkabine (Innenkabine)*.
– une cabine *extérieure (intérieure)*.
yn ka'bin ɛkste'rjœ:r (ɛ̃te'rjœ:r)

– eine Zweibettkabine.
– une cabine pour deux personnes.
yn kabin pur dø pɛr'sɔn

1. Klasse.
première classe.
prə'mjɛ:r klas

Touristenklasse.
classe touriste.
klas tu'rist

Im Hafen

Wo liegt die „...“?
Où a accosté le «...»?
u a akɔs'te lə ...

Wo legt die „...“ an?
Où accoste le «...»?
u a'kɔst lə

Fährt dieses Schiff nach ...?
Est-ce que ce bateau va à ...?
ɛskə sə ba'to va a

Wann legt es ab?
À quelle heure part-il?
a kɛl‿'œ:r pa:r'til

Wo ist die *Reederei (Hafenpolizei, Zollverwaltung)*?
Où est *la compagnie de navigation (la police du port, l'administration des douanes)*?
u ɛ la kɔpa'ɲi də naviga'sjɔ̃ (la pɔ'lis dy pɔ:r, ladministrɑ'sjɔ̃ de du'an)

Wo erhalte ich mein Gepäck?
Où est-ce que je reprends mes bagages?
u ɛskə ʒə rə'prɑ̃ me ba'ga:ʒ

Ich komme von der „...“.
Je viens du «...».
ʒə vjɛ̃ dy ...

An Bord

Ich suche Kabine Nr. ...
Je cherche la cabine numéro ...
ʒə ʃɛrʃ la ka'bin nyme'ro

Wo ist mein Gepäck?
Où sont mes bagages.
u sɔ̃ me ba'ga:ʒ

Haben Sie ... an Bord?
Avez-vous ... à bord?
ave'vu ... a bɔ:r

Bitte, wo ist ...
Où est ..., s'il vous plaît?
u ɛ ..., silvu'plɛ

der Aufenthaltsraum	la salle de séjour	la sal də se'ʒu:r
die Bar	le bar	lə bar
der Bordfotograf	le photographe de bord	lə fɔtɔ'graf də bɔ:r
der Frisiersalon	le salon de coiffure	lə sa'lɔ̃ də kwa'fy:r
der Funkraum	la cabine radio	la kabin ra'djo
der Leseraum	la salle de lecture	la sal də lɛk'ty:r
die Reiseleitung	le guide	lə gid
das Schiffshospital	l'hôpital	lopi'tal
der Speisesaal	la salle à manger	la sal‿a‿mɑ̃'ʒe
der Swimming-pool	la piscine	la pi'sin
der Tanzsaal	la salle de danse	la sal də dɑ̃:s
das Zahlmeisterbüro	le bureau du commissaire	lə by'ro dy komi'sɛ:r

Ich möchte den ... sprechen.
J'aimerais parler ...
ʒɛmrɛ‿par'le

– **Deckoffizier**	au premier maître	o prə'mje 'mɛ:trə
– **Gepäckoffizier**	au responsable des bagages	o rɛspɔ̃'sablə de ba'ga:ʒ
– **Kapitän**	au capitaine	o kapi'tɛn
– **Obersteward**	au steward-chef	o stiwart'ʃɛf
– **Schiffsarzt**	au médecin de bord	o me'dsɛ̃ də bɔ:r
– **Reiseleiter**	au guide	o gid
– **Zahlmeister**	au commissaire	o kɔmi'sɛ:r

Steward, bringen Sie mir bitte ...
Steward, apportez-moi ... s'il vous plaît.
sti'wart apɔrte‿mwa ... silvu'plɛ

Rufen Sie bitte den Schiffsarzt!
Appelez le médecin de bord, s'il vous plaît.
a'ple lə med'sɛ̃ də bɔ̃:r, silvu'plɛ

Haben Sie ein Mittel gegen Seekrankheit?
Avez-vous un remède contre le mal de mer?
ave'vu œ̃ rə'mɛd 'kɔ̃:trə lə mal də mɛ:r

Wie hoch ist die elektrische Spannung hier?
Le courant ici, c'est du combien?
lə ku'rɑ̃ i'si sɛ dy kɔ̃'bjɛ̃

Abschiedsessen	dîner *m* d'adieux	di'ne da'djø
Anker	ancre *f*	'ɑ̃:krə
anlaufen	accoster	akɔs'te
anlegen	aborder	abɔr'de
Anlegeplatz	débarcadère *m*	debarka'dɛ:r
Anlegesteg	embarcadère *m*	ɑ̃barka'dɛ:r
ausbooten	débarquer	debar'ke
Ausflugsprogramm	programme *m* d'excursion	prɔ'gram dɛkskyr'sjɔ̃
auslaufen	partir	par'ti:r
Backbord	bâbord *m*	bɑ'bɔ:r
Boje	bouée *f*	bu'e
Boot	bateau *m*	ba'to
– **Barkasse**	barcasse *f*	bar'kas
– **Fischerboot**	bateau *m* de pêche	ba'to də pɛ'ʃ
– **Motorboot**	bateau *m* à moteur	ba'to a mɔ'tœ:r
– **Rettungsboot**	bateau *m* de sauvetage	ba'to də sov'ta:ʒ
– **Segelboot**	bateau *m* à voiles	ba'to a vwal
Bord	bord *m*	bɔ:r
Bordfest	fête *f* à bord	fɛt a bɔ:r
Brise	brise *f*	bri:z
Bug	proue *f*	pru
Dampfer	paquebot *m*	pak'bo
Deck	pont *m*	pɔ̃
– **Bootsdeck**	pont *m* des embarcations	pɔ̃ de‿z‿ɑ̃barkɑ'sjɔ̃

– **Hauptdeck**	pont *m* principal	pɔ̃ prɛ̃siˈpal
– **Oberdeck**	pont *m* supérieur	pɔ̃ sypeˈrjœːr
– **Promenadendeck**	pont-promenade *m*	pɔ̃ prɔmˈnad
– **Salondeck**	pont *m* de première classe	pɔ̃ də prəˈmjɛːr klɑːs
– **Sonnendeck**	sundeck *m*	sanˈdɛk
– **Vordeck**	plage *f* avant	plaːʒ‿aˈvɑ̃
– **Zwischendeck**	entrepont *m*	ɑ̃trəˈpɔ̃
Decksplatz	place *f* de pont	plas də pɔ̃
Deckstuhl	transat(lantique) *m*	trɑ̃zat(lɑ̃ˈtik)
Fähre	ferry-boat *m*	fɛriˈbot
Flagge	pavillon *m*	paviˈjɔ̃
Hafen	port *m*	pɔːr
Hafengebühr	taxe *f* portuaire	taks pɔrˈtɥɛːr
Hafenpolizei	police *f* du port	pɔˈlis dy pɔːr
Heck	poupe *f*	pup
Insel	île *f*	il
Jacht	yacht *m*	jɔt
Kabine	cabine *f*	kaˈbin
Kai	quai *m*	kɛ
Kajüte	cabine *f*	kaˈbin
Kanal	canal *m*	kaˈnal
Kapitän	capitaine *m*	kapiˈtɛn
Kinderspielzimmer	salle de jeux pour enfants	sal də jø pur‿ɑ̃ˈfɑ̃
Klimaanlage	climatisation *f*	klimatizɑˈsjɔ̃
Knoten	nœud *m*	nø
Kommandobrücke	passerelle *f* de manœuvre	pasˈrɛl də maˈnœːvrə
Kreuzfahrt	croisière *f*	krwaˈzjɛːr
Kurs	route *f*	rut
Küste	côte *f*	koːt
Landausflug	excursion *f* à terre	ɛkskyrˈsjɔ̃‿a‿ˈtɛːr
Landungsbrücke	débarcadère *m*	debarkaˈdɛːr
Lastkahn	chaland *m*	ʃaˈlɑ̃
Leuchtturm	phare *m*	faːr
Liegestuhl	transat(lantique) *m*	trɑ̃zat(lɑ̃ˈtik)
Mannschaft	équipage *m*	ekiˈpaːʒ
Mast	mât *m*	mɑ
Matrose	matelot *m*	matˈlo
Mole	môle *m*	moːl

1. Offizier	officier *m* de quart	ɔfi'sje də kaːr
Passagier	passager *m*	pasa'ʒe
Reederei	compagnie *f* de navigation	kɔ̃pa'ɲi də navigɑ'sjɔ̃
Reling	bastingage *m*	bastɛ̃'gaːʒ
Rettungsring	bouée *f* de sauvetage	bu'e də sov'taːʒ
Ruder	rame *f*	ram
Schiff	bateau *m*	ba'to
– **Frachtschiff**	cargo *m*	kar'go
– **Kriegsschiff**	bâtiment *m* de guerre	bɑti'mɑ̃ də gɛːr
– **Passagierschiff**	transatlantique *m*	trɑ̃zatlɑ̃'tik
Schiffsagentur	agence *f* maritime	a'ʒɑ̃ːs mari'tim
Schiffsarzt	médecin *m* de bord	med'sɛ̃ də bɔːr
Schiffsreise	voyage *m* en bateau	vwa'jaːʒ ɑ̃ ba'to
Schlepper	remorqueur *m*	rəmɔr'kœːr
Schwimmweste	gilet *m* de sauvetage	ʒi'lɛ də sov'taːʒ
See, Meer	mer *f*	mɛːr
– **auf hoher See**	en haute mer	ɑ̃‿ot‿'mɛːr
Seegang	mer *f* agitée	mɛːr aʒi'te
Seekrankheit	mal *m* de mer	mal də mɛːr
Seil, Tau	cordage *m*	kɔr'daːʒ
Steuer	gouvernail *m*	guvɛr'naj
Steuerbord	tribord *m*	tri'bɔːr
Steuermann	pilote *m*	pi'lɔt
Steward	steward *m*	sti'wart
Touristenklasse	classe *f* touriste	klas tu'rist
Überfahrt	traversée *f*	travɛr'se
Ufer	rivage *m*; bord *m*	ri'vaːʒ; bɔːr
Welle	vague *f*	vag
Wolldecke	couverture *f* de laine	kuvɛr'tyːr də lɛn

AN DER GRENZE

Paßkontrolle

Wann sind wir an der Grenze?
Quand arrivons-nous à la frontière?
kɑ̃ arivɔ̃'nu a la frɔ̃'tjɛ:r

***Ihren Paß, bitte!**
Votre passeport, s'il vous plaît!
vɔtr pɑs'pɔ:r, silvu'plɛ

***Ihre Papiere, bitte!**
Vos papiers, s'il vous plaît!
vo pa'pje, silvu'plɛ

Hier, bitte!
Prenez, s'il vous plaît.
prə'ne, silvu'plɛ

Ich besuche (Wir besuchen) ...
Je visite (Nous visitons) ...
ʒə vi'zit (nu vizi'tɔ̃)

Ich bleibe *eine Woche (drei Wochen, bis zum ...).*
Je resterai *une semaine (trois semaines, jusqu'au ...).*
ʒə rɛstə're yn s(ə)mɛn (trwa smɛn, ʒys'ko ...)

Ich bin auf *Geschäftsreise (Urlaubsreise)* hier.
C'est un *voyage d'affaires (voyage touristique).*
sɛ‿t‿œ̃ vwa'ja:ʒ da'fɛ:r (vwa'ja:ʒ turis'tik)

Ich habe keinen *Impfpaß (Impfschein).*
Je n'ai pas de certificat de vaccination.
ʒə ne pa də sɛrtifi'ka də vaksinɑ'sjɔ̃

Was soll ich tun?
Qu'est-ce qu'il faut faire?
'kɛskil fo fɛ:r

Ich bin (nicht) gegen *Pocken (Cholera)* geimpft.
Je (ne) suis (pas) vacciné contre *la variole (le choléra).*
ʒə (nə) sɥi (pa) vaksi'ne kɔ̃tr la var'jɔl (lə kɔle'ra)

Muß ich das Formular ausfüllen?
Dois-je remplir le formulaire?
dwaʒ rɑ̃'pli:r lə fɔrmy'lɛ:r

Ich gehöre zu der Reisegruppe von ...
Je fais partie du groupe de touristes de ...
ʒə fɛ par'ti dy grup də tu'rist də

Die Kinder sind in meinem Paß eingetragen.
Les enfants sont enregistrés dans mon passeport.
le‿z‿ɑ̃'fɑ̃ sɔ̃ ɑ̃rəʒis'tre dɑ̃ mɔ̃ pɑs'pɔ:r

Kann ich das Visum hier bekommen?
Je peux avoir le visa ici?
ʒə pø a'vwa:r lə vi'za i'si

Kann ich mit meinem Konsulat telefonieren?

Je peux téléphoner à mon consulat?
ʒə pø telefɔ'ne a mɔ̃ kɔ̃sy'la

Ausreise	sortie *f*	sɔr'ti
Ausreisevisum	visa *m* de sortie	vi'za də sɔr'ti
Ausweis	carte *f* d'identité	kartə didɑ̃ti'te
Beruf	profession *f*	prɔfɛ'sjɔ̃
Besond. Kennzeichen	signes *m/pl.* particuliers	'siɲə partiky'lje
Bestimmungen	dispositions *f/pl.*	dispɔzi'sjɔ̃
Einreise	entrée *f*	ɑ̃'tre
Einreisevisum	visa *m* d'entrée	vi'za dɑ̃'tre
Familienname	nom *m* de famille	nɔ̃ də fa'mij
Familienstand	situation *f* de famille	sitya'sjɔ̃ de fa'mij
– geschieden	divorcé	divɔr'se
– ledig	célibataire	seliba'tɛːr
– verheiratet	marié	ma'rje
– verwitwet	veuf (*m*), veuve (*f*)	vœf, vœːv
Farbe der Augen	couleur *f* des yeux	ku'lœːr de‿z‿'jø
Führerschein	permis *m* de conduire	pɛr'mi də kɔ̃'dɥiːr
Geburtsdatum	date *f* de naissance	dat də nɛ'sɑ̃ːs
Geburtsname	nom *m* de jeune fille	nɔ̃ də ʒœn fij
Geburtsort	lieu *m* de naissance	ljø də nɛ'saːs
Größe	taille *f*	taj
gültig	valable	va'lablə
Haarfarbe	couleur *f* des cheveux	ku'lœːr de ʃvœ
Name des Vaters	nom *m* du père	nɔ̃ dy pɛːr
Name der Mutter	nom *m* de la mère	nɔ̃ də la mɛːr
Nationalitätszeichen	plaque *f* de nationalité	plak də nasjɔnali'te
Nummer	numéro *m*	nyme'ro
Paßkontrolle	contrôle *m* des passeports	kɔ̃'troːl de pɑs'pɔːr
Reisepaß	passeport *m*	pɑs'pɔːr
Staatsangehörigkeit	nationalité *f*	nasjɔnali'te
Transitvisum	visa *m* de transit	vi'za də trɑ̃'zit
Unterschrift	signature *f*	siɲa'tyːr
Verlängerung	prolongation *f*	prɔlɔ̃ga'sjɔ̃
Versicherungskarte	carte *f* d'assurance	kart dasy'rɑ̃ːs
Vorname	prénom *m*	pre'nɔ̃
Wohnort	domicile *m*	dɔmi'sil

Zollkontrolle

***Haben Sie etwas zu verzollen?**
Avez-vous quelque chose à déclarer?
ave'vu kɛlkə'ʃo:z a dekla're

Das ist mein Koffer.
C'est ma valise.
sɛ ma va'li:z

Ich habe nur Sachen für den persönlichen Bedarf.
Je n'ai que des choses réservées à mon usage personnel.
ʒə ne kə de ʃoz rezɛr've a mɔ̃‿ny'zaʒ pɛrsɔ'nɛl

Das gehört mir nicht.
Ce n'est pas à moi.
sə nɛ pa‿z‿a‿'mwa

Muß ich das verzollen?
Je dois déclarer ça à la douane?
ʒə dwa dekla're sa a la dwan

***Öffnen Sie bitte ...**
Ouvrez ..., s'il vous plaît.
u'vre ..., silvu'plɛ

Das ist ein *Geschenk (Reiseandenken)*.
C'est un *cadeau (souvenir de voyage)*.
sɛ‿t‿œ̃ ka'do (suvə'ni:r də vwa'ja:ʒ)

Ich habe ... *Zigaretten (eine Flasche ..., Parfüm)*.
J'ai ... *cigarettes (une bouteille de ..., du parfum)*.
ʒe ... siga'rɛt (yn bu'tɛj də ..., dy par'fœ̃)

***Was ist darin?**
Qu'est-ce qu'il y a là dedans?
'kɛskil‿ja la də'dɑ̃

Das ist alles.
C'est tout.
sɛ tu

***In Ordnung!**
D'accord!
da'kɔ:r

Ich möchte das verzollen.
Je voudrais déclarer ça à la douane.
ʒə vu'drɛ dekla're sa a la dwan

Wieviel ist zollfrei?
J'ai droit à combien, en franchise?
ʒe drwa a kɔ̃'bjɛ̃ ɑ̃ frɑ̃'ʃiz

Was muß ich dafür zahlen?
Qu'est-ce que je dois payer pour ça?
kɛskə ʒə dwa pɛ'je pur sa

Ausfuhrzoll	droits *m/pl.* de sortie	drwa də sɔr'ti
Einfuhrzoll	droits *m/pl.* d'entrée	drwa dɑ̃'tre
Grenzübergang	passage *m* de la frontière	pa'sa:ʒ də la frɔ̃'tjɛ:r
Zoll	douane *f*	dwan
Zollabfertigung	passage *m* à la douane	pa'sa:ʒ‿a‿la dwan
Zollamt	bureau *m* de douane	by'ro də dwan
Zollbeamter	douanier *m*	dwa'nje
Zollerklärung	déclaration *f* de douane	deklara'sjɔ̃ də dwan
Zollkontrolle	contrôle *m* à la douane	kɔ̃'tro:l a la dwan

UNTERKUNFT

Erkundigung

Wo ist *das Hotel* . . . *(die Pension . . .)*?
Où est *l'hôtel . . . (la pension . . .)*?
u ɛ lo'tɛl . . . (la pɑ̃'sjɔ̃ . . .)

Können Sie mir ein gutes Hotel empfehlen?
Pourriez-vous me recommander un bon hôtel?
purje‿vu mə rəkɔmɑ̃'de œ̃ bɔ̃n‿o'tɛl

Gibt es in der Nähe . . . ?
Y a-t-il près d'ici . . . ?
ja'til prɛ di'si

ein Apartment	un appartement	œ̃‿napartə'mɑ̃
einen Bungalow	un bungalow	œ̃ bœ̃ga'lo
einen Campingplatz	un terrain de camping	œ̃ tɛ'rɛ̃ də kɑ̃'piŋ
einen Gasthof	une auberge	yn‿o'bɛrʒ
ein Hotel	un hôtel	œ̃‿no'tɛl
eine Jugendherberge	une auberge de jeunesse	yn‿o'bɛrʒ dəʒœ'nɛs
ein Motel	un motel	œ̃ mɔ'tɛl
eine Pension	une pension	yn pɑ̃'sjɔ̃
Privatzimmer	des chambres chez l'habitant	de 'ʃɑ:brə ʃe labi'tɑ̃
eine Unterkunft	un logis	œ̃ lɔ'ʒi

– in Strandnähe.
– près de la plage.
prɛ də la pla:ʒ

– in *ruhiger (zentraler)* Lage.
– dans un site *tranquille (central)*.
dɑ̃‿z‿œ̃ sit trɑ̃'kil (sɑ̃'tral)

Wie sind die Preise dort?
Comment sont les prix?
kɔ'mɑ̃ sɔ̃ le pri

Wie ist die Verpflegung dort?
Comment est la nourriture?
kɔ'mɑ̃ ɛ la nuri'ty:r

Die Preise sind *mäßig (etwas hoch)*.
Les prix sont *modérés (un peu élevés)*.
le pri sɔ̃ mɔde're (œ̃ pø elə've)

Am Empfang

Ich habe bei Ihnen ein Zimmer bestellt. ... **vor 6 Wochen.**
J'ai retenu chez vous une chambre. ... il y a six semaines.
ʒe rətə'ny ʃe vu yn 'ʃɑ̃:brə il'ja si‿'smɛn

Das Reisebüro ... hat für *mich (uns)* ein Zimmer reservieren lassen.
L'agence de voyage ... a fait retenir pour *moi (nous)* une chambre.
la'ʒɑ̃:s də vwa'ja:ʒ ... a fɛ rətə'ni:r pur mwa (nu) yn 'ʃɑ̃:brə

Haben Sie ein *Einzelzimmer (Doppelzimmer)* frei?
Vous avez une chambre *pour une personne (pour deux personnes)*?
vu‿z‿ave yn ʃɑ̃:brə pur‿yn pɛr'sən (pur dø pɛr'sən)

Ich hätte gern	Je voudrais	ʒə vu'drɛ
ein Apartment	un appartement	œ̃‿napartə'mɑ̃
einen Bungalow	un bungalow	œ̃ bœ̃ga'lo
ein Zimmer	une chambre	yn 'ʃɑ̃:brə
– mit Bad	– avec bain	a'vɛk bɛ̃
– mit Balkon	– avec balcon	a'vɛk bal'kɔ̃
– mit Dusche	– avec douche	a'vɛk duʃ
– mit Fernsehen ...	avec télévision	a'vɛk televi'zjɔ̃
– mit fließend Kalt- und Warmwasser ..	– avec eau courante froide et chaude ...	a'vɛk o ku'rɑ̃:t frwad e ʃo:d
– mit Meerblick	– avec vue sur la mer ·	a'vɛk vy syr la mɛ:r
– mit Terrasse	– avec terrasse	a'vɛk tɛ'ras
– im zweiten Stock ..	– au deuxième étage ··	o døzjɛm‿e'ta:ʒ
– für ... Personen ..	– pour ... personnes ·	pur ... pɛr'sən
ein ruhiges Zimmer ..	une chambre tranquille	yn 'ʃɑ̃:brə trɑ̃'kil
ein Zweibettzimmer .	une chambre à deux lits	yn 'ʃɑ̃:brə a dø li

... **für *eine Nacht (zwei Tage, eine Woche, vier Wochen).***
... pour *une nuit (deux jours, une semaine, quatre semaines).*
pur yn nɥi (dø ʒu:r, yn səmɛn, 'katrə səmɛn)

***Wir haben leider nichts mehr frei.**
Nous regrettons, mais nous n'avons plus rien de libre.
nu rəgrɛ'tɔ̃, mɛ nu na'vɔ̃ ply rjɛ̃ də 'librə

Kann ich mir das Zimmer ansehen?
Puis-je voir la chambre?
pɥiʒ‿ˈvwaːr la ˈʃɑ̃ːbrə

Es gefällt mir.
Elle me plaît.
ɛl mə plɛ

***Ich nehme (Wir nehmen)* es.**
Je la prends (Nous la prenons).
ʒə la prɑ̃ (nu la prəˈnɔ̃)

Können Sie mir noch ein anderes Zimmer zeigen?
Pouvez-vous me montrer encore une autre chambre?
puveˈvu mə mɔ̃ˈtre ɑ̃ˈkɔːr‿yn‿ˈotrə ˈʃɑ̃ːbrə

Können Sie noch *ein Bett (ein Kinderbett)* hereinstellen?
Pouvez-vous mettre encore *un lit (un lit d'enfant)* dans cette chambre?
puveˈvu mɛtr‿ɑ̃ˈkɔ̃ːr‿œ̃ li (œ̃ li dɑ̃ːfɑ̃) dɑ̃ sɛt ˈʃɑ̃ːbrə

Preis

Wieviel kostet das Zimmer pro *Tag (Woche)*?
Quel est le prix de la chambre par *jour (semaine)*?
ˈkɛl‿ɛ lə pri də la ˈʃɑ̃ːbrə par ʒuːr (səmɛn)

– mit Frühstück.
– avec petit déjeuner.
aˈvɛk pti deʒœˈne

– mit Halbpension.
– avec demi-pension.
aˈvɛk dəmipɑ̃ˈsjɔ̃

– mit Vollpension.
– avec pension complète.
aˈvɛk pɑ̃ˈsjɔ̃kɔ̃ˈplɛt

Ist *alles (die Bedienung)* inbegriffen?
Tout (Le service) est-il compris?
tu (lə sɛrˈvis) ɛˈtil kɔ̃ˈpri

Wie hoch ist der *Einzelzimmer-Zuschlag (Saisonzuschlag)*?
Pour une chambre pour *une personne*, le supplément *(lè prix saison)* c'est combien?
pur‿yn ʃɑ̃ːbrə pur yn pɛrˈsɔn lə sypleˈmɑ̃ (lə pri sɛˈzɔ̃) sɛ kɔ̃ˈbjɛ̃

Gibt es für Kinder eine Ermäßigung?
Y a-t-il une réduction pour enfants?
jaˈtil yn redykˈsjɔ̃ pur‿ɑ̃ˈfɑ̃

Wieviel soll ich anzahlen?
Je dois vous verser un acompte?
ʒə dwa vu vɛrˈse œ̃naˈkɔ̃t

Wieviel macht es insgesamt?
Ça fait combien en tout?
sa fɛ kɔ̃ˈbjɛ̃ ɑ̃ tu

Anmeldung, Gepäck

Muß ich mich anmelden?
Dois-je remplir une fiche?
dwaʒ rɑ̃'plir yn fiʃ

Brauchen Sie unsere Pässe?
Est-ce qu'il vous faut nos passeports?
'ɛskil vu fo no pɑs'pɔːr

Wann wollen Sie das Anmeldeformular zurück haben?
On doit vous remettre la fiche d'hôtel quand?
ɔ̃ dwa vu rə'mɛtrə la fiʃ do'tɛl kɑ̃

Was muß ich hier ausfüllen?
Qu'est-ce qu'il faut mettre ici?
kɛskil fo mɛtr‿i'si

***Ihre Unterschrift genügt.**
Votre signature suffit.
vɔtr siɲa'tyːr sy'fi

Können Sie das Gepäck holen lassen?
Pouvez-vous envoyer chercher les bagages?
puve'vu ɑ̃vwa'je ʃɛr'ʃe le ba'gaːʒ

Es ist noch *auf dem Bahnhof (am Flughafen)*.
Ils sont encore *à la gare (à l'aéroport)*.
il sɔ̃‿t‿ɑ̃'kɔːr a la gaːr (a laerɔ'pɔːr)

Hier ist der Gepäckschein.
Voici le bulletin d'enregistrement.
vwa'si lə byl'tin dɑ̃rəʒistrə'mɑ̃

Wo ist mein Gepäck?
Où sont mes bagages?
u sɔ̃ me ba'gaːʒ

Ist mein Gepäck schon auf dem Zimmer?
Mes bagages sont-ils déjà dans la chambre?
me ba'gaːʒ sɔ̃'til de'ʒa dɑ̃ la 'ʃɑ̃ːbrə

Kann ich mein Gepäck hierlassen?
Puis-je laisser mes bagages ici?
pɥiʒ lɛ'se me ba'gaːʒ‿i'si

Können Sie diese Wertsachen aufbewahren?
Pourriez-vous garder ces objets de valeur?
purje'vu gar'de se‿z‿ɔb'ʒɛ də va'lœːr

Haben Sie *eine Garage (einen Parkplatz)*?
Avez-vous *un garage (un parking)*?
ave'vu œ̃ ga'raːʒ (œ̃ par'kiŋ)

Rezeption, Portier

Wo ist Zimmer Nr. 308?
Où est la chambre numéro trois cent huit?
u ɛ la ˈʃɑ̃:brə nymeˈro trwa‿sɑ̃‿ˈɥit

Den Schlüssel, bitte!
La clé, s'il vous plaît!
la kle, silvuˈplɛ

Nummer ..., bitte!
Numéro ..., s'il vous plaît.
nymero ..., silvuˈplɛ

Hat jemand nach mir gefragt?
Quelqu'un m'a-t-il demandé?
kɛlˈkœ̃ maˈtil dəmɑ̃ˈde

Ist Post für mich da?
Y a-t-il du courrier pour moi?
jaˈtil dy kuˈrje pur mwa

Wann kommt die Post?
Quand arrive le courrier?
kɑ̃ aˈri:v lə kuˈrje

Haben Sie *Briefmarken (Ansichtskarten)*?
Avez-vous des *timbres-postes (cartes postales)*?
aveˈvu de tɛ̃brəˈpɔst (kart pɔsˈtal)

Was kostet *eine Postkarte (ein Brief)* nach Deutschland?
Combien coûte *une carte postale (une lettre)* pour l'Allemagne?
kɔ̃ˈbjɛ̃ kut yn kart pɔsˈtal (yn ˈlɛtrə) pur lalˈmaɲ

Wo kann ich ... *mieten (bekommen)*?
Je peux *louer (avoir)* ... où?
ʒə pø lwe (aˈvwar) ... u

Wo kann ich mich für den Ausflug nach ... anmelden?
Je peux m'inscrire où, pour l'excursion?
ʒə pø mɛ̃sˈkri:r‿u pur lɛkskyrˈsjɔ̃

Wo kann ich *telefonieren (Geld umwechseln)*?
Je peux *téléphoner (changer de l'argent)* où?
ʒə pø telefɔˈne (ʃɑ̃ʒe də larˈʒɑ̃) u

Ich möchte ein Ferngespräch nach ... anmelden.
Je voudrais une communication pour ...
ʒə vuˈdrɛ yn kɔmynikɑˈsjɔ̃ pur

Ich erwarte ein Ferngespräch aus Deutschland.
J'attends une communication internationale d'Allemagne.
ʒaˈtɑ̃ yn kɔmynikɑˈsjɔ̃ ɛ̃tɛrnasjɔˈnal dalˈmaɲ

Wo gibt es deutsche Zeitungen?
Où peut-on acheter des journaux allemands?
u pøtõ aʃ'te de jur'no al'mã

Wo *ist (sind)* . . . ?
Où *est (sont)* . . . ?
u ɛ (sõ)

Können Sie mir . . . besorgen?
Pouvez-vous me procurer . . . ?
puve'vu mə prɔky're

Wie hoch ist hier die elektrische Spannung?
Le courant, c'est du combien ici?
lə ku'rɑ̃ sɛ dy kɔ̃'bjɛ̃ isi

Ich bin in *10 Minuten (zwei Stunden)* wieder zurück.
Je reviendrai dans *dix minutes (deux heures).*
ʒə rəvjɛ̃'dre dɑ̃ di minyt (dø‿z‿'œːr)

Wir gehen *zum Strand (in die Stadt)*.
Nous allons *à la plage (en ville).*
nu‿z‿a'lɔ̃ a la plaːʒ (ɑ̃ vil)

Ich bin *im Aufenthaltsraum (an der Bar)*.
Je suis *au salon (au bar).*
ʒə sɥi o sa'lɔ̃ (o bar)

Ich habe den Schlüssel *verloren (im Zimmer gelassen)*.
J'ai *perdu la clé (laissé la clé dans la chambre).*
ʒe pɛr'dy la kle (lɛ'se la kle dɑ̃ la 'ʃɑ̃ːbrə)

Wann sind die Essenszeiten?
Quelles sont les heures de repas?
kɛl sɔ̃ le‿z‿'œːr də rə'pa

Wo ist der Speisesaal?
Où est la salle à manger?
u ɛ la sal‿a‿mɑ̃'ʒe

Können wir auf dem Zimmer frühstücken?
Pouvons-nous prendre le petit déjeuner dans la chambre?
puvɔ̃'nu 'prɑ̃ːdrə lə pti deʒœ'ne dɑ̃ la 'ʃɑ̃ːbrə

Können wir morgen schon um 7 Uhr frühstücken?
Pouvons-nous prendre le petit déjeuner demain déjà à sept heures?
puvɔ̃'nu 'prɑ̃ːdrə lə pti deʒœ'ne de'mɛ̃ de'ʒa a sɛt‿'œːr

Für morgen früh bitte *ein Lunchpaket (zwei Lunchpakete)*.
Pour demain matin *un casse-croûte (deux casse-croûte)*, s'il vous plaît
pur də'mɛ̃ ma'tɛ̃ œ̃ kas'krut (dø kas'krut), silvu'plɛ

Wecken Sie mich bitte morgen um 6 Uhr.
Réveillez-moi demain à six heures, s'il vous plaît.
revɛje'mwa də'mɛ̃ a si'zœːr, silvu'plɛ

Zimmermädchen

Herein!
Entrez!
ɑ̃'tre

Einen Moment, bitte!
Un instant, s'il vous plaît.
œ̃nɛ̃s'tɑ̃, silvu'plɛ

Können Sie noch *5 (10)* Minuten warten?
Pourriez-vous attendre encore *cinq (dix)* minutes?
purjɛ'vu a'tɑ̃ːdr‿ɑ̃'kɔːr sɛ̃ (di) mi'nyt

Wir gehen in einer *Viertelstunde (halben Stunde)*.
Nous partons dans un quart d'heure (une demi-heure).
nu par'tɔ̃ dɑ̃‿z‿œ̃ kaːr‿'dœːr (yn dəmi'œːr)

Bringen Sie *mir (uns)* bitte ...
Apportez-*moi (-nous)* ..., s'il vous plaît.
apɔrte'mwa ('nu) ..., silvu'plɛ

einen Aschenbecher ..	un cendrier	œ̃ sɑ̃'drje
noch eine Decke	encore une couverture	ɑ̃'kɔːr‿yn kuvɛr'tyːr
das Frühstück	le petit déjeuner	lə pti deʒœ'ne
noch ein Handtuch ..	encore une serviette ..	ɑ̃kɔːr‿yn sɛr'vjɛt
ein paar Kleiderbügel	quelques cintres	'kɛlkə 'sɛ̃trə
noch ein Kopfkissen .	encore un oreiller	ɑ̃'kɔːr‿œ̃‿nɔrɛ'je
ein Scheuertuch	une serpillière	yn sɛrpi'jɛːr
ein Stück Seife	un morceau de savon .	œ̃ mɔr'so də sa'vɔ̃
eine Wolldecke	une couverture de laine	yn kuvɛr'tyːr də lɛn

Wie funktioniert das?
Comment est-ce que cela fonctionne?
kɔ'mɑ̃ 'ɛskə sla fɔ̃k'sjɔn

Ist unser Zimmer schon fertig?
Notre chambre, est-elle déjà faite?
nɔtr‿'ʃɑ̃ːbrə 'ɛtɛl de'ʒa fɛt

Können Sie diese Wäsche waschen lassen?
Pouvez-vous faire laver ce linge?
puve'vu fɛːr la've sə lɛ̃ʒ

Können Sie etwas gegen die Mücken im Zimmer tun?
Vous pourriez faire quelque chose contre les moustiques dans la chambre?
vu pur'je fɛr kɛlkə'ʃoːz kɔ̃tr le mus'tik dɑ̃ la ʃɑ̃ːbr

Vielen Dank!
Merci beaucoup!
mɛr'si bo'ku

Das ist für Sie.
C'est pour vous.
sɛ‿pur‿'vu

Beanstandungen

Es *fehlt (fehlen)* ...
Il manque ...
il mɑ̃:k

... funktioniert nicht.
... ne fonctionne pas.
nə fɔ̃k'sjɔn pa

In meinem Zimmer brennt kein Licht.
Dans ma chambre il n'y a pas de lumière.
dɑ̃ ma 'ʃɑ̃:brə il nja pa də ly'mjɛ:r

Diese Birne ist durchgebrannt.
Cette ampoule est grillée.
sɛt‿ɑ̃'pul ɛ gri'je

Die Steckdose ist kaputt.
La prise de courant ne marche pas.
la pri:z də ku'rɑ̃ nə marʃ pa

Die Sicherung ist durchgebrannt.
Le plomb a sauté.
lə plɔ̃ a sote

Die *Klingel (Heizung)* funktioniert nicht.
La sonnette (Le chauffage) ne marche pas.
la sɔ'nɛt (lə ʃo'fa:ʒ) nə marʃ pa

Der Schlüssel paßt nicht.
La clé ne va pas.
la kle nə va pa

Es regnet durch.
Il pleut dans la piéce.
il plø dɑ̃ la pjɛ:s

Das Fenster *schließt schlecht (geht nicht auf)*.
La fenêtre *ferme mal (ne s'ouvre pas)*.
la fə'nɛ:trə fɛrmə mal (nə 'suvrə pa)

Es kommt kein (heißes) Wasser.
Il n'y a pas d'eau (chaude).
il nja pa do (ʃo:d)

Der Hahn tropft.
Le robinet goutte.
lə rɔbi'nɛ gut

Die Spülung geht nicht.
La chasse d'eau ne marche pas.
la ʃas dɔ nə marʃ pa

Die Leitung ist undicht.
La conduite n'est pas étanche.
la kɔ̃'dɥit nɛ pa‿z‿e'tɑ̃ʃ

Der Abfluß ist verstopft.
Le lavabo est bouché.
lə lava'bo ɛ bu'ʃe

Abreise

Ich reise morgen ab.
Je partirai demain.
ʒə parti're də'mɛ̃

Wir fahren morgen weiter.
Nous continuerons notre voyage demain.
nu kɔ̃tinɥə'rɔ̃ nɔtr vwa'ja:ʒ də'mɛ̃

Machen Sie bitte die Rechnung fertig.
Préparez la note, s'il vous plaît.
prepa're la nɔt, silvu'plɛ

Kann ich bitte *meine (unsere)* Rechnung haben?
Je peux avoir *ma (notre)* note, s'il vous plaît?
ʒə pø a'vwa:r ma (nɔtr) nɔt, silvu'plɛ

Wecken Sie mich bitte morgen früh.
Réveillez-moi demain matin, s'il vous plaît.
revɛje'mwa də'mɛ̃ ma'tɛ̃, silvu'plɛ

Bestellen Sie mir bitte für morgen 8 Uhr ein Taxi.
Appelez un taxi pour demain huit heures, s'il vous plaît.
a'ple œ̃ tak'si pur də'mɛ̃ ɥit‿'œ:r, silvu'plɛ

Können Sie mein Gepäck zum *Bahnhof (Flughafen)* bringen lassen?
Pouvez-vous faire porter mes bagages *à la gare (à l'aéroport)*?
puve'vu fɛ:r pɔr'te me ba'ga:ʒ a la ga:r (a laerɔ'pɔ:r)

Wann geht der *Autobus (Zug)* nach ...?
Quand part *l'autobus (le train)* pour ...?
kɑ̃ pa:r lotɔ'bys (lə trɛ̃) pur

Senden Sie mir bitte meine Post nach.
Faites-moi suivre mon courrier, s'il vous plaît.
fɛt mwa‿'sɥi:vrə mɔ̃ kur'je, silvu'plɛ

Herzlichen Dank für alles!
Merci infiniment pour tout!
mɛr'si ɛ̃fini'mɑ̃ pur tu

Wir haben uns hier *sehr wohl gefühlt (gut erholt)*.
Nous étions très bien (Nous nous sommes bien reposés) ici.
nu‿z‿etjɔ̃ trɛ bjɛ̃ (nu nu sɔm bjɛ̃ rəpo'ze) i'si

Abendessen	dîner *m*	di'ne
Abfluß	tuyau *m* d'écoulement	tɥi'jo dekul'mɑ̃
Abreise	départ *m*	de'paːr
Ankunft	arrivée *f*	ari've
Anmeldung	déclaration *f* de séjour	deklarɑ'sjɔ̃ de se'ʒuːr
Anzahlung	acompte *m*	a'kɔ̃t
Apartment	studio *m*	sty'djo
Aschenbecher	cendrier *m*	sɑ̃dri'je
Ausgang	sortie *f*	sɔr'ti
ausziehen	déménager	demena'ʒe
Badezimmer	salle *f* de bains	sal də bɛ̃
Balkon	balcon *m*	bal'kɔ̃
Beanstandung	réclamation *f*	reklamɑ'sjɔ̃
Bedienung	service *m*	sɛr'vis
Beleuchtung	éclairage *m*	eklɛ'raːʒ
Bett	lit *m*	li
– **Bettdecke**	couvre-lit *m*	kuvrə'li
– **Kinderbett**	lit *m* d'enfant	li dɑ̃'fɑ̃
– **Kopfkissen**	oreiller *m*	ɔrɛ'je
– **Matratze**	matelas *m*	mat'la
– **Wolldecke**	couverture *f* de laine	kuvɛr'tyːr də lɛn
Bettcouch	canapé-lit *m*	kanape'li
Bettvorleger	descente *f* de lit	de'sɑ̃ːt də li
Bettwäsche	draps *m/pl.* de lit	dra də li
– **Bezug**	housse *f* d'édredon	us dedrə'dɔ̃
– **Kopfkissenbezug**	taie *f* d'oreiller	tɛ dɔrɛ'je
– **Laken**	drap *m* de lit	dra də li
Boy	groom *m*	grum
Dachgarten	toit *m* en terrasse	twa ɑ̃ te'ras
Dusche	douche *f*	duʃ
Eimer	seau *m*	so
Eingang	entrée *f*	ɑ̃'tre
einziehen	emménager	ɑ̃mena'ʒe
Empfang	réception *f*	resɛp'sjɔ̃
Empfangschef	chef *m* de la réception	ʃɛf də la resɛp'sjɔ̃
Erdgeschoß	rez-de-chaussée *m*	redʃo'se
Etage	étage *m*	e'taːʒ
Fahrstuhl	ascenseur *m*	asɑ̃'sœːr
Fenster	fenêtre *f*	fə'nɛtrə

Fensterscheibe	vitre *f*	ˈvitrə
Frühstück	petit déjeuner *m*	pti deʒœˈne
Früstücksraum	salle *f* de petit déjeuner	sal də pti deʒœˈne
Glühbirne	ampoule *f* (électrique)	ɑ̃ˈpul (elɛkˈtrik)
Grillraum	grill-room *m*	grilˈrum
Halbpension	demi-pension *f*	dəmipɑ̃ˈsjɔ̃
Haus	maison *f*	mɛˈzɔ̃
– Apartmenthaus	immeuble *m* de studios	iˈmœblə də styˈdjo
Hausdiener	garçon *m* de service	garˈsɔ̃ də sɛrˈvis
Hausschlüssel	clé *f* de la maison	kle də la mɛˈzɔ̃
Haustür	porte *f* d'entrée	pɔrt dɑ̃ˈtre
Heizkörper	radiateur *m*	radjaˈtœːr
Heizung	chauffage *m*	ʃoˈfaːʒ
Herd	fourneau *m*	furˈno
Hotel	hôtel *m*	oˈtɛl
– Strandhotel	hôtel *m* de la plage	oˈtɛl də la plaːʒ
Hotelhalle	'hall *m* de l'hôtel	oːl də loˈtɛl
Hotelpension	hôtel *m*	oˈtɛl
Hotelrestaurant	restaurant *m* de l'hôtel	rɛstɔˈrɑ̃ də loˈtɛl
Kamin	cheminée *f*	ʃəmiˈne
Kategorie	catégorie *f*	kategɔˈri
Keller	cave *f*	kav
Kleiderbügel	cintre *m*	ˈsɛ̃trə
Klimaanlage	climatisation *f*	klimatizɑˈsjɔ̃
Klingel	sonnette *f*	sɔˈnɛt
Kochnische	coin *m* cuisine	kwɛ̃ kɥiˈsin
Korridor	corridor *m*	kɔriˈdɔːr
Küche	cuisine *f*	kɥiˈsin
Kühlschrank	réfrigérateur *m*	refriʒeraˈtœːr
Lampe	lampe *f*	lɑ̃p
Lappen	chiffon *m*	ʃiˈfɔ̃
Lichtschalter	interrupteur *m*	ɛ̃tɛrypˈtœːr
Liegestuhl	chaise *f* longue	ʃɛz‿ˈlɔ̃ːg
Liegewiese	pelouse *f*	pəˈluːz
Lüftung	aération *f*	aerɑˈsjɔ̃
Miete	loyer *m*	lwaˈje
mieten	louer	lwe
Mittagessen	déjeuner *m*	deʒœˈne
Nachttisch	table *f* de nuit	ˈtaːblə də nɥi
Nachttischlampe	lampe *f* de chevet	lɑ̃ːp də ʃəˈvɛ
Ofen	poêle *m*	pwɑl

Page	chasseur *m*	ʃaˈsœːr
Pension	pension *f*	pɑ̃ˈsjɔ̃
Pförtner, Portier	concierge *m*; portier *m*	kɔ̃ˈsjɛrʒ; pɔrˈtje
Preis	prix *m*	pri
Privatstrand	plage *f* privée	plaːʒ priˈve
Rechnung	note *f*	nɔt
Reisebüro	agence *f* de voyage	aˈʒɑ̃ːs də vwaˈjaːʒ
Reiseleiter	guide *m*	gid
Rezeption	réception *f*	resɛpˈsjɔ̃
Saison	saison *f*	sɛˈzɔ̃
Schlüssel	clé *f*	kle
Schrank	armoire *f*	arˈmwaːr
Schublade	tiroir *m*	tiˈrwaːr
Sessel	fauteuil *m*	foˈtœj
Sicherung	fusible *m*	fyˈziblə
Sonnenschirm	parasol *m*	paraˈsɔl
Spannung, elektrische	voltage *m*	vɔlˈtaːʒ
Speisesaal	salle *f* à manger	sal‿a‿mɑ̃ˈʒe
Spiegel	miroir *m*	miˈrwaːr
Steckdose	prise *f*	priːz
Stecker	fiche *f*	fiʃ
Stuhl	chaise *f*	ʃɛːz
Swimming-pool	piscine *f*	piˈsin
Telefon	téléphone *m*	teleˈfɔn
Teppich	tapis *m*	taˈpi
Terrasse	terrasse *f*	tɛˈras
Tisch	table *f*	ˈtablə
Tischdecke	nappe *f*	nap
Toilette	toilettes *f/pl.*	twaˈlɛt
– Damentoilette	toilettes *f/pl.* pour dames	twaˈlɛt pur dam
– Herrentoilette	toilettes *f/pl.* pour messieurs	twaˈlɛt pur mɛˈsjø
Toilettenpapier	papier *m* hygiénique	paˈpje iʒjeˈnik
Topf	pot *m*	po
Treppe	escalier *m*	ɛskaˈlje
Tür	porte *f*	pɔrt
Türklinke	poignée *f*	pwaˈɲe
Türschloß	serrure *f*	sɛˈryːr
Übernachtung	nuit *f*	nɥi
umziehen	déménager	demenaˈʒe

Unterkunft	logis *m*	lɔ'ʒi
Ventilator	ventilateur *m*	vɑ̃tila'tœːr
Verlängerungsschnur	rallonge *f*	ra'lɔ̃ːʒ
Verlängerungswoche	prolongation *f* d'une semaine	prɔlɔ̃gɑ'sjɔ̃ dyn sə'mɛn
vermieten	donner en location	dɔ'ne ɑ̃ lɔkɑ'sjɔ̃
Vollpension	pension *f* complète	pɑ̃'sjɔ̃ kɔ̃'plɛt
Vorhang	rideau *m*	ri'do
Wand	mur *m*	myːr
Waschbecken	lavabo *m*	lava'bo
Wäsche	linge *m*	lɛ̃ːʒ
– **bügeln**	repasser	rəpa'se
– **trocknen**	sécher	se'ʃe
– **waschen**	laver	la've
Wasser	eau *f*	o
– **heißes**	chaude	ʃoːd
– **kaltes**	froide	frwad
– **Trinkwasser**	eau *f* potable	o pɔ'tablə
Wasserglas	verre *m* à eau	vɛr‿a‿'o
Wasserhahn	robinet *m* d'eau	rɔbi'nɛ do
Wechselstrom	courant *m* alternatif	ku'rɑ̃ altɛrna'tif
Wohnung	logement *m*	lɔʒ'mɑ̃
Zentralheizung	chauffage *m* central	ʃo'faːʒ sɑ̃'tral
Zimmer	chambre *f*	'ʃɑ̃ːbrə
– **Kinderzimmer**	chambre *f* d'enfants	'ʃɑ̃ːbrə dɑ̃'fɑ̃
– **Schlafzimmer**	chambre *f* à coucher	ʃɑ̃ːbr‿a‿ku'ʃe
– **Wohnzimmer**	séjour *m*	se'ʒuːr
Zimmerdecke	plafond *m*	pla'fɔ̃
Zimmermädchen	femme *f* de chambre	fam də 'ʃɑ̃ːbrə
Zwischenstecker	fiche *f* intermédiaire	fiʃ ɛ̃tɛrme'djɛːr

Camping, Jugendherberge

Gibt es hier *einen Campingplatz (eine Jugendherberge)*?
Y a-t-il ici *un terrain de camping (une auberge de jeunesse)*?
jatil‿i'si œ̃ tɛ'rɛ̃ də kɑ̃'piŋ (yn‿o'bɛrʒ də ʒœ'nɛs)

Können wir hier zelten?
Pouvons-nous camper ici?
puvɔ̃'nu kɑ̃'pe i'si

Ist der Platz nachts bewacht?
Le terrain est-il gardé la nuit?
lə tɛ'rɛ̃ ɛtil‿gar'de la nɥi

Haben Sie noch Platz (für ein Zelt)?
Y a-t-il encore de la place (pour une tente)?
ja'til ɑ̃'kɔːr də la plas (pur yn tɑ̃t)

Wieviel kostet eine Übernachtung?
Combien coûte une nuit?
kɔ̃'bjɛ̃ kut‿yn‿'nɥi

Wie hoch ist die Gebühr für *das Auto (den Wohnwagen)*?
Quels sont les frais pour *l'auto (la caravane)*?
kɛl sɔ̃ le frɛ pur lo'to (la kara'van)

Ich bleibe ... *Tage (Wochen)*.
Je reste ... *jours (semaines)*.
ʒə rɛst ... ʒuːr (sə'mɛn)

Kann man hier ...?
Peut-on ... ici?
pø'tɔ̃ ... i'si

Gibt es in der Nähe ein Lebensmittelgeschäft?
Y a-t-il près d'ici un magasin d'alimentation?
ja'til prɛ di'si œ̃ maga'zɛ̃ dalimɑ̃tɑ'sjɔ̃

Kann ich hier Gasflaschen *ausleihen (tauschen)*?
Je peux *emprunter (échanger)* ici des bouteilles de gaz?
ʒə pø‿z‿ɑ̃prɛ̃'te (eʃɑ̃'ʒe) i'si de bu'tɛj də gaz

Wo sind die *Toiletten (Waschräume)*?
Où sont les *toilettes (lavabos)*?
u sɔ̃ le twa'lɛt (lava'bo)

Gibt es hier Stromanschluß?
Y a-t-il ici une prise de courant?
ja'til i'si yn priːz də kurɑ̃

Wo kann man ...?
Où peut-on ...?
u pø'tɔ̃

Kann ich ... ausleihen?
Je peux emprunter ...?
ʒə pø‿z‿ɑ̃prɛ̃'te

Kann man das Wasser trinken?
L'eau est-elle potable?
lo ɛtɛl‿pɔ'tablə

Abmeldung	déclaration *f* de départ	deklarɑ'sjɔ̃ də de'paːr
Anmeldung	déclaration *f* de séjour	deklarɑ'sjɔ̃ də se'ʒuːr
baden	se baigner	sə bɛ'ɲe
bekommen	avoir	a'vwar
Benutzungsgebühr	frais *m/pl.* d'utilisation	frɛ dytilizɑ'sjɔ̃
bügeln	repasser	rəpa'se
Camping	camping *m*	kɑ̃'piŋ
Campingausweis	carte *f* (du camping)	kart (dy kɑ̃'piŋ)
Campingliege	lit *m* pliant	li pli'ɑ̃
Campingplatz	terrain *m* de camping	tɛ'rɛ̃ də kɑ̃'piŋ
Eßgeschirr	vaisselle *f*	vɛ'sɛl
Herbergsausweis	carte *f* d'A.J.	kartəda'ʒi
Herbergseltern	parents *m/pl.* aubergistes	pa'rɑ̃ obɛr'ʒist
Herbergsmutter	mère *f* aubergiste	mɛːr obɛr'ʒist
Herbergsvater	père *m* aubergiste	pɛːr obɛr'ʒist
Jugendgruppe	groupe *m* de jeunes	grup də ʒœn
Jugendherberge	auberge *f* de jeunesse	o'bɛrʒ də ʒœ'nɛs
kochen	préparer les repas	prepa're le rə'pa
Kochgeschirr	gamelle *f*; ustensiles *m/pl.* de cuisine	ga'mɛl; ystɑ̃'sil də kɥi'zin
Kochstelle	coin *m* cuisine	kwɛ̃ kɥi'zin
leihen	prêter	prɛ'te
Leihgebühr	prix *m* de location	pri də lɔka'sjɔ̃
Mitgliedskarte	carte *f* de membre	kart də 'mɑ̃brə
parken	stationner	stasjɔ'ne
Schlafraum	dortoir *m*	dɔr'twaːr
Schlafsack	sac *m* de couchage	sak də ku'ʃaːʒ
Spielplatz	terrain *m* de jeux	tɛ'rɛ̃ də ʒø
Tagesraum	salle *f* commune	sal kɔ'myn
Trinkwasser	eau *f* potable	o pɔ'tablə
Voranmeldung	réservation *f*	rezɛrva'sjɔ̃
waschen	laver	la've
Wohnwagen	caravane *f*	kara'van
Zelt	tente *f*	tɑ̃t
zelten	faire du camping	fɛːr dy kɑ̃'piŋ

ESSEN UND TRINKEN

Bestellung

Gibt es hier ein *gutes Restaurant (Spezialitäten-Restaurant)*?
Y a-t-il ici un *bon restaurant (restaurant de spécialités)*?
jatil‿i'si œ̃ bɔ̃ rɛstɔ'rɑ̃ (rɛstɔ'rɑ̃ də spesjali'te)

Reservieren Sie bitte für 20 Uhr einen Tisch für 4 Personen.
Réservez une table à quatre personnes pour vingt heures, s'il vous plaît.
rezɛr've yn 'tablə a 'katrə pɛr'sɔn pur vɛ̃t‿'œːr, silvu'plɛ

Ist dieser *Tisch (Platz)* noch frei?
Cette *table (place)* est-elle encore libre?
sɛt‿'tablə ('plas) ɛ'tɛl ɑ̃kɔːr‿'liːbrə

Herr Ober!
Garçon!
gar'sɔ̃

Fräulein!
Mademoiselle!
madmwa'zɛl

Bedienen Sie hier?
Faites-vous le service ici?
fɛt'vu lə sɛr'vis‿i'si

Ich möchte etwas essen.
Je voudrais à manger.
ʒə vu'drɛ a mɑ̃'ʒe

Wir möchten etwas trinken.
On voudrait à boire.
ɔ̃ vu'drɛ a bwar

Die *Speisekarte (Getränkekarte)*, bitte!
La *carte (carte des boissons)*, s'il vous plaît.
la kart (kart de bwa'sɔ̃), silvu'plɛ

Ein Gedeck, bitte.
Un menu, s'il vous plaît.
œ̃ mə'ny, silvu'plɛ

Was können Sie uns sofort bringen?
Que pouvez-vous nous servir tout de suite?
kə puve'vu nu sɛr'viːr tu‿d‿'sɥit

Haben Sie ...?
Avez-vous ...?
ave'vu ...

Haben Sie auch *vegetarische Kost (Diätkost)*?
Avez-vous aussi *de la nourriture végétarienne (des aliments de régime)*?
ave'vu o'si də la nuri'tyːr veʒeta'rjɛn (de‿z‿ali'mɑ̃ də re'ʒim)

Bringen Sie uns bitte *eine Portion (zwei Portionen)* ...
Apportez-nous *une portion (deux portions)* de ..., s'il vous plaît.
apɔrte'nu yn pɔr'sjɔ̃ (dø pɔr'sjɔ̃) də ..., silvu'plɛ

Bitte *eine Tasse (ein Glas, eine Flasche)* ...
Une tasse (un verre, une bouteille) de ..., s'il vous plaît.
yn tɑːs (œ̃ vɛːr, yn bu'tɛːj) də ..., silvu'plɛ

Tischgerät

Aschenbecher	cendrier *m*	sɑ̃dri'je
Besteck	couvert *m*	ku'vɛːr
Brotkorb	corbeille *f* à pain	kɔr'bɛːj‿a‿'pɛ̃
Eierbecher	coquetier *m*	kɔk'tje
Essig- und Ölständer	huilier *m*	ɥi'lje
Flasche	bouteille *f*	bu'tɛːj
Flaschenöffner	décapsuleur *m*	dekapsy'lœːr
Gabel	fourchette *f*	fur'ʃɛt
Glas	verre *m*	vɛːr
– Schnapsglas	verre *m* à liqueur	vɛːr‿a‿li'kœːr
– Weinglas	verre *m* à vin	vɛːr‿a‿'vɛ̃
Kanne	pot *m*	po
– Kaffeekanne	cafetière *f*	kaf'tjɛːr
– Teekanne	théière *f*	te'jɛːr
Karaffe	carafe *f*	ka'raf
Korkenzieher	tire-bouchon *m*	tirbu'ʃɔ̃
Löffel	cuiller *f*	kɥi'jɛːr
– Teelöffel	petite cuiller *f*	p(ə)tit kɥi'jɛːr
Messer	couteau *m*	ku'to
Pfefferstreuer	poivrier *m*	pwavri'je
Platte	plat *m*	pla
Salzstreuer	salière *f*	sa'ljɛːr
Sauciere	saucière *f*	so'sjɛːr
Schüssel	terrine *f*	tɛ'rin
Senfglas	moutardier *m*	mutar'dje
Serviette	serviette *f*	sɛr'vjɛt
Strohhalm	paille *f*	paːj
Tablett	plateau *m*	pla'to
Tasse	tasse *f*	tɑːs
Teller	assiette *f*	a'sjɛt
– kleiner Teller	petite assiette *f*	pətit‿a'sjɛt
– Suppenteller	assiette *f* à soupe	a'sjɛt‿a‿'sup
Tischtuch	nappe *f*	nap
Untertasse	soucoupe *f*	su'kup
Zahnstocher	cure-dent *m*	kyr'dɑ̃
Zuckerdose	sucrier *m*	sykri'je

Frühstück

Brot	pain *m*	pɛ̃
– frisch / altbacken	frais / rassis	frɛ / ra'si
– eine Scheibe Brot	une tranche de pain	yn trɑ̃:ʃ də pɛ̃
– belegte Brote	sandwichs *m/pl.*	sɑ̃d'witʃ
– Schwarzbrot	pain *m* bis	pɛ̃ bi
– Weißbrot	pain *m* blanc	pɛ̃ blɑ̃
Brötchen, Semmel	petit pain *m*	pti pɛ̃
– belegtes Brötchen	sandwich *m*	sɑ̃d'witʃ
– Milchbrötchen	petit pain *m* au lait	pti pɛ̃ o lɛ
Butter	beurre *m*	bœ:r
Ei	œuf *m*	œf
– hartgekocht	dur	dy:r
– weichgekocht	à la coque	a la kɔk
– Rühreier	œufs *m/pl.* brouillés	ø bru'je
– Spiegeleier	œufs *m/pl.* sur le plat	ø‿syr‿lə‿pla
Frühstück	petit déjeuner *m*	pti deʒœ'ne
Honig	miel *m*	mjɛl
Hörnchen	croissant *m*	krwa'sɑ̃
Kaffee	café *m*	ka'fe
– schwarz	noir	nwa:r
– mit Milch	au lait	o lɛ
– mit Sahne	crème	krɛm
– koffeinfrei	décaféiné	dekafei'ne
Kakao	cacao *m*	kaka'o
Käse	fromage *m*	frɔ'ma:ʒ
Kuchen	gâteau *m*	gɑ'to
Marmelade	confiture *f*	kɔ̃fi'ty:r
Milch	lait *m*	lɛ
Schinken	jambon *m*	ʒɑ̃'bɔ̃
Tee	thé *m*	te
– mit Zitrone	au citron	o si'trɔ̃
– Pfefferminztee	(infusion *f* de) menthe *f*	(ɛ̃fy'zjɔ̃ də) mɑ̃:t
Wasser	eau *f*	o
– heißes Wasser	eau *f* chaude	o ʃo:d
Wurst	saucisse *f*	so'sis
– Aufschnitt	charcuterie *f*	ʃarky'tri
Zucker	sucre *m*	'sykrə
Zwieback	biscotte *f*	bis'kɔt

Mittag- und Abendessen

***Guten Appetit!**
Bon appétit!
bɔ̃‿nape'ti

Danke, gleichfalls!
Merci, de même!
mɛr'si, də mɛm

Zum Wohl!
À votre santé!
a vɔtrə‿sɑ̃'te

Ich möchte (Wir möchten) ...
Je voudrais (On voudrait) ...
ʒə vu'drɛ (ɔ̃ vu'drɛ)

Können Sie uns ... bringen?
Pouvez-vous nous apporter ... ?
puve'vu nu‿z‿apɔr'te

Würden Sie mir bitte ... reichen?
Voudriez-vous me passer ..., s'il vous plaît?
vudrije'vu mə pɑ'se ..., silvu'plɛ

Wie heißt dieses Gericht?
Comment s'appelle ce plat?
kɔ'mɑ̃ sa'pɛl sə pla

***Möchten Sie noch etwas?**
Désirez-vous encore quelque chose?
dezi'revu ɑ̃'kɔːr kɛlkə'ʃoːz

Ja, bitte!
Oui, s'il vous plaît.
wi, silvu'plɛ

Gern.
Volontiers.
vɔlɔ̃'tje

Nur ein wenig.
Rien qu'un peu.
rjɛ̃ kœ̃ pø

Danke, das ist genug.
Merci, c'est assez.
mɛr'si, sɛ‿t‿a'se

Nein, danke!
Non, merci!
nɔ̃, mɛr'si

Ich bin satt.
Je n'ai plus faim.
ʒne ply fɛ̃

Nichts mehr, danke!
Plus rien, merci!
ply rjɛ̃, mɛr'si

***Hat es Ihnen geschmeckt?**
C'était bon?
setɛ bɔ̃

Ausgezeichnet!
Exquis!
ɛks'ki

***Trinken Sie Ihr Glas aus!**
Videz votre verre!
vi'de vɔtrə‿vɛːr

***Schmeckt Ihnen dieser Wein?**
Aimez-vous ce vin?
ɛme'vu sə vɛ̃

***Dieses Gericht (Der Wein)* ist vorzüglich!**
Ce plat (Le vin) est excellent!
sə pla (lə vɛ̃) ɛ‿t‿ɛksɛ'lɑ̃

Ich *darf (möchte)* keinen Alkohol trinken.
L'alcool m'est défendu (Je ne veux pas boire d'alcool).
lal'kɔl mɛ defɑ̃'dy (ʒə nvø pa bwaːr dal'kɔl)

Zubereitung

durchgebraten	bien cuit	bjɛ̃ kɥi
fett	gras	grɑ
frisch	frais	frɛ
gebacken	cuit au four	kɥi‿o‿fur
gebraten	rôti	rɔˈti
– am Spieß	à la broche	a la brɔʃ
– vom Grill	sur le gril	syr lə gri
gedämpft	cuit à la vapeur	kɥi a la vaˈpœːr
gedünstet	étuvé	etyˈve
gefüllt	farci	farˈsi
gegrillt	grillé	griˈje
gekocht	cuit; bouilli	kɥi; buˈji
gepökelt	saumuré	somyˈre
geräuchert	fumé	fyˈme
geröstet	grillé	griˈje
gesalzen	salé	saˈle
geschmort	braisé	breˈze
gespickt	entrelardé	ɑ̃trəlarˈde
getrocknet	séché	seˈʃe
gewürzt	assaisonné	asɛzɔˈne
halbroh	saignant	sɛˈɲɑ̃
hart	dur	dyːr
heiß	chaud	ʃo
kalt	froid	frwa
mager	maigre	ˈmɛːgrə
roh	cru	kry
saftig	juteux	ʒyˈtø
weich	mou	mu
zäh	coriace	kɔˈrjas
zart	tendre	ˈtɑ̃ːdrə

Zutaten

Butter	beurre *m*	bœːr
Essig	vinaigre *m*	viˈnɛːgrə
Fett	graisse *f*	grɛs
Füllung	farce *f*	farsə
Gelee	gelée *f*	ʒəˈle
Gewürz	épice *f*	eˈpis
Gewürzgurken	cornichons *m/pl.*	kɔrniˈʃɔ̃

Gurke	concombre *m*	kɔ̃ˈkɔ̃ːbrə
– saure Gurke	cornichon *m* au vinaigre	kɔrniˈʃɔ̃ o viˈnɛːgrə
Kapern	câpres *f/pl.*	ˈkɑːprə
Knoblauch	ail *m*	aj
Korinthen	raisins *m/pl.* de Corinthe	rɛˈzɛ̃ də kɔˈrɛ̃ːt
Kräuter	fines herbes *f/pl.*	fin‿z‿ˈɛrb
Kümmel	cumin *m*	kyˈmɛ̃
Lorbeerblätter	feuilles *f/p.* de laurier	fœːj də lɔˈrje
Margarine	margarine *f*	margaˈrin
Mayonnaise	mayonnaise *f*	majɔˈnɛːz
Meerrettich	raifort *m*	rɛˈfɔːr
Mehl	farine *f*	faˈrin
Muskatnuß	noix *f* de muscade	nwa də mysˈkad
Nelken	clous *m/pl.* de girofle	klu də ʒiˈrɔflə
Öl	huile *f*	ɥil
Paprika	paprika *m*	papriˈka
Petersilie	persil *m*	pɛrˈsil
Pfeffer	poivre *m*	ˈpwaːvrə
Pilze	champignons *m/pl.*	ʃɑ̃piˈɲɔ̃
Rosinen	raisins *m/pl.* secs	rɛˈzɛ̃ sɛk
Rosmarin	romarin *m*	rɔmaˈrɛ̃
Sahne	crème *f* fraîche	krɛm frɛʃ
Salz	sel *m*	sɛl
Sauce	sauce *f*, jus *m*	soːs, ʒy
– Bratensauce	jus *m* de rôti	ʒy də rɔˈti
– Rahmsauce	sauce *f* à la crème	sos‿a‿la‿krɛm
– Remouladensauce	rémoulade *f*	remuˈlaːd
– Tomatensauce	sauce *f* tomate	soːs tɔˈmat
– Vanillesauce	crème *f* à la vanille	krɛm a la vaˈnij
Schmalz	saindoux *m*	sɛ̃ˈdu
Schnittlauch	civette *f*	siˈvɛt
Senf	moutarde *f*	muˈtard
Senfgurken	cornichons *m/pl.* aux graines de moutarde	kɔrniˈʃɔ̃ o grɛn də muˈtard
Speck	lard *m*	laːr
Tomatenketchup	ketchup *m*	kɛtˈʃœp
Zimt	cannelle *f*	kaˈnɛl
Zitronensaft	jus *m* de citron	ʒy‿d‿siˈtrɔ̃
Zwiebel	oignon *m*	ɔˈɲɔ̃

SPEISEKARTE

Vorspeisen *Hors-d'œuvre*

anchois *m*	ɑ̃ˈʃwa	**Sardelle**
anguille *f* fumée	ɑ̃ˈgiːj fyːˈme	**Räucheraal**
artichaut *m*	artiˈʃo	**Artischocke**
– cœur *m* (*od.* fond *m*) d'artichaut	kœːr (fɔ̃) dartiˈʃo	**Artischockenboden**
assiette *f* anglaise	aˈsjɛt ɑ̃ˈglɛːz	**Kalter Aufschnitt**
boudin *m*	buˈdɛ̃	**Blutwurst**
canapé *m*	kanaˈpe	**belegtes Röstbrotschnittchen**
caviar *m*	kaˈvjaːr	**Kaviar**
cervelas *m*	sɛrvəˈla	**Zervelatwurst**
charcuterie *f*	ʃarkyˈtri	**Aufschnitt**
crabes *m/pl.*	krab	**Krabben**
crevettes *f/pl.*	krəˈvɛt	**Garnelen**
croque-monsieur *m*	krɔkməˈsjø	**geröstetes Käsesandwich mit Schinken**
croûte *f* au fromage	krut‿o‿frɔˈmaːʒ	**Käsetoast**
écrevisse *f*	ekrəˈvis	**Krebs**
escargots *m/pl.*	ɛskarˈgo	**Weinbergschnecken**
homard *m*	ɔˈmaːr	**Hummer**
huîtres *f/pl.*	ˈɥitrə	**Austern**
jambon *m*	ʒɑ̃ˈbɔ̃	**Schinken**
– blanc	blɑ̃	**– gekocht**
– fumé	fyˈme	**– geräuchert**
œufs *m/pl.* à la russe	ø a la rys	**Russische Eier**
olives *f/pl.*	ɔˈliv	**Oliven**
pâté *m* de foie gras	pɑˈte də fwa gra	**Gänseleberpastete**
pâté *m* en croûte	pɑte ɑ̃ krut	**Pastete in Blätterteig**
salade *f* niçoise	salad niˈswaz	**gemischter Salat**
sardines *f/pl.* à l'huile	sarˈdin a lɥil	**Ölsardinen**
saucisse *f*	soˈsis	**Bratwurst; Wurst**
saucisson *m*	sosiˈsɔ̃	**französische Salami**
viande *f* froide	vjɑ̃ːd frwad	**kaltes Fleisch**
vol-au-vent *m*	vɔloˈvɑ̃	**Blätterteigpastete**

Suppen *Potages*

bisque *f*	ˈbiskə	**feine, gebundene Suppe von Krustentieren**
bouillabaisse *f*	bujaˈbɛs	**Fischsuppe**
consommé *m*	kɔ̃sɔˈme	**Kraftbrühe**
– à la printanière	a la prɛ̃taˈnjɛːr	**– mit Gemüseeinlage**
– de gibier	də ʒiˈbje	**– Wildkraftbrühe**
– de volaille	də vɔˈlaːj	**– Geflügelkraftbrühe**
– julienne	ʒyˈljɛn	**Gemüsesuppe**
– madrilène	madriˈlɛn	**– mit Tomaten und Paprikaschoten**
cousinette *f*	kuziˈnɛt	**Sauerampfersuppe**
crème *f* d'asperges	krɛm dasˈpɛrʒ	**Spargelcremesuppe**
garbure *f*	garˈbyːr	**Gemüsesuppe mit Gänsefleisch**
panade *f*	paˈnad	**Brotsuppe**
potage *m*	pɔˈtaːʒ	**Suppe**
– Saint-Germain	sɛ̃ʒɛrˈmɛ̃	**Suppe aus frischen Erbsen**
potée *f*	pɔˈte	**Suppentopf (Eintopf)**
soupe *f*	sup	**Suppe**
– à l'ail	a laj	**Knoblauchsuppe**
– à l'oignon	a lɔˈɲɔ̃	**Zwiebelsuppe**
tourin *m*	tuˈrɛ̃	**Zwiebelsuppe mit Schweine- oder Gänsefleisch**
vichysoise *f*	viʃiˈswas	**kalte passierte Kartoffel- oder Lauchsuppe**

Nudeln *Nouilles*

plat *m* de macaronis *od.* de nouilles	plɑ də makarɔˈni də nuːj	**Makkaroni** *od.* **Nudelgericht**
– à la crème fraîche	a la krɛːm frɛːʃ	**– mit Sahne**
– au gratin	o graˈtɛ̃	**– überbacken**
– au parmesan	o parməˈzɑ̃	**– mit Parmesankäse**

Diese Nudelsorten werden in Frankreich – anders als bei uns – nie als Beilage zu Fleischgerichten gereicht.

Saucen *Sauces*

aillade *f*	aˈjad	**Knoblauchsauce**
ailloli *m*	ajɔˈli	**Sauce aus Eigelb, Knoblauchpüree und Olivenöl**
béchamel *f*	beʃaˈmɛl	**weiße Sauce aus Butter, Mehl, Milch und Gewürzen**
sauce *f* hollandaise	soːs ɔlɑ̃ˈdɛːz	**Holländische Sauce**
sauce *f* normande	soːs nɔrˈmɑ̃d	**rahmige Fischsauce mit Champignonessenz und Austernwasser**
sauce *f* paloise	soːs paˈlwaz	**Béarnaisesauce mit Minze**
sauce *f* suprême	soːs syˈprɛm	**feine weiße Geflügelsauce**
soubise *f*	suˈbiːz	**Zwiebelsauce**
tapénade *f*	tapeˈnad	**Sauce aus Oliven, Kapern, Sardellenfilet u. Zitronensaft**

Beilagen und Salate *Suppléments et salades*

beurre *m* aux fines herbes	bœːr o fin‿z‿ˈɛrb	**Kräuterbutter**
beurre *m* d'anchois	bœːr dɑ̃ˈʃwa	**Sardellenbutter**
pommes *f/pl.* de terre	pɔm‿də‿ˈtɛːr	**Kartoffeln**
– en robe des champs	ɑ̃ rɔb de ʃɑ̃	**Pellkartoffeln**
– sautées	soˈte	**Bratkartoffeln**
pommes nature	pɔm naˈtyːr	**Salzkartoffeln**
– frites	frit	**Pommes frites**
pommes *f/pl.* paille	pɔm paj	**Strohkartoffeln**
purée *f* de pommes de terre	pyˈre də pɔm‿də‿ˈtɛːr	**Kartoffelbrei**
riz *m*	ri	**Reis**
salade *f*	saˈlad	**Salat**
salade de concombres	saˈlad də kɔ̃ˈkɔ̃ːbrə	**Gurkensalat**
– de queues d'écrevisses	də kø dekrəˈvis	**Krebsschwanzsalat**

– verte	vɛrt	**grüner Salat**
– de tomates	də tɔˈmat	**Tomatensalat**
vert-pré *m*	vɛrˈpre	**Grüne Wiese (Strohkartoffeln, Kräuterbutter und Brunnenkresse)**

Fische und Schaltiere *Poissons et crustacés*

aiglefin *m*	ɛgləˈfɛ̃	**Schellfisch**
anguille *f*	ɑ̃ˈgiːj	**Aal**
barbeau *m*	barˈbo	**Barbe**
brochet *m*	brɔˈʃɛ	**Hecht**
cabillaud *m*	kabiˈjo	**Kabeljau**
carpe *f*	karp	**Karpfen**
colin *m*	kɔˈlɛ̃	**Seehecht**
coques *f/pl.*	kɔk	**Herzmuscheln**
coquillages *m/pl.*	kɔkiˈjaːʒ	**Schaltiere**
coquille *f* Saint-Jacques	kɔˈkij sɛ̃ˈʒɑk	**Jakobsmuschel**
crabe *f*	krab	**Krabbe**
crevettes *f/pl.*	krəˈvɛt	**Garnelen**
écrevisse *f*	ekrəˈvis	**Flußkrebs**
esturgeon *m.*	ɛstyrˈʒɔ̃	**Stör**
hareng *m*	aˈrɑ̃	**Hering**
homard *m*	ɔˈmaːr	**Hummer**
huître *f*	ˈɥiːtrə	**Auster**
langouste *f*	lɑ̃ˈgust	**Languste**
maquereau *m*	maˈkro	**Makrele**
morue *f*	mɔˈry	**Stockfisch**
moules *f/pl.*	mul	**Miesmuscheln**
plie *f*	pli	**Scholle**
poisson *m*	pwaˈsɔ̃	**Fisch**
– d'eau douce	do dus	**Süßwasserfisch**
– de mer	də mɛːr	**Seefisch**
sandre *f*	sɑ̃ːdrə	**Zander**
saumon *m*	soˈmɔ̃	**Lachs**
sole *f*	sɔl	**Seezunge**
tanche *f*	tɑ̃ːʃ	**Schleie**
thon *m*	tɔ̃	**Thunfisch**
truite *f*	trɥit	**Forelle**
turbot *m*	tyrˈbo	**Steinbutt**

Gerichte

bourride *f*	buˈrid	**Gericht von verschiedenartigen Fischen**
brandade *f*	brɑ̃ˈdad	**gekochter Stockfisch**
friture *f*	friˈtyr	**in Öl od. Fett gebackene Fische**
homard *m* à l'armoricaine	hɔˈmaːr a larmɔriˈkɛn	**Hummer in Stücken in Weißwein**
homard *m* thermidor	hɔˈmaːr tɛrmiˈdɔr	**Hummer mit Käse überbacken**
meurette *f*	mœˈrɛt	**Gericht von Süßwasserfischen, flambiert**
pauchouse *f*	poˈʃuːz	**Gericht von Süßwasserfischen in Weißwein**

Geflügel *Volaille*

canard *m*	kaˈnaːr	**Ente**
dinde *f*	dɛ̃ːd	**Pute**
faisan *m*	fɛˈzɑ̃	**Fasan**
oie *f*	wa	**Gans**
perdrix *f*	pɛrˈdri	**Rebhuhn**
pigeon *m*	piˈʒɔ̃	**Taube**
poule *f*	pul	**Huhn**
poulet *m* de grain	puˈlɛ də grɛ̃	**Hähnchen**

Gerichte

abattis *m* d'oie	abati‿ˈdwa	**Gänseklein**
blanc *m* de poulet	blɑ̃ də puˈlɛ	**Hühnerbrust**
confit *m* de canard	kɔ̃ˈfi də kaˈnaːr	**im eigenen Fett eingelegte Ente**
coq *m* au vin	kɔk‿o‿ˈvɛ̃	**in Rotwein geschmorte Hahnenstücke**
dinde *f* aux marrons	dɛ̃domaˈrɔ̃	**gebratener Truthahn mit Maronen**
poulet *m* rôti	puˈlɛ rɔˈti	**Brathuhn**

Fleisch *Viande*

agneau *m*	aˈɲo	**Lamm**
bœuf *m*	bœf	**Ochse, Rind**
cerf *m*	sɛːr	**Hirsch**
chevreau *m*	ʃəˈvro	**junge Ziege**
chevreuil *m*	ʃəˈvrœːj	**Reh**
gibier *m*	ʒiˈbje	**Wild**
lapin *m*	laˈpɛ̃	**Kaninchen**
lièvre *m*	ˈljɛːvrə	**Hase**
mouton *m*	muˈtɔ̃	**Hammel**
porc *m*	pɔːr	**Schwein**
sanglier *m*	sɑ̃gliˈje	**Wildschwein**
veau *m*	vo	**Kalb**

Gerichte

andouillette *f*	ɑ̃duˈjɛt	**kleine Schweinswurst mit Kartoffelpüree**
bifteck *m*	bifˈtɛk	**Steak, Beefsteak**
– à cheval	a ʃval	**– mit Setzei**
blanquette *f* de veau	blɑ̃ˈkɛt də vo	**Kalbsragout in Weißweinsauce**
bœuf *m* bourguignon	bœf burgiˈɲɔ̃	**Rindsgulasch in Rotwein**
bœuf *m* à la mode	bœf a la mɔd	**Schmorbraten**
bœuf *m* tartare	bœf tarˈtar	**Tatarbeefsteak**
boulette *f*	buˈlɛt	**Bulette, Frikandelle**
cervelle *f*	sɛrˈvɛl	**Hirn**
– en beignet	ɑ̃ bɛˈɲɛ	**Hirnkrapfen**
châteaubriand *m*	ʃatobriˈjɑ̃	**Rinderlendenstück**
civet *m* de lièvre	siˈvɛ də ˈljɛːvrə	**Hasenpfeffer**
côtelette *f*	kətˈlɛt	**Kotelett**
cuisses *f/pl.* de grenouilles	kɥis də grəˈnuj	**Froschschenkel**
cochon *m* de lait	kɔˈʃɔ̃ də lɛ	**Spanferkel**
entrecôte *f*	ɑ̃trəˈkot	**Mittelrippenstück**
escalope *f*	ɛskaˈlɔp	**Schnitzel**
– à la Viennoise	a la vjɛˈnwaːz	**Wiener Schnitzel**
filet *m*	fiˈlɛ	**Filet**
– de bœuf	de bœf	**Filetbeefsteak**
foie *m*	fwa	**Leber**

fricassée *f*	frika'se	**Frikassee**
gigot *m* d'agneau	ʒi'go da'ɲo	**Lammkeule**
grillade *f*	gri'jad	**Rostbraten**
hachis *m*	a'ʃi	**Hackbraten, -fleisch**
haricot de mouton	ari'ko də mu'tɔ̃	**Hammelragout mit weißen Bohnen**
jambonneau *m*	ʒɑ̃bɔ'no	**Schweinshaxe, Eisbein**
langue *f*	lɑ̃:g	**Zunge**
miroton *m*	mirɔ'tɔ̃	**gekochtes Rindfleisch überbacken**
pâté *m*	pɑ'te	**Pastete**
– de viande	də vjɑ̃:d	**Falscher Hase**
paupiettes *f/pl.* de veau	po'pjɛt də vo	**Kalbsroulade**
petit salé *m*	pti sa'le	**Pökelfleisch**
quenelles *f/pl.*	kə'nɛl	**Fleischklößchen**
ris *m* de veau	ri də vo	**Kalbsmilch**
rognonnade *f*	rɔɲɔ'nad	**Kalbsnierenbraten**
rognons *m/pl.*	rɔ'ɲɔ̃	**Nieren**
rosbif *m*	rɔs'bif	**Rostbraten**
rôti *m* de veau	rə'ti d(ə) vo	**Kalbsbraten**
rumsteck *m*	rəm'stɛk	**Rumpsteak**
selle *f* de chevreuil	sɛl də ʃə'vrœj	**Rehrücken**
tripes *f/pl.* à la mode de Caen	trip‿a‿la‿məd də kɑ̃	**Kutteln auf normannische Art**

Gemüse *Légumes*

artichaut *m*	arti'ʃo	**Artischocke**
asperge *f*	as'pɛrʒ	**Spargel**
aubergines *f/pl.*	obɛr'ʒin	**Eierfrüchte**
betteraves *f/pl.*	bɛ'tra:v	**Rüben**
– rouges	ru:ʒ	**rote Rüben**
carottes *f/pl.*	ka'rɔt	**Mohrrüben**
céleri *m*	sel'ri	**Sellerie**
champignons *m/pl.*	ʃɑ̃pi'ɲɔ̃	**Pilze**
chou *m*	ʃu	**Kohl**
– blanc	blɑ̃	**Weißkohl**
– de Bruxelles	də bry'sɛl	**Rosenkohl**
– frisé	fri'ze	**Wirsingkohl**
– rouge	ru:ʒ	**Rotkohl**

choucroute *f*	ʃu'krut	**Sauerkraut**
chou-fleur *m*	ʃu'flœːr	**Blumenkohl**
chou-rave *m*	ʃu'rɑːv	**Kohlrabi**
épinard *m*	epi'naːr	**Spinat**
haricots *m/pl.*	ari'ko	**Bohnen**
– verts	vɛːr	**grüne Bohnen**
oignons *m/pl.*	ɔ'ɲɔ̃	**Zwiebeln**
petits pois *m/pl.*	pti pwa	**Erbsen**
poivrons *m/pl.*	pwa'vrɔ̃	**Paprikaschoten**
tomates *f/pl.*	tɔ'mat	**Tomaten**

Eierspeisen *Plats aux œufs*

œufs *m/pl.* à la tripe	ø a la trip	**hartgekochte Eier mit Zwiebelsauce**
– brouillés	bru'je	**Rühreier**
– sur le plat	syr lə pla	**Spiegeleier**
omelette *f*	ɔm'lɛt	**Omelett**
– à la confiture	a la kɔ̃fi'tyːr	**– mit Marmelade**
– au jambon	o ʒɑ̃'bɔ̃	**– mit Schinken**
– aux fines herbes	o fin‿z‿'ɛrb	**– mit Kräutern**

Süßspeisen *Entremets*

clafoutis *m*	klafu'ti	**Kirscheierkuchen**
crème *f*	krɛm	**Pudding, Creme**
– caramel	kara'mɛl	**Karamelcreme**
crêpe *f*	krɛp	**dünner Eierkuchen**
Fontainebleau *m*	fɔ̃tɛn'blo	**Rahmkäse mit Schlagsahne**
glace *f*	glas	**Eis**
île *f* flottante	il flɔ'tɑ̃t	**„schwimmende Insel"**
meringue *f*	mə'rɛ̃ːg	**Baiser**
mousse *f* au chocolat	mus o ʃɔkɔ'la	**Schokoladenschaumspeise**
parfait *m*	par'fɛ	**Halbgefrorenes**
pommes *f/pl.* meringuées	pɔm mərɛ̃'ge	**mit Baiser überbackene Äpfel**
riz *m* au lait	ri‿o‿lɛ	**Reisauflauf**
sabayon *m*	saba'jɔ̃	**Weincreme**
soufflé *m* au chocolat	su'fle o ʃɔkɔ'la	**Schokoladenauflauf**

Käse *Fromage*

bleu *m* d'Auvergne	blø do'vɛrɲ	scharfer Schimmelkäse
fromage *m*	frɔ'maːʒ	Käse
– blanc	blɑ̃	Weißkäse
– aux fines herbes	o finzɛrb	Kräuterkäse
– à pâte molle	a pɑt mɔl	Weichkäse
– au poivre	o pwavr	Pfefferkäse
– à tartiner	a tarti'ne	Streichkäse
– de chèvre	də 'ʃɛːvrə	Ziegenkäse
petit suisse *m*	pti‿'sɥis	Sahneweißkäse
rocadamour *m*	rɔkada'muːr	scharfer Ziegenkäse
vacherin *m*	vaʃ'rɛ̃	rahmiger Weichkäse

Obst *Fruits*

abricot *m*	abri'kɔ	Aprikose
airelle *f*	ɛ'rɛl	Blaubeere
ananas *m*	ana'na	Ananas
banane *f*	ba'nan	Banane
cassis *m*	ka'sis	schw. Johannisbeere
cerise *f*	sə'riːz	Kirsche
datte *f*	dat	Dattel
figue *f*	fig	Feige
fraise *f*	frɛːz	Erdbeere
framboise *f*	frɑ̃'bwaz	Himbeere
griotte *f*	gri'jɔt	Sauerkirsche
groseille *f*	grɔ'zɛj	Johannisbeere
mandarine *f*	mɑ̃da'rin	Mandarine
marron *m*	ma'rɔ̃	Kastanie
melon *m*	mə'lɔ̃	Melone
mûre *f*	myːr	Brombeere
orange *f*	ɔ'rɑ̃ːʒ	Apfelsine
pamplemousse *m*	pɑ̃plə'mus	Grapefruit
pastèque *f*	pas'tɛk	Wassermelone
pêche *f*	pɛʃ	Pfirsich
poire *f*	pwaːr	Birne
pomme *f*	pɔm	Apfel
prune *f*	pryn	Pflaume
raisins *m/pl.*	rɛ'zɛ̃	Weintrauben

GETRÄNKEKARTE

Wein

Apfelwein	cidre *m*	ˈsiːdrə
Glühwein	vin *m* chaud	vɛ̃ ʃo
Landwein	vin *m* du pays	vɛ̃ dy pɛˈi
Muskateller	vin *m* Muscat	vɛ̃ mysˈka
Rotwein	vin *m* rouge	vɛ̃ ruːʒ
Sekt	champagne *m*	ʃɑ̃ˈpaɲ
Tischwein	vin *m* de table	vɛ̃ də ˈtablə
Wein	vin *m*	vɛ̃
– **herber**	– sec	sɛk
– **leichter**	– léger	leˈʒe
– **süßer**	– doux	du
Weißwein	vin *m* blanc	vɛ̃ blɑ̃

Beachten Sie: **ein Glas Wein** — un verre de vin — œ̃ vɛːr də vɛ̃ — *aber:* **ein Weinglas** — un verre à vin — œ̃ vɛːr a vɛ̃

Die bekanntesten Weinsorten:

Beaujolais	boʒɔˈlɛ	**roter Burgunder**
Chablis	ʃaˈbli	**weißer Burgunder**
Chambertin	ʃɑ̃bɛrˈtɛ̃	**roter Burgunder**
Châteauneuf-du-Pape	ʃɑtoˈnœf‿dy‿ˈpap	**roter Rhônewein**
Entre-deux-Mers	ˈɑ̃trə‿dø‿ˈmɛːr	**weißer Bordeaux**
Médoc	meˈdɔk	**roter Bordeaux**
Rully	ryˈli	**weißer Burgunder**
Sauternes	soˈtɛrn	**weißer Bordeaux**
Savigny	saviˈɲi	**roter Burgunder**

Bier

Bier	bière *f*	bjɛːr
– **dunkles**	– brune	bryn
– **helles**	– blonde	blɔ̃ːd
Dosenbier	bière *f* en boîte	bjɛːr‿ɑ̃‿ˈbwat
Flaschenbier	bière *f* en bouteille	bjɛːr‿ɑ̃‿buˈtɛj
Malzbier	bière *f* de malt	bjɛːr də malt
Pilsner	bière *f* de Pilzen	bjɛːr də pilˈzɛn

Andere alkoholische Getränke

Aperitif	apéritif *m*	aperiˈtif
Apfelschnaps	calvados *m*	kalvaˈdɔs
Gin	gin *m*	dʒin
Grog	grog *m*	grɔg
Kirsch	kirsch *m*	kirʃ
Kognak	cognac *m*	kɔˈɲak
Likör	liqueur *f*	liˈkœːr
– **Anislikör**	anisette *f*	aniˈzɛt
– **Kirschlikör**	liqueur *f* de cerises	liˈkœːr də səˈriːz
– **Kräuterlikör**	bénédictine *f*	benedikˈtin
– **Pfefferminzlikör**	menthe *f*	mɑ̃ːt
Magenbitter	bitter *m*	biˈtɛːr
Punsch	punch *m*	pɔ̃ʃ
Rum	rhum *m*	rɔm
Schnaps	eau-de-vie *f*	odˈvi
Wermut	vermouth *m*	vɛrˈmut
Whisky	whisky *m*	wisˈki
Wodka	vodka *m*	vɔdˈka

Alkoholfreie Getränke

Fruchtsaft	jus *m* de fruits	ʒy də frɥi
– **Apfelsaft**	jus *m* de pommes	ʒy də pɔm
– **Orangensaft**	jus *m* d'oranges	ʒy dɔˈrɑ̃ːʒ
– **Traubensaft**	jus *m* de raisins	ʒy də rɛˈzɛ̃
Gemüsesaft	jus *m* de légumes	ʒy də leˈgym
– **Tomatensaft**	jus *m* de tomates	ʒy də tɔˈmat
Limonade	limonade *f*	limɔˈnad
– **Brauselimonade**	limonade *f* gazeuse	limɔˈnad gaˈzœːz
– **Zitronenlimonade**	citronnade *f*	sitrɔˈnad
Milch	lait *m*	lɛ
Milchmixgetränk	milk-shake *m*	milkˈʃek
Orangeade	orangeade *f*	ɔrɑ̃ˈʒad
Tonic	boisson *f* tonique	bwaˈsɔ̃ tɔˈnik
Wasser	eau *f*	o
– **Mineralwasser**	eau *f* minérale	o mineˈral
– **Soda**	soda *m*; eau *f* de Seltz	sɔˈda; o də sɛlts
Zitrone natur	citron *m* pressé	siˈtrɔ̃ preˈse

Café und Konditorei

Ich möchte ... Je voudrais ʒə vu'drɛ

ein Stück Kuchen ...	un morceau de gâteau	œ̃ mɔr'so də gɑ'to
einen Kaffee	un café	œ̃ ka'fe
eine Portion Eis	une portion de glace	yn pɔr'sjɔ̃ də glas
– ***mit (ohne)*** **Sahne** .	– *avec (sans)* Chantilly	a'vɛk (sɑ̃) ʃɑ̃ti'ji
ein Glas Orangensaft .	un verre de jus d'oranges	œ̃ vɛːr də ʒy dɔ'rɑ̃ːʒ
zwei Eiskaffee	deux cafés glacés ...	dø ka'fe gla'se
Café	café *m*	ka'fe
Eis	glace *f*	glas
– **Erdbeereis**	glace *f* à la fraise ...	glas a la frɛːz
– **Sahneeis**	glace *f* à la crème ...	glas a la krɛm
– **Schokoladeneis** ...	glace *f* au chocolat ..	glas o ʃɔkɔ'la
– **Vanilleeis**	glace *f* à la vanille ..	glas a la va'nij
– **Zitroneneis**	glace *f* au citron	glas o si'trɔ̃
Eisbecher	coupe *f* glacée	kup gla'se
– **mit Früchten**	– aux fruits	o frɥi
Eiscreme	crème *f* glacée	krɛm gla'se
Eisdiele	glacier *m*	gla'sje
Eiskaffee	café *m* glacé	ka'fe gla'se
Eisschokolade	chocolat *m* glacé....	ʃɔkɔ'la gla'se
kandierte Früchte ...	fruits *m/pl.* confits ..	frɥi kɔ̃'fi
Gebäck	pâtisserie *f*	pɑtis'ri
– **Mandelgebäck**	pâtisserie *f* aux amandes	pɑtis'ri o‿z‿a'mɑ̃ːd
– **Teegebäck**	petits fours *m/pl.* ...	pti fuːr
Kaffee	café *m*	ka'fe
Kakao	cacao *m*	kaka'o
Kekse	gâteaux *m/pl.* secs ..	gɑ'to sɛk
Konditorei	pâtisserie *f* (fine)....	pɑtis'ri (fin)

s. a. „Frühstück“

Apfeltasche	chausson *m* aux pommes	ʃo'sɔ̃ o pɔm
Brioche	brioche *f*	bri'jɔʃ
Englischer Kuchen	cake *m*	kek
Hörnchen	croissant *m*	krwa'sɑ̃
Kuchen	gâteau *m*	gɑ'to
– Apfelkuchen	tarte *f* aux pommes	tart o pɔm
– Biskuitrolle	biscuit *m* roulé	bis'kɥi ru'le
– Liebesknochen	éclair *m*	e'klɛr
– Löffelbiskuit	biscuits *m/pl.* à la cuiller	bis'kɥi a la kɥi'jɛr
– Napfkuchen	kouglof *m*	ku'glɔf
– Obstkuchen	tarte *f* aux fruits	tart o frɥi
Makronen	macarons *m/pl.*	maka'rɔ̃
Milch	lait *m*	lɛ
– kalte / heiße	froid / chaud	frwa / ʃo
– Kondensmilch	lait *m* concentré	kɔ̃sɑ̃'tre
Milchbar	milk-bar *m*	'milkbar
Napfkuchen mit Rum	baba *m* au rhum	baba‿o‿rɔm
Portion	portion *f*	pɔr'sjɔ̃
Pralinen	chocolats *m/pl.*	ʃɔkɔ'la
Sahne	crème *f* (fraîche)	krɛm
Schlagsahne	Chantilly *f*	ʃɑ̃ti'ji
Schokolade	chocolat *m*	ʃɔkɔ'la
Schweinsohren	palmier *m*	pal'mje
Tee	thé *m*	te
– Kräutertee	infusion *f*	ɛ̃fy'zjɔ̃
– schwarzer Tee	thé *m* noir	te nwaːr
– mit Rum	thé *m* au rhum	te o rɔm
– mit Zitrone	thé *m* au citron	te o si'trɔ̃
Windbeutel	chou *m* à la crème	ʃu a la krɛm
Windbeutel (mit Schokoladen- oder Mokkafüllung)	religieuse *f*	rəli'ʒjøz
Zucker	sucre *m*	'sykrə
– Würfelzucker	sucre *m* en morceaux	'sykrə ɑ̃ mɔr'so

Beanstandungen, Bezahlen

Hier fehlt noch *eine Portion (ein Besteck, ein Glas).*
Ici il manque encore *une portion (un couvert, un verre).*
iˈsi il mɑ̃k‿ɑ̃ˈkɔːr yn pɔrˈsjɔ̃ (œ̃ kuˈveːr, œ̃ vɛːr)

Dies wollte ich nicht.
Je n'ai pas demandé cela.
ʒə ne pa dəmɑ̃ˈde sla

Ich wollte ...
J'ai demandé ...
ʒe dəmɑ̃ˈde

Das ist ... C'est ... sɛ

zu fett	trop gras	tro gra
zu hart	trop dur	tro dyr
zu heiß	trop chaud	tro ʃo
zu kalt	trop froid	tro frwa
zu salzig	trop salé	tro saˈle
zu sauer	trop aigre	tro(‿p‿)ˈɛgrə
zu scharf	trop assaisonné	tro asɛzɔˈne
zu zäh	trop coriace	tro kɔˈrjas

Das ist nicht mehr frisch.
Ce n'est plus frais.
sə nɛ ply frɛ

Ich möchte zahlen!
Garçon, l'addition s'il vous plaît.
garˈsɔ̃ ladiˈsjɔ̃ silvuˈplɛ

Bedienung inbegriffen.
Service compris.
sɛrˈvis kɔ̃ˈpri

Ich zahle alles zusammen.
Je paie tout.
ʒə pɛ tu

Wir zahlen getrennt.
Nous payons séparément.
nu pɛˈjɔ̃ separeˈmɑ̃

Das scheint nicht zu stimmen.
Cela ne me paraît pas exact.
sla nə mə paˈrɛ pa‿z‿ɛgˈzakt

Das haben wir nicht gehabt.
On n'a pas eu ça.
ɔ̃‿na pa y sa

Vielen Dank!
Merci beaucoup!
mɛrˈsi boˈku

Das ist für Sie.
C'est pour vous.
sɛ pur vu

IN DER STADT

Auf der Straße

Wo ist ...?
Où est ...
u ɛ

der Bahnhof	la gare	la gaːr
die Bank	la banque	la bɑ̃k
die Bushaltestelle ...	l'arrêt d'autobus	la'rɛ dotɔ'bys
der Flugplatz	l'aéroport	laerɔ'pɔːr
der Hafen	le port	lə pɔːr
das ...-Hotel	l'hôtel	lo'tɛl
die ...-Kirche	l'église	le'gliːz
das Museum	le musée	lə my'ze
der ...-Platz	la place	la plas
das Polizeirevier	le commissariat ..... de police	lə kɔmisa'rja də pɔ'lis
das Postamt	le bureau de poste ..	lə by'ro də pɔst
das Rathaus	l'hôtel *m* de ville	lo'tɛl də vil
die ...-Straße	la rue	la ry
die Straßenbahn-haltestelle	l'arrêt du tramway ..	la'rɛ dy tram'wɛ
ein Taxistand	une station de taxis .	yn sta'sjɔ̃ də tak'si

Ist es weit?
Est-ce loin?
ɛs lwɛ̃

Wie weit ist es *zum (zur)* ...?
Quelle est la distance d'ici *au (à la)* ...?
'kɛl‿ɛ la dis'tɑ̃ːs di'si o (a la)

Wie viele Minuten zu Fuß?
Combien de minutes à pied?
kɔ̃'bjɛ̃ də mi'nyt a pje

***Ziemlich (nicht)* weit.**
Assez (Pas) loin.
a'se (pa) lwɛ̃

In welcher Richtung liegt ...?
Dans quelle direction se trouve ...?
dɑ̃ kɛl dirɛk'sjɔ̃ sə truːv

In welcher Straße ist ...?
Dans quelle rue se trouve ...?
dɑ̃ kɛl ry sə truːv

Dort.
Là.
la

Geradeaus.
Tout droit.
tu drwa

Nach rechts.
À droite.
a drwat

Nach links.
À gauche.
a goʃ

Bus, Straßenbahn, Taxi

Kann ich mit *dem Bus (der Straßenbahn)* fahren?
Je peux y aller *en autobus (en tram)*?
ʒə pø i a'le ɑ̃noto'bys (ɑ̃ tram)

***Welcher Bus (Welche Straßenbahn)* fährt *nach (zum, zur)* ...?**
Quel *autobus (tram)* va *à (au, à la)* ...?
kɛl otɔ'bys (tram) va a (o, a la)

Wieviel Haltestellen sind es?
Combien d'arrêts y a-t-il?
kɔ̃'bjɛ̃ da'rɛ ja'til

Muß ich umsteigen?
Faut-il changer *d'autobus (de tram)?*
fotil‿ʃɑ̃'ʒe dotɔ'bys (də tram)

Wo muß ich *aussteigen (umsteigen)*?
Où faut-il *descendre (changer d'autobus)*?
u fo'til‿de'sɑ̃:drə (ʃɑ̃'ʒe dotɔ'bys)

Einen *einfachen (Umsteige-)* Fahrschein nach ...
Un billet *simple (de correspondance)* pour ...
œ̃ bi'jɛ 'sɛ̃:plə (də kɔrɛspɔ̃'dɑ̃:s) pur

Wo bekomme ich ein Taxi?
Je peux prendre un taxi où?
ʒə pø prɑ̃dr‿œ̃ tak'si u

Fahren Sie mich *zum (zur)* ...
Conduisez-moi *au (à la)* ...
kɔ̃dɥize'mwa o (a la)

Zum Bahnhof, bitte!
À la gare, s'il vous plaît!
a la ga:r, silvu'plɛ

Wieviel kostet es *nach (zum, zur)* ...?
Ça fait combien *jusqu'à (jusqu'au, jusqu'à la)* ...?
sa fɛ kɔ̃'bjɛ̃ ʒyska (ʒysko, ʒyskala)

Können Sie uns einige Sehenswürdigkeiten zeigen?
Pourriez-vous nous montrer quelques curiosités?
purje'vu nu mɔ̃'tre 'kɛlkə kyrjozi'te

***Warten (Halten)* Sie hier bitte einen Augenblick.**
Attendez (Arrêtez-vous) ici un moment, s'il vous plaît.
atɑ̃'de (arɛte'vu) i'si œ̃ mɔmɑ̃, silvu'plɛ

Ausflüge und Besichtigungen

Für morgen bitte zwei Plätze nach ...
Pour demain deux places pour ..., s'il vous plaît.
pur də'mɛ̃ dø plas pur ..., silvu'plɛ

Ist das Mittagessen im Preis inbegriffen?
Est-ce que le déjeuner est compris dans le prix?
'ɛskə lə deʒœ'ne ɛ kɔ̃'pri dɑ̃ lə pri

***Wann (Wo)* treffen wir uns?**
Quand (Où) nous rencontrons-nous?
kɑ̃ (u) nu rɑ̃kɔ̃'trɔ̃nu

Wir treffen uns ...
Nous nous rencontrons...
nu nu rɑ̃kɔ̃'trɔ̃

Wann geht es los?
Quelle est l'heure du départ?
kɛl‿ɛ‿'lœːr dy de'paːr

Besichtigen wir auch ...?
Visitons-nous aussi ...?
vizi'tɔ̃nu o'si

Haben wir Zeit zur freien Verfügung?
Avons-nous du temps à notre disposition?
avɔ̃'nu dy tɑ̃ a nɔtr‿dispɔzi'sjɔ̃

Wieviel?
Combien?
kɔ̃'bjɛ̃

Können wir Einkäufe machen?
On peut faire du shopping?
ɔ̃ pø fɛr dy ʃɔ'piŋ

Wann kommen wir zurück?
Quand rentrerons-nous?
kɑ̃ rɑ̃trə'rɔ̃nu

Wie lange bleiben wir in ...?
Combien de temps resterons-nous à ...?
kɔ̃'bjɛ̃ də tɑ̃ rɛstə'rɔ̃nu a

Kommen wir auch nach ...?
Visitons-nous aussi ...?
vizi'tɔ̃nu o'si

Welche Sehenswürdigkeiten gibt es in ...?
Quelles curiosités y a-t-il à ...?
kɛl kyrjɔzi'te ja'til a

Wann wird ... *geöffnet (geschlossen)*?
À quelle heure est-ce qu'on *ouvre (ferme)* ...?
a kɛl‿'œːr ɛskɔ̃‿'nuvrə ('fɛrm)

Wieviel kostet *der Eintritt (die Führung)*?
Combien coûte *l'entrée (la visite guidée)*?
kɔ̃'bjɛ̃ kut lɑ̃'tre (la vi'zit gi'de)

Gibt es einen Fremdenführer, der Deutsch spricht?
Y a-t-il un guide, qui parle allemand?
jatil‿œ̃‿'gid, ki parl‿al'mɑ̃

Ich würde mir gern ... ansehen.
J'aimerais regarder ...
ʒɛmˈrɛ rəgarˈde

Kann man heute ... besichtigen?
Peut-on visiter aujourd'hui ... ?
pøtɔ̃‿viziˈte oʒurˈdɥi

die Ausstellung	l'exposition	lɛkspoziˈsjɔ̃
die Burg	le château fort	lə ʃɑto‿ˈfɔːr
die Galerie	la galerie	la galəˈri
die Kirche	l'église	leˈgliːz
das Museum	le musée	lə myˈze
den Palast	le palais	lə paˈlɛ
das Schloß	le château	lə ʃɑˈto
den Zoo	le zoo	lə zo

Wann beginnt die Führung?
À quelle heure commence la visite guidée?
a kɛl‿œːr kɔˈmɑ̃s la viˈzit giˈde

Darf man fotografieren?
On peut faire des photos?
ɔ̃ pø fɛr de foˈto

Was für ein *Gebäude (Denkmal)* ist das?
Quel *édifice (monument)* est-ce?
kɛl‿ediˈfis (mɔnyˈmɑ̃) ɛs

Von wem stammt *dieses Bild (diese Statue)*?
De qui est *ce tableau (cette statue)*?
də ki ɛ sə taˈblo (sɛt staˈty)

Aus welchem Jahrhundert stammt ... ?
De quel siècle est ... ?
də kɛl ˈsjɛklə ɛ

Wann wurde ... gebaut?
Quand fut bâti ... ?
kɑ̃ fy bɑˈti

Wer hat ... gebaut?
Qui a bâti ... ?
ki a bɑˈti

Wo befindet sich ... ?
Où se trouve ... ?
u sə truːv

Ist das ... ?
Est-ce que c'est ... ?
ɛskə sɛ

***Hier *lebte (wurde geboren, starb)* ...**
Ici *vécut (naquit, mourut)* ...
iˈsi veˈky (naˈki, muˈry)

Allee	allée *f*	a'le
Altstadt	cité *f*	si'te
Amt	office *m*; bureau *m*	ɔ'fis; by'ro
Ausflug	excursion *f*	ɛkskyr'sjɔ̃
Ausgrabungen	fouilles *f/pl.*	fuj
Ausstellung	exposition *f*	ɛkspozi'sjɔ̃
Bahnhof	gare *f*	gaːr
Bauernhof	ferme *f*	fɛrm
Bedürfnisanstalt	toilettes *f/pl.* publiques	twa'lɛt py'blik
Berg	montagne *f*	mɔ̃'taɲ
Besichtigung	visite *f*	vi'zit
Bibliothek	bibliothèque *f*	bibliɔ'tɛk
Bootsfahrt	promenade *f* en bateau	prɔm'nad‿ɑ̃‿ba'to
Botanischer Garten	jardin *m* botanique	ʒar'dɛ̃ bɔta'nik
Botschaft	ambassade *f*	ɑ̃ba'sad
Brücke	pont *m*	pɔ̃
Brunnen	fontaine *f*	fɔ̃'tɛn
Burg	château *m* fort	ʃɑto‿'fɔːr
Bürgersteig	trottoir *m*	trɔ'twaːr
Bus	autobus *m*	otɔ'bys
Denkmal	monument *m*	mɔny'mɑ̃
Dorf	village *m*	vi'laːʒ
Drahtseilbahn	téléphérique *m*	telefe'rik
Durchgang	passage *m*	pa'saːʒ
Ecke	coin *m*	kwɛ̃
Einkaufszentrum	centre *m* d'achat	'sɑ̃trə da'ʃa
Endhaltestelle	terminus *m*	tɛrmi'nys
Fabrik	usine *f*	y'zin
Feuerwehr	pompiers *m/pl.*	pɔ̃'pje
Flugplatz	aéroport *m*	aerɔ'pɔːr
Fluß	fleuve *m*	flœv
Fremdenführer	guide *m*	gid
Friedhof	cimetière *m*	sim'tjɛːr
Fundbüro	bureau *m* des objets trouvés	by'ro de‿z‿ɔb'ʒɛ tru've
Fußgänger	piéton *m*	pje'tɔ̃
Fußgängerüberweg	passage *m* clouté	pa'saːʒ klu'te
Fußgängerzone	zone *f* piétonne	zon pje'tɔn
Galerie	galerie *f*	galə'ri
Garten	jardin *m*	ʒar'dɛ̃
Gasse	ruelle *f*	rɥɛl

– Sackgasse	voie *f* sans issue	vwa sɑ̃‿z‿iˈsy
Gebäude	édifice *m*	ediˈfis
Gebirge	montagne *f*	mɔ̃ˈtaɲ
Gegend	région *f*	reˈʒjɔ̃
Gericht(sgebäude)	palais *m* de Justice	paˈlɛ‿d‿ʒysˈtis
Geschäft, Laden	magasin *m*	magaˈzɛ̃
Grab	tombe *f*	tɔ̃b
Graben	fossé *m*	foˈse
Grünanlage	parc *m*	park
Hafen	port *m*	pɔːr
Haltestelle	arrêt *m*	aˈrɛ
Hauptstadt	capitale *f*	kapiˈtal
Hauptstraße	grand-rue *f*	grɑ̃ˈry
Haus	maison *f*	mɛˈzɔ̃
Hausnummer	numéro *m* de la maison	nymeˈro də la mɛˈzɔ̃
Hochhaus	building *m*	bilˈdiŋ
Höhle	caverne *f*	kaˈvɛrn
Innenstadt	centre *m* de la ville	ˈsɑ̃trə də la vil
Kaserne	caserne *f*	kaˈzɛrn
Kirche	église *f*	eˈgliːz
Konsulat	consulat *m*	kɔ̃syˈla
Kraftwerk	centrale *f* électrique	sɑ̃ˈtral elɛkˈtrik
Krankenhaus	hôpital *m*	ɔpiˈtal
Landschaft	paysage *m*	peiˈzaːʒ
Markt	marché *m*	marˈʃe
Markthalle	marché *m* couvert	marˈʃe kuˈvɛːr
Mauer	mur *m*	myːr
Ministerium	ministère *m*	minisˈtɛːr
Museum	musée *m*	myˈze
Naturschutzgebiet	parc *m* national	park nasjɔˈnal
Nebenstraße	rue *f* secondaire	ry səkɔ̃ˈdɛːr
Oper	opéra *f*	opeˈra
Palast	palais *m*	paˈlɛ
Park	parc *m*	park
Pavillon	pavillon *m*	paviˈjɔ̃
Platz	place *f*	plas
Polizei	police *f*	pɔˈlis
Polizeirevier	commissariat *m* de police	kɔmisarˈja də pɔˈlis
Polizist	agent *m* de police	aˈʒɑ̃ də pɔˈlis

Postamt	bureau *m* de poste	by'ro də pɔst
Raststätte	restoroute *m*	rɛsto'rut
Rathaus	hôtel *m* de ville	ho'tɛl də vil
Reisebüro	agence *f* de voyage	aʒɑ̃:s də vwa'ja:ʒ
Rettungsstation	poste *m* de secours	pɔst də sə'ku:r
Ruine	ruine *f*	rɥin
Rundfahrt	circuit *m*	sir'kɥi
Schilift	téléski *m*	tele'ski
Schloß	château *m*	ʃɑ'to
Schnellbahn	train *m* rapide	trɛ̃ ra'pid
Schule	école *f*	e'kɔl
Schwimmbad	piscine *f*	pi'sin
Sessellift	télésiège *m*	tele'sjɛʒ
Stadion	stade *m*	stad
Stadt	ville *f*	vil
Stadtteil	quartier *m*	kar'tje
Stadtzentrum	centre *m* de la ville	'sɑ̃trə də la vil
Sternwarte	observatoire *m*	ɔbsɛrva'twa:r
Straße	rue *f*	ry
Straßenbahn	tramway *m*	tram'wɛ
Synagoge	synagogue *f*	sina'gɔg
Tal	vallée *f*	va'le
Taxi	taxi *m*	tak'si
Taxistand	station *f* de taxis	sta'sjɔ̃ də tak'si
Tempel	temple *m*	'tɑ̃plə
Theater	théâtre *m*	te'ɑtrə
Tor	portail *m*	pɔr'taj
Turm	tour *f*	tu:r
U-Bahn	métro *m*	me'tro
Umgebung	alentours *m/pl.*	alɑ̃'tu:r
Universität	université	ynivɛrsi'te
Verkehr	circulation *f*	sirkylɑ'sjɔ̃
Verkehrsampel	feux *m/pl.*	fø
Verkehrsschild	panneau *m*	pa'no
Vorort	faubourg *m*	fo'bu:r
Wanderweg	sentier *m* de randonnée	sɑ̃'tje də rɑ̃dɔ'ne
Wasserfall	cascade *f*	kas'kad
Weg	chemin *m*	ʃmɛ̃
Zoo	zoo *m*	zo

Kirchen, Gottesdienst

Wo ist die . . .-Kirche?
Où est l'église . . . ?
u ɛ le'gli:z

Wann findet *der Gottesdienst (das Hochamt)* statt?
Quand a lieu *le service religieux (la grand-messe)* ?
kɑ̃ a ljø lə sɛr'vis rəli'ʒjø (la grɑ̃'mɛs)

Findet heute eine *Trauung (Taufe)* statt?
Y a-t-il aujourd'hui *un mariage (un baptème)*?
ja'til oʒur'dɥi œ̃ ma'rjaʒ (œ̃ ba'tɛm)

Darf ich *am Gottesdienst (an der Messe)* teilnehmen?
Je peux prendre part *au service religieux (à la messe)*?
ʒə pø prɑ̃:dr‿'pa:r o sɛr'vis rəli'ʒjø (a la mɛs)

Wer hält die Predigt?
Qui fait le sermon?
ki fɛ lə sɛr'mɔ̃

Werden Kirchenkonzerte veranstaltet?
Il y a des concerts de musique religieuse?
ilja de kɔ̃'sɛ:r də my'zik rəli'ʒjø:z

Waren Sie heute schon in der Kirche?
Vous avez déjà été à l'église aujourd'hui?
vu‿z‿ave deʒa ete a le'gliz‿oʒur'dɥi

Rufen Sie bitte einen *Geistlichen (Priester)*.
Faites venir un *curé (prêtre)*, s'il vous plaît.
fɛt və'ni:r œ̃ ky're ('prɛtrə), silvu'plɛ

Ich bin . . . Je suis . . . ʒə sɥi

Atheist	athée	a'te
Buddhist	bouddhiste	bu'dist
Christ	chrétien	kre'tjɛ̃
Jude	juif	ʒɥif
Katholik	catholique	katɔ'lik
konfessionslos	sans religion	sɑ̃ rəli'ʒjɔ̃
Mohammedaner	mahométan	maɔme'tɑ̃
Moslem	musulman	myzyl'mɑ̃
Protestant	protestant	prɔtɛs'tɑ̃

Abendmahl	communion *f*	kɔmy'njɔ̃
Abtei	abbaye *f*	a'bɛi
Altar	autel *m*	o'tɛl
Andacht	prières *f/pl.*	pri'jɛːr
barock	baroque	ba'rɔk
Beichte	confession *f*	kɔ̃fɛ'sjɔ̃
beichten	se confesser	sə kɔ̃fe'se
Bogen	arc *m*	ark
Buddhist	bouddhiste *m*	bu'dist
Chor	chœur *m*	kœːr
Christ	chrétien *m*	kre'tjɛ̃
Christentum	christianisme *m*	kristja'nismə
christlich	chrétien	kre'tjɛ̃
Christus	Christ *m*	krist
evangelisch	protestant	prɔtɛs'tɑ̃
Evangelium	Evangile *m*	evɑ̃'ʒil
Fresko	fresque *f*	'frɛskə
Friedhof	cimetière *m*	sim'tjɛːr
Geistlicher	ecclésiastique *m*	ɛklezjas'tik
Glaubensbekenntnis	profession *f* de foi	prɔfɛ'sjɔ̃ də fwa
Glocke	cloche *f*	klɔʃ
gotisch	gothique	gɔ'tik
Gott	Dieu *m*	djø
Gottesdienst	*office (service) m* religieux	ɔ'fis (sɛr'vis) rəli'ʒjø
Grab	tombeau *m*	tɔ̃'bo
Hochamt	grand-messe *f*	grɑ̃'mɛs
Jude	juif *m*	ʒɥif
Kanzel	chaire *f*	ʃɛːr
Kapelle	chapelle *f*	ʃa'pɛl
Kathedrale	cathédrale *f*	kate'dral
katholisch	catholique	katɔ'lik
Kirche	église *f*	e'gliːz
Kirchendiener	suisse *m*	sɥis
Kirchenkonzert	concert *m* de musique religieuse	kɔ̃'sɛːr də myzik rəli'ʒjøːz
Kloster	couvent *m*	ku'vɑ̃
Klosterkirche	église *f* conventuelle	e'gliːz kɔ̃vɑ̃'tɥɛl
Konfession	confession *f*	kɔ̃fɛ'sjɔ̃
Kreuz	croix *f*	krwa
Kreuzgang	cloître *m*	klwɑ'trə

Kruzifix	crucifix *m*	krysi'fi
Krypta	crypte *f*	kript
Kuppel	coupole *f*	ku'pɔl
Leuchter	chandelier *m*	ʃɑ̃də'lje
Messe	messe *f*	mɛs
Minarett	minaret *m*	mina'rɛ
Mohammedaner	mahométan *m*	maɔme'tɑ̃
Mosaik	mosaïque *f*	mɔza'ik
Moschee	mosquée *f*	mɔs'ke
Moslem	musulman *m*	myzyl'mɑ̃
Orgel	orgue *m*	ɔrg
Pfarrer	*prot.* pasteur *m*; *kath.* curé *m*	pas'tœːr; ky're
Pfeiler	pilier *m*	pi'lje
Portal	portail *m*	pɔr'taj
Predigt	sermon *m*	sɛr'mɔ̃
Priester	prêtre *m*	'prɛːtrə
protestantisch	protestant	prɔtɛs'tɑ̃
Prozession	procession *f*	prɔsɛ'sjɔ̃
Religion	religion *f*	rəli'ʒjɔ̃
religiös	religieux	rəli'ʒjø
romanisch	roman	rɔ'mɑ̃
Rosenkranz	rosaire *m*	ro'zɛːr
Sakristei	sacristie *f*	sakris'ti
Sarkophag	sarcophage *m*	sarkɔ'faːʒ
Säule	colonne *f*	kɔ'lɔn
Schiff	nef *f*	nɛf
Statue	statue *f*	sta'ty
Synagoge	synagogue *f*	sina'gɔg
Taufbecken	fonts *m/pl.* baptismaux	fɔ̃ batis'mo
Taufe	baptême *m*	ba'tɛm
Turm	tour *f*	tuːr
Vorhalle	porche *m*	pɔrʃ

EINKÄUFE

Allgemeines

Wo kann ich ... *kaufen (bekommen)*?
Où est-ce que je peux *acheter (avoir)* ...?
u ɛskə ʒə pø a'ʃte (a'vwar)

Gibt es hier ein Fachgeschäft für ...?
Y a-t-il ici un magasin spécialisé en ...?
jatil‿i'si œ̃ maga'zɛ̃ spesjali'ze ɑ̃

Haben Sie ...?
Avez-vous ...?
ave'vu

***Ich möchte (Wir möchten)* ...**
Je voudrais (On voudrait) ...
ʒə vu'drɛ (ɔ̃ vu'drɛ)

Zeigen Sie mir bitte ...
Montrez-moi ..., s'il vous plaît.
mɔ̃tre'mwa ..., silvu'plɛ

Ich brauche ...
J'ai besoin de ...
ʒe bə'zwɛ̃ də

Geben Sie mir bitte ...
Donnez moi ..., s'il vous plaît.
dɔne'mwa ..., silvu'plɛ

eine Dose	une boîte	yn bwat
eine Flasche	une bouteille	yn bu'tɛj
ein Glas	un verre	œ̃ vɛːr
100 Gramm	cent grammes	sɑ̃ gram
einen Karton	un carton	œ̃ kar'tɔ̃
ein Kilo	un kilo	œ̃ ki'lo
ein halbes Kilo	une livre	yn 'livrə
ein Liter	un litre	œ̃ 'liːtrə
einen Meter	un mètre	œ̃ 'mɛːtrə
ein Paar	une paire	yn pɛːr
eine Packung	un paquet	œ̃ pa'kɛ
eine Rolle	un rouleau	œ̃ ru'lo
ein Stück	un morceau	œ̃ mɔr'so
eine Tube	un tube	œ̃ tyb
eine Tüte	un sac	œ̃ sak

Genug.
Assez.
a'se

Noch etwas.
Encore un peu.
ɑ̃'kɔːr œ̃ pø

Noch mehr.
Davantage.
davɑ̃'taːʒ

Können Sie es bestellen?
Pouvez-vous le commander?
puve'vu lə kɔmɑ̃'de

Wann bekommen Sie es?
Quand est-ce que vous l'aurez?
kɑ̃‿t‿ɛskə vu lo're

Kann ich es umtauschen?
Je peux l'échanger?
ʒə pø leʃɑ̃'ʒe

Die *Form (Farbe)* gefällt mir nicht.
La *forme (couleur)* ne me plaît pas.
la fɔrm (ku'lœːr) nə mə plɛ pa

Das ist ... C'est ... sɛ

zu breit	trop large	tro larʒ
zu dunkel	trop foncé	tro fɔ̃'se
zu groß	trop grand	tro grɑ̃
zu hell	trop clair	tro klɛːr
zu klein	trop petit	tro pti
zu schmal	trop étroit	tro‿p‿e'trwa
zu teuer	trop cher	tro ʃɛːr
zu viel	trop	tro
zu wenig	trop peu	tro pø

Haben Sie etwas *Besseres (Billigeres)*?
Vous avez quelque chose *de mieux (de moins cher)*?
vu‿z‿ave kɛlkə'ʃoːz də mjø (də mwɛ̃ ʃɛr)

Das gefällt mir.
Cela me plaît.
sla mə plɛ

Ich nehme *es (sie)*.
Je *le (les)* prends.
ʒə lə (le) prɑ̃

Wieviel kostet das?
Ça coûte combien?
sa kut kɔ̃'bjɛ̃

Danke, das ist alles!
Merci, c'est tout!
mɛr'si, sɛ tu

Können Sie mir die Ware ins Hotel ... schicken?
Pouvez-vous m'envoyer la marchandise à l'hôtel ...?
puve'vu mɑ̃vwa'je la marʃɑ̃'diːz a lo'tɛl

Nehmen Sie *deutsches Geld (Reiseschecks)*?
Vous acceptez *de l'argent allemand (des chèques de voyage)*?
vu‿z‿aksɛp'te də lar'ʒɑ̃ al'mɑ̃ (de ʃɛk də vwa'jaːʒ)

Geschäfte

Antiquariat	librairie *f* d'occasion	librɛ'ri dɔkɑ'zjɔ̃
Antiquitäten	antiquités *f/pl.*	ɑ̃tiki'te
Apotheke	pharmacie *f*	farma'si
Bäckerei	boulangerie *f*	bulɑ̃ʒ'ri
Blumenhandlung	(boutique *f* de) fleuriste *m*	(bu'tik də) flœ'rist
Boutique	boutique *f*	bu'tik
Buchhandlung	librairie *f*	librɛ'ri
Drogerie	droguerie *f*	drɔgə'ri
Eisenwarengeschäft	quincaillerie *f*	kɛ̃kajə'ri
Elektrohandlung	magasin *m* d'électroménager	maga'zɛ̃ delɛk'tromena'ʒe
Färberei	teinturerie *f*	tɛ̃tyrə'ri
Fischhandlung	poissonnerie *f*	pwasɔn'ri
Fleischerei	boucherie *f*	buʃ'ri
Fotogeschäft	(magasin *m* de) photographe	(maga'zɛ̃ də) foto'graf
Fotograf	photographe *m*	fɔtɔ'graf
Friseur	coiffeur *m*	kwa'fœːr
Gemüsehandlung	marchand *m* de légumes	mar'ʃɑ̃ də le'gym
Geschäft	magasin *m*	maga'zɛ̃
Haushaltswaren	articles *m/pl.* de ménage	ar'tiklə də me'naːʒ
Hutgeschäft	chapellerie *f*	ʃapɛl'ri
Immobilien	immeubles *m/pl.*	i'mœːblə
Juwelier	joaillerie *f*; bijouterie *f*	ʒwɑj'ri; biʒu'tri
Kaufhaus	grand magasin *m*	grɑ̃ maga'zɛ̃
Konditorei	pâtisserie *f*	pɑtis'ri
Konfektion	confection *f*	kɔ̃fɛk'sjɔ̃
Kosmetiksalon	institut *m* de beauté	ɛ̃sti'ty də bo'te
Kunsthändler	marchand *m* d'objets d'art	mar'ʃɑ̃ dɔb'ʒɛ daːr
Kurzwaren	mercerie *f*	mɛrsə'ri
Lampengeschäft	magasin *m* de lampes	maga'zɛ̃ də lɑ̃p
Lebensmittel	alimentation *f*	alimɑ̃tɑ'sjɔ̃
Lederwaren	maroquinerie *f*	marɔkinə'ri
Milchgeschäft	laiterie *f*	lɛ'tri
Möbelgeschäft	magasin *m* d'ameublement	maga'zɛ̃ damœblə'mɑ̃
Musikalienhandlung	magasin *m* de musique	maga'zɛ̃ də my'zik

Obstgeschäft	fruiterie *f*	frɥitəˈri
Optiker	opticien *m*	ɔptiˈsjɛ̃
Parfümerie	parfumerie *f*	parfymˈri
Pelzgeschäft	magasin *m* de fourrure	magaˈzɛ̃ də fuˈryːr
Porzellangeschäft	magasin *m* de porcelaine	magaˈzɛ̃ də pɔrsəˈlɛn
Reinigung	nettoyage *m*	nɛtwaˈjaːʒ
– **chem. Reinigung**	nettoyage *m* à sec	nɛtwaˈjaːʒ a sɛk
Reiseandenken	souvenirs *m/pl.* (de voyage)	suvəˈniːr (də vwaˈjaːʒ)
Reisebüro	agence *f* de voyage	aˈʒɑ̃s də vwaˈjaːʒ
Schallplattengeschäft	magasin *m* de disques	magaˈzɛ̃ də ˈdiskə
Schneiderei	tailleur *m*	taˈjœːr
Schreibwaren	papeterie *f*	papəˈtri
Schuhgeschäft	magasin *m* de chaussures	magaˈzɛ̃ de ʃoˈsyːr
Schuhmacher	cordonnier *m*	kɔrdɔnˈje
Selbstbedienung	libre-service *m*	librəsɛrˈvis
Spielzeuggeschäft	magasin *m* de jouets	magaˈzɛ̃ də ʒuˈɛ
Spirituosengeschäft	magasin *m* de spiritueux	magaˈzɛ̃ də spiriˈtɥø
Sportartikel	articles *m/pl.* de sport	arˈtiklə də spɔːr
Supermarkt	supermarché *m*	sypɛrmarˈʃe
Süßwaren	confiserie *f*	kɔ̃fizəˈri
Tabakladen	bureau *m* de tabac	byˈro də taˈba
Textilien	textiles *m/pl.*	tɛksˈtil
Uhrmacher	horloger *m*	ɔrlɔˈʒe
Waffenhandlung	armurerie *f*	armyrəˈri
Warenhaus	grand magasin *m*	grɑ̃ magaˈzɛ̃
– **Schaufenster**	devanture *f*	dəvɑ̃ˈtyːr
Wäschegeschäft	magasin *m* de blanc	magaˈzɛ̃ də blɑ̃
Wäscherei	blanchisserie *f*	blɑ̃ʃisˈri
Weinhandlung	marchand *m* de vin	marˈʃɑ̃ d(ə) vɛ̃
Zeitungshändler	marchand *m* de journaux	marˈʃɑ̃ də ʒurˈno

Blumen

Blumen	fleurs *f/pl.*	flœːr
Blumenstrauß	bouquet *m* de fleurs	buˈkɛ də flœːr
Blumentopf	pot *m* de fleurs	po də flœːr

Chrysanthemen	chrysanthèmes *m/pl.*	krizɑ̃'tɛm
Flieder	lilas *m*	li'la
Gladiolen	glaïeuls *m/pl.*	glɑ'jœl
Lilien	lis *m/pl.*	lis
Maiglöckchen	muguets *m/pl.*	my'ge
Nelken	œillets *m/pl.*	œ'jɛ
Orchidee	orchidée *f*	ɔrki'de
Rosen	roses *f/pl.*	roːz
Tulpen	tulipes *f/pl.*	ty'lip
Veilchen	violettes *f/pl.*	vjɔ'lɛt

Buchhandlung

Band	volume *m*	vɔ'lym
Broschüre	brochure *f*	brɔ'ʃyːr
Buch	livre *m*	'livrə
Gedichtband	recueil *m* de poésies	rə'kœːj də pɔe'zi
Globus	globe *m* terrestre	glɔb tɛ'rɛstrə
Katalog	catalogue *m*	kata'lɔg
Kinderbuch	livre *m* pour‿enfants	'livrə pur‿ɑ̃'fɑ̃
Kriminalroman	roman *m* policier	rɔ'mɑ̃ pɔli'sje
Landkarte	carte *f* géographique	kart ʒeɔgra'fik
Lehrbuch	manuel *m*	ma'nɥɛl
Märchenbuch	livre *m* de contes	'livrə də kɔ̃t
Prospekt	prospectus *m*	prɔspɛk'tys
Reiseführer	guide *m* touristique	gid turis'tik
Reiselektüre	lecture *f* de voyage	lɛk'tyːr də vwa'jaːʒ
Roman	roman *m*	rɔ'mɑ̃
Schallplatte	disque *m*	disk
Sprachführer	guide *m* de conversation	gid də kɔ̃vɛrsa'sjɔ̃
Stadtplan	plan *m* de la ville	plɑ̃ də la vil
Straßenkarte	carte *f* routière	kart ru'tjɛːr
Taschenbuch	livre *m* de poche	livrə də pɔʃ
Übersetzung	traduction *f*	tradyk'sjɔ̃
Wörterbuch	dictionnaire *m*	diksjɔ'nɛːr

Fotogeschäft

Entwickeln Sie mir bitte diesen Film.
Développez-moi ce film, s'il vous plaît.
devəlɔ'pemwa sə film, silvu'plɛ

Von jedem Negativ bitte *einen Abzug (eine Vergrößerung)*.
Une épreuve (un agrandissement) de chaque négatif, s'il vous plaît.
yn‿e'prœːv (œ̃nagrɑ̃dis'mɑ̃) də ʃak negatif, silvu'plɛ

– sieben mal zehn.
– sept (sur) dix.
sɛt (syr) dis

– neun mal neun.
– neuf (sur) neuf.
nœf (syr) nœf

– neun mal dreizehn.
– neuf (sur) treize.
nœf (syr) trɛːz

Können Sie das etwas retuschieren?
Est-ce que vous pouvez retoucher cela un peu?
'ɛskə vu pu've rətu'ʃe sla œ̃ pø

Ich möchte ...
Je voudrais ...
ʒə vu'drɛ

– einen Kassettenfilm.
– un film à châssis.
œ̃ film a ʃɑ'si

– einen Super-8-Farbfilm.
– un film en couleurs super huit.
œ̃ film ɑ̃ ku'lœːr sypɛr‿'ɥit

– einen 16-mm-Farbfilm.
– un film en couleurs seize millimètres.
œ̃ film ɑ̃ ku'lœːr sɛːz mili'mɛːtrə

– einen Schwarzweiß-Schmalfilm.
– un film format réduit noir et blanc.
œ̃ film fɔr'ma re'dɥi nwaːr e blɑ̃

– einen 35-mm-Film.
– un film trente-cinq millimètres.
œ̃ film trɑ̃t'sɛ̃k mili'mɛtrə

– einen Farbfilm für Dias.
– une pellicule en couleurs pour diapositives.
yn pɛli'kyl‿ɑ̃‿ku'lœːr pur djapozi'tiːv

– einen *36er (20er)* Film.
– une pellicule de *trente-six (vingt)* poses.
yn peli'kyl də trɑ̃t'sis‿ (vɛ̃‿t‿) pɔz

Würden Sie mir den Film bitte einlegen?
Vous pourriez me mettre le film dans l'appareil, s'il vous plaît?
vu pu'rje mə mɛtrə lə film dɑ̃ lapa'rɛj, silvu'plɛ

Abzug	épreuve *f*	e'prœːv
– Farbabzug	épreuve *f* en couleurs	e'prœːv‿ɑ̃‿ku'lœːr
Aufnahme	prise *f* de vue	priz‿də‿'vy
Auslöser	déclencheur *m*	deklɑ̃'ʃœːr
– Selbstauslöser	déclencheur *m* automatique	deklɑ̃'ʃœːr otɔma'tik
belichten	exposer (à la lumière)	'ɛkspo'ze (a la ly'mjɛːr)
Belichtungsmesser	posemètre *m*	poz'mɛtrə
Bild	image *f*; photo *f*	i'maːʒ; fɔ'to
Blende	diaphragme *m*	dja'fragmə
Blitzlichtbirne	ampoule *f* flash	ɑ̃'pul flaʃ
Blitzwürfel	cube *m* flash	kyb flaʃ
Diapositiv	diapositive *f*	djapɔzi'tiːv
Diarähmchen	petit cadre *m* pour diapositives	pti 'kadrə pur djapɔzi'tiːv
Entwicklung	développement *m*	devəlɔp'mɑ̃
Farbfilm	film *m* en couleurs	film ɑ̃ ku'lœːr
Film	film *m*	film
filmen	filmer	fil'me
Filmkamera	caméra *f*	kame'ra
Fotoapparat	appareil *m* photographique	apa'rɛj fɔtɔgra'fik
fotografieren	prendre des photos	'prɑ̃ːdrə de fɔ'to
Gelbfilter	filtre *m* jaune	'filtrə ʒoːn
Negativ	négatif *m*	nega'tif
Negativ-Farbfilm	film *m* négatif en couleurs	film nega'tif ɑ̃ ku'lœːr
Objektiv	objectif *m*	ɔbʒɛk'tif
Papier	papier *m*	pa'pje
– chamois	– chamois	ʃa'mwa
– glänzend	– brillant	bri'jɑ̃
– matt	– mat	mat
Schmalfilm	film *m* format réduit	film fɔr'ma re'dɥi
Stativ	pied *m*	pje
Sucher	viseur *m*	vi'zœːr
Tageslichtfilm	film *m* à lumière naturelle	film a ly'mjɛːr naty'rɛl
Umkehrfilm	film *m* inversible	film ɛ̃vɛr'siblə
Vergrößerung	agrandissement *m*	agrɑ̃dis'mɑ̃
Verschluß	obturateur *m*	ɔptyra'tœːr

Juwelier

Anhänger	breloque *f*	brəˈlɔk
Armband	bracelet *m*	brasˈlɛ
Bernstein	ambre *m* jaune	ˈɑ̃brə ʒoːn
Brillant	brillant *m*	briˈjɑ̃
Brosche	broche *f*	brɔʃ
Ehering	alliance *f*	alˈjɑ̃ːs
Gold	or *m*	ɔːr
Kette	chaîne *f*	ʃɛːn
Manschettenknöpfe	boutons *m/pl.* de manchette	buˈtɔ̃ də mɑ̃ˈʃɛt
Modeschmuck	bijoux *m/pl.* fantaisie	biˈʒu fɑ̃tɛˈzi
Ohrklips	clips *m/pl.*	klip
Ohrringe	boucles *f/pl.* d'oreille	ˈbuklə dɔˈrɛj
Perlen	perles *f/pl.*	pɛrl
Ring	bague *f*	bag
Schmuck	parure *f*	paˈryːr
Silber	argent *m*	arˈʒɑ̃
vergoldet	doré	dɔˈre
versilbert	argenté	arʒɑ̃ˈte

Kleidung, Wäsche

Kann ich es anprobieren?
Je peux l'essayer?
ʒə pø leseˈje

Ich habe Größe ...
Je fais du ...
ʒə fɛ dy

Das ist ...
C'est ...
sɛ

zu knapp	trop étroit	tro‿p‿eˈtrwa
zu kurz	trop court	tro kuːr
zu lang	trop long	tro lɔ̃
zu weit	trop large	tro larʒ

Kann es geändert werden?
On peut faire des retouches?
ɔ̃ pø fɛr de rəˈtuʃ

... paßt *nicht (gut)*.
... ne me va pas (me va bien).
nə mə va pa (mə va bjɛ̃)

Anorak	anorak *m*	anɔˈrak
Anzug	costume *m*	kɔsˈtym
Badeanzug	maillot *m* de bain	maˈjo də bɛ̃
Badehose	maillot *m* de bain	maˈjo də bɛ̃
Bademantel	peignoir *m*	pɛˈɲwaːr
Bademütze	bonnet *m* de bain	bɔˈnɛ də bɛ̃
Bikini	bikini *m*	bikiˈni
Blue jeans	blue-jeans *m/pl.*	bluˈdʒins
Bluse	blouse *f*	bluːz
Büstenhalter	soutien-gorge *m*	sutjɛ̃ˈgɔrʒ
Halstuch	foulard *m*	fuˈlaːr
Handschuhe	gants *m/pl.*	gɑ̃
Hemd	chemise *f*	ʃəˈmiːz
– bügelfrei	– sans repassage	sɑ̃ rəpaˈsaːʒ
– mit kurzen Ärmeln	– à manches courtes	a mɑ̃ʃ kurt
Hose	pantalon *m*	pɑ̃taˈlɔ̃
– kurze Hose	pantalon *m* court	pɑ̃taˈlɔ̃ kuːr
Hosenanzug	tailleur-pantalon *m*	taˈjœːr pɑ̃taˈlɔ̃
Hüfthalter	gaine *f*	gɛn
Hut	chapeau *m*	ʃaˈpo
– Strohhut	chapeau *m* de paille	ʃaˈpo də paj
Jacke	veste *f*	vɛst
Jackenkleid	tailleur *m*	taˈjœːr
Jackett	veston *m*	vɛsˈtɔ̃
Kleid	robe *f*	rɔb
Kniestrümpfe	mi-bas *m/pl.*	miˈba
Kostüm	tailleur *m*	taˈjœːr
Krawatte	cravatte *f*	kraˈvat
Lederhose	culotte *f* en peau	kyˈlɔt‿ɑ̃‿ˈpo
Lederjacke	blouson *m* en cuir	bluˈzɔ̃ ɑ̃ kɥir
Ledermantel	manteau *m* de cuir	mɑ̃ˈto də kɥir
Mantel	manteau *m*	mɑ̃ˈto
Morgenrock	robe *f* de chambre	rɔb də ˈʃɑ̃ːbrə
Mütze	casquette *f*	kasˈkɛt
Nachthemd	chemise *f* de nuit	ʃəˈmiːz də nɥi
Oberhemd	chemise *f*	ʃəˈmiːz
Pelzmantel	(manteau *m* de) fourrure *f*	(mɑ̃ˈto də) fuˈryːr
Pullover	pull-over *m*	pyloˈvɛːr
Regenmantel	imperméable *m*	ɛ̃pɛrmeˈablə
Rock	jupe *f*	ʒyp

Sakko	veston *m*	vɛs'tɔ̃
Schal	écharpe *f*	e'ʃarp
Schihose	pantalon *m* de ski	pɑ̃ta'lɔ̃ də ski
Schlafanzug	pyjama *m*	piʒa'ma
Schlüpfer, Slip	slip *m*	slip
Schürze	tablier *m*	tabli'je
Shorts	short *m*	ʃɔrt
Socken	chaussettes *f/pl.*	ʃo'sɛt
Sommerkleid	robe *f* d'été	rɔb de'te
Sporthemd	chemise *f* sport	ʃə'miːz spɔːr
Stola	étole *f*	e'tɔl
Strickjacke	veste *f* tricot	vɛst tri'ko
Strümpfe	bas *m/pl.*	ba
Strumpfhose	collants *m/pl.*	kɔ'lɑ̃
Taschentuch	mouchoir *m*	mu'ʃwaːr
Tenniskleidung	tenue *f* de tennis	tə'ny də te'nis
Trainingsanzug	survêtement *m*	syrvɛt'mɑ̃
Unterhemd	gilet *m*	ʒi'lɛ
Unterhose	caleçon *m*	kal'sɔ̃
Unterrock	jupon *m*	ʒy'pɔ̃
Unterwäsche	sous-vêtements *m/pl.*	suvɛt'mɑ̃
Weste	gilet *m*	ʒi'lɛ

Konfektionsgrößen

Damenbekleidung		Damenstrümpfe		Herrenbekleidung		Herrensocken	
Fr.	*D.*	*Fr.*	*D.*	*Fr.*	*D.*	*Fr.*	*D.*
38	36	1	8½	40	44	40–41	10½
40	38	2	9	42	46	41–42	11
42	40	3	9½	44	48	42–43	11½
44	42	4	10	46–48	50	44–45	12
46	44	5	10½	48–50	52	46	12½
48	46	6	11	52	54		
50	48			54	56		
52	50						

Kurzwaren, Zubehör

Band	ruban *m*	ry'bɑ̃
Druckknopf	bouton-pression *m*	butɔ̃prɛ'sjɔ̃
Faden	fil *m*	fil
Fingerhut	dé *m*	de
Futter	doublure *f*	du'blyːr
Garn	fil *m*	fil
Gummiband	élastique *m*	elas'tik
Gürtel	ceinture *f*	sɛ̃'tyːr
Haken und Ösen	crochets *m/pl.*	krə'ʃe
Hosenträger	bretelles *f/pl.*	brə'tɛl
Knopf	bouton *m*	bu'tɔ̃
Nadel	aiguille *f*	ɛ'gɥij
Nähgarn	fil *m* à coudre	fil a 'kuːdrə
Nähnadel	aiguille *f* à coudre	ɛ'gɥij a' kuːdrə
Nähseide	soie *f* à coudre	swa a 'kuːdrə
Reißverschluß	fermeture *f* éclair	fɛrmə'tyːr e'klɛːr
Schere	ciseaux *m/pl.*	si'zo
Schnalle	boucle *f*	'buklə
Schweißblatt	dessous *m* de bras	də'su də bra
Sicherheitsnadel	épingle *f* de sûreté	e'pɛ̃ːglə də syr'te
Stecknadel	épingle *f*	e'pɛ̃ːglə
Stopfgarn	coton *m* à repriser	kɔ'tɔ̃ a rəpri'ze
Strumpfhalter	jarretelle *f*	ʒar'tɛl
Wolle	laine *f*	lɛn
Zentimetermaß	centimètre *m*;	sɑ̃ti'mɛːtrə;
	mètre *m* ruban	'mɛːtrə ry'bɑ̃
Zubehör	accessoires *m/pl.*	aksɛ'swaːr
Zwirn	fil *m* fort	fil fɔr

Stoffe

Baumwolle	coton *m*	kɔ'tɔ̃
Flanell	flanelle *f*	fla'nɛl
Kammgarn	laine *f* peignée	lɛn pɛ'ɲe
Kunstfaser	fibre *f* synthétique	'fibrə sɛ̃te'tik
Leinen	toile *f*	twal
Nylon	nylon *m*	ni'lɔ̃
Samt	velours *m*	və'luːr

Seide	soie *f*	swa
– **Kunstseide**	soie artificielle	swa artifi'sjɛl
Stoff	tissu *m*; étoffe *f*	ti'sy; e'tɔf
– **bunt**	multicolore	myltikɔ'lɔːr
– **einfarbig**	uni	y'ni
– **gemustert**	imprimé	ɛ̃pri'me
– **gestreift**	rayé	rɛ'je
– **kariert**	quadrillé	kadri'je
Tuch	drap *m*	dra
Wolle	laine *f*	lɛn
– **reine Wolle**	pure laine	pyːr lɛn

Reinigung, Wäscherei, Reparaturen

Ich möchte *dieses Kleid (diesen Anzug)* reinigen lassen.
Je voudrais faire nettoyer *cette robe (ce costume).*
ʒə vu'drɛ fɛːr nɛtwa'je sɛt rɔb (sə kɔs'tym)

Ich möchte diese Wäsche waschen lassen.
Je voudrais faire laver ce linge.
ʒə vu'drɛ fɛːr la've sə lɛ̃ːʒ

Können Sie *dies aufbügeln (diesen Fleck entfernen)*?
Pouvez-vous *me repasser ceci (enlever cette tache)*?
puve'vu mə rəpa'se sə'si (ɑ̃lə've sɛt taʃ)

Können Sie *dies stopfen (diesen Knopf annähen)*?
Pouvez-vous *repriser ceci (recoudre ce bouton)*?
puve'vu rəpri'se sə'si (rə'kuːdrə sə bu'tɔ̃)

Würden Sie mir diese Maschen aufnehmen?
Vous pourriez me faire un remaillage?
vu pu'rje mə fɛr‿œ̃ rəma'jaːʒ

Können Sie das etwas *länger (kürzer)* machen?
Pouvez-vous le *rallonger (raccourcir)* un peu?
puve'vu lə ralɔ̃'ʒe (rakur'siːr) œ̃ pø

Optiker

Können Sie diese Brille reparieren?
Pouvez-vous réparer ces lunettes?
puve'vu repa're se ly'nɛt

Ich brauche Gläser mit ... Dioptrien.
J'ai besoin de verres avec ... dioptries.
ʒe bə'zwɛ̃ də vɛːr a'vɛk ... djɔp'tri

Ich bin *kurzsichtig (weitsichtig)*.
Je suis *myope (presbyte)*.
ʒə sɥi mjɔp (prɛs'bit)

Brille	lunettes *f/pl.*	ly'nɛt
Brillenetui	étui *m* à lunettes	e'tɥi a ly'nɛt
Brillenfassung	monture *f*	mɔ̃'tyːr
Fernglas	jumelles *f/pl.*	ʒy'mɛl
Haftschalen	verres *m/pl.* de contact	vɛːr də kɔ̃'takt
Kompaß	boussole *f*	bu'sɔl
Lupe	loupe *f*	lup
Sonnenbrille	lunettes *f/pl.* de soleil	ly'nɛt də sɔ'lɛj

Schreibwaren

Bleistift	crayon *m*	krɛ'jɔ̃
Briefpapier	papier *m* à lettres	pa'pje a 'lɛtrə
Briefumschlag	enveloppe *f*	ɑ̃v(ə)'lɔp
Buntstifte	crayons *m/pl.* de couleur	krɛ'jɔ̃ də ku'lœːr
Füllfederhalter	stylo *m*	sti'lo
Klebstoff	colle *f*	kɔl
Kohlepapier	papier *m* carbone	pa'pje kar'bɔn
Kugelschreiber	stylo *m* à bille	sti'lo a bij
– Mine	mine *f*	min
Notizblock	bloc-notes *m*	blɔk'nɔt
Papier	papier *m*	pa'pje
– Packpapier	papier d'emballage	pa'pje dɑ̃ba'laːʒ
– Seidenpapier	papier de soie	pa'pje də swa
Radiergummi	gomme *f*	gɔm
Tinte	encre *f*	'ɑ̃krə
Zeichenblock	bloc *m* de papier à dessin	blɔk də pa'pje a dɛ'sɛ̃

Schuhe

Ich habe Größe ...
J'ai la pointure ...
ʒe la pwɛ̃ˈtyːr

Ich möchte ein Paar ...
Je désire une paire de ...
ʒə deˈziːr yn pɛːr də

Badeschuhe	sandales *f/pl.* en plastique	sɑ̃ˈdal‿ɑ̃‿plasˈtik
Damenschuhe	chaussures *f/pl.* pour dames	ʃoˈsyːr pur dam
Halbschuhe	souliers *m/pl.* bas	suˈlje ba
Hausschuhe	pantoufles *f/pl.*	pɑ̃ˈtuflə
Kinderschuhe	souliers *m/pl.* d'enfant	suˈlje dɑ̃ˈfɑ̃
Sandalen	sandales *f/pl.*	sɑ̃ˈdal
Stiefel	bottes *f/pl.*	bɔt
– Schistiefel	chaussures *f/pl.* de ski	ʃoˈsyːr də ski
Tennisschuhe	tennis *m/pl.*	teˈnis
Turnschuhe	chaussures *f/pl.* de gymnastique	ʃoˈsyːr də ʒimnasˈtik

Sie sind zu *eng (weit).*
Ils sont trop *étroits (larges).*
il sɔ̃ tro‿p‿eˈtrwa (ˈlarʒ)

Hier drücken sie.
Ils serrent ici.
il sɛːr‿iˈsi

Schuhgrößen:

Fr/D	36	37	38	39	40	41	42	43	44

Würden Sie mir diese Schuhe reparieren?
Voudriez-vous me réparer ces souliers?
vudrjeˈvu mə repaˈre se suˈlje

Absatz	talon *m*	taˈlɔ̃
– flach	plat	pla
– hoch	haut	o
besohlen	ressemeler	rəsəmˈle
Einlegesohle	semelle *f* intérieure	səˈmɛl ɛ̃teˈrjœːr
Leder	cuir *m*	kɥir
– Rindleder	box *m*	bɔks
– Wildleder	daim *m*	dɛ̃
Ledersohle	semelle *f* de cuir	səˈmɛl də kɥir

Schnürsenkel	lacets *m/pl.*	laˈsɛ
Schuhanzieher	chausse-pied *m*	ʃosˈpje
Schuhkrem	cirage *m*	siˈraːʒ
Sohle	semelle *f*	səˈmɛl

Tabakladen

Ein Päckchen ... *Zigaretten (Tabak).*
Un paquet de *cigarettes (tabac)* ...
œ̃ paˈkɛ də sigaˈrɛt (taˈba)

Haben Sie deutsche Zigaretten?
Avez-vous des cigarettes allemandes?
aveˈvu de sigaˈrɛt alˈmɑ̃ːd

Zwanzig Zigarren, bitte.
Vingt cigares, s'il vous plaît.
vɛ̃ siˈgaːr, silvuˈplɛ

Würden Sie mir bitte das Feuerzeug füllen?
Voudriez-vous me remplir le briquet, s'il vous plaît.
vudrijeˈvu mə rɑ̃ˈpliːr lə briˈkɛ, silvuˈplɛ

Eine Schachtel Streichhölzer, bitte.
Une boîte d'allumettes, s'il vous plaît.
yn bwat dalyˈmɛt, silvuˈplɛ

Haben Sie bitte Feuer?
Avez-vous du feu, s'il vous plaît?
aveˈvu dy fø, silvuˈplɛ

Feuerstein	pierre *f* à briquet	pjɛːr a briˈkɛ
Feuerzeug	briquet *m*	briˈkɛ
Feuerzeugbenzin	essence *f* à briquet	ɛˈsɑ̃ːs a briˈkɛ
Filterzigarette	cigarette *f* à bout filtre	sigaˈrɛt a bu ˈfiltrə
Gasfeuerzeug	briquet *m* à gaz	briˈkɛ a gaz
Pfeife	pipe *f*	pip
Pfeifenreiniger	cure-pipe *m*	kyr‿pip
Streichhölzer	allumettes *f/pl.*	alyˈmɛt
Tabak	tabac *m*	taˈba
Zigarette	cigarette *f*	sigaˈrɛt
– ohne Filter	– sans filtre	sɑ̃ ˈfiltrə
Zigarillo	cigarillo *m*	sigariˈjo
Zigarre	cigare *m*	siˈgaːr

Toilettenartikel

Augenbrauenstift	crayon *m* à sourcils	krɛ'jɔ̃ a sur'si
Badesalz	sels *m/pl.* pour le bain	sɛl pur lə bɛ̃
Bürste	brosse *f*	brɔs
Creme	crème *f*	krɛm
Damenbinden	serviettes *f/pl.* hygiéniques	sɛr'vjɛt iʒje'nik
Deodorant	déodorant *m*	deɔdɔ'rɑ̃
Färbemittel	teinture *f*	tɛ̃'tyːr
Farbfestiger	rinçage *m*	rɛ̃'saːʒ
Haarbürste	brosse *f* à cheveux	brɔs a ʃvø
Haarfestiger	fixateur *m*	fiksa'tœːr
Haarklemmen	pinces *f/pl.* à cheveux	pɛ̃s a ʃvø
Haarnadel	épingle *f* à cheveux	e'pɛ̃glə a ʃvø
Haarnetz	résille *f*	re'zij
Haarspray	vaporisateur *m*	vapɔriza'tœːr
Haarwaschmittel	shampooing *m*	ʃɑ̃'pwɛ̃
Haarwasser	lotion *f*	lɔ'sjɔ̃
Handtuch	serviette *f*	sɛr'vjɛt
Hautkrem	crème *f* de beauté	krɛm də bo'te
Kamm	peigne *m*	pɛɲ
Kleiderbürste	brosse *f* à habits	brɔs a a'bi
Kölnisch Wasser	eau *f* de Cologne	o də kɔ'lɔɲ
Lidschatten	ombre *f* à paupières	ɔ̃br‿a‿po'pjɛːr
Lidstrich	crayon *m* (à paupières)	krɛ'jɔ̃(‿a‿po'pjɛːr)
Lippenstift	rouge *m* à lèvres	ruʒ‿a‿lɛvr(ə)
Lockenwickel	bigoudi *m*	bigu'di
Mundwasser	eau *f* dentifrice	o dɑ̃ti'fris
Nagellack	vernis *m* à ongles	vɛr'ni a 'ɔ̃ːglə
Nagellackentferner	dissolvant *m* à ongles	disɔl'vɑ̃ a ɔ̃ːglə
Nagelreiniger	cure-ongles *m*	kyr'ɔ̃ːglə
Nagelschere	ciseaux *m/pl.* à ongles	si'zo a 'ɔ̃ːglə
Papiertaschentücher	mouchoirs *m/pl.* en papier	mu'ʃwaːr ɑ̃ pa'pje
Parfüm	parfum *m*	par'fœ̃
Pinzette	pincettes *f/pl.*	pɛ̃'sɛt
Puder	poudre *f*	'puːdrə
– Körperpuder	talc *m*	talk
Puderdose	poudrier *m*	pudri'je
Puderquaste	'houppette *f*	u'pɛt

Rasierapparat	rasoir *m*	ra'zwaːr
Rasierklingen	lames *f/pl.* de rasoir	lam də ra'zwaːr
Rasierkrem	crème *f* à raser	krɛm a ra'ze
Rasiermesser	rasoir *m*	ra'zwaːr
Rasierpinsel	blaireau *m*	blɛ'ro
Rasierseife	savon *m* à barbe	sa'vɔ̃ a barb
Rasierwasser	lotion *f*	lɔ'sjɔ̃
– nach der Rasur	– après rasage	a'prɛ ra'zaːʒ
– vor der Rasur	– avant rasage	a'vɑ̃ ra'zaːʒ
Reisenecessaire	nécessaire *m* de voyage	nesɛ'sɛːr də vwa'jaːʒ
Rouge	rouge *m*	ruːʒ
Schere	ciseaux *m/pl.*	si'zo
Schwamm	éponge *f*	e'pɔ̃ʒ
Seife	savon *m*	sa'vɔ̃
Shampoo	shampooing *m*	ʃɑ̃'pwɛ̃
– mild	– doux	du
Sonnenkrem	crème *f* solaire	krɛm sɔ'lɛːr
Sonnenöl	huile *f* solaire	ɥil sɔ'lɛːr
Spange	barrette *f*	ba'rɛt
Spiegel	miroir *m*	mi'rwaːr
Tampons	tampons *m/pl.*	tɑ̃'pɔ̃
Toilettenartikel	articles *m/pl.* de toilette	ar'tiklə də twa'lɛt
Toilettenpapier	papier *m* hygiénique	pa'pje iʒje'nik
Trockenrasierer	rasoir *m* électrique	ra'zwaːr elɛk'trik
Waschlappen	gant *m* de toilette	gɑ̃ də twa'lɛt
Watte	ouate *f*	wat
Wimperntusche	rimmel *m*	ri'mɛl
Zahnbürste	brosse *f* à dents	brɔs‿a‿'dɑ̃
Zahnpasta	dentifrice *m*	dɑ̃ti'fris

Uhrmacher

Können Sie die Uhr reparieren?
Pouvez-vous réparer cette montre?
puve'vu repa're sɛt 'mɔ̃trə

Wieviel wird die Reparatur kosten?
Combien va coûter la réparation?
kɔ̃'bjɛ̃ va ku'te la reparɑ'sjɔ̃

Sie geht *vor (nach)*.
Elle *avance (retarde)*.
ɛl a'vɑ̃ːs (rə'tard)

Armbanduhr	montre-bracelet *f*	mɔ̃trəbrasˈlɛ
Feder	ressort *m*	rəˈsɔːr
Glas	verre *m*	vɛːr
Stoppuhr	chronomètre *m*	krɔnɔˈmɛːtrə
Taschenuhr	montre *f* de poche	ˈmɔ̃ːtrə də pɔʃ
Uhr	montre *f*	ˈmɔ̃ːtrə
Uhrenarmband	bracelet *m* (pour montre)	brasˈlɛ (pur ˈmɔ̃ːtrə)
Wecker	réveil *m*	reˈvɛj
Zeiger	aiguille *f*	ɛˈgɥij
Zifferblatt	cadran *m*	kaˈdrɑ̃

Waffenhandlung

Büchse	fusil *m* à canon rayé	fyˈzi a kaˈnɔ̃ rɛˈje
Gewehr	fusil *m*	fyˈzi
Jagdgewehr	fusil *m* de chasse	fyˈzi də ʃas
Kaliber	calibre *m*	kaˈliːbrə
Kleinkalibergewehr	fusil *m* de petit calibre	fyˈzi də pti kaˈliːbrə
Munition	munition *f*	myniˈsjɔ̃
Patrone	cartouche *f*	karˈtuʃ
Pistole	pistolet *m*	pistɔˈlɛ
Schrotflinte	fusil *m* de chasse	fyˈzi də ʃas

Verschiedenes

Aktentasche	serviette *f*	sɛrˈvjɛt
Aschenbecher	cendrier *m*	sɑ̃driˈje
Ball	balle *f*	bal
Batterie	batterie *f*	baˈtri
Bild	image *f*	iˈmaːʒ
Bindfaden	ficelle *f*	fiˈsɛl
Bonbons	bonbons *m/pl.*	bɔ̃ˈbɔ̃
Brieftasche	portefeuille *m*	pɔrtəˈfœj
Büchsenöffner	ouvre-boîte *m*	uvrəˈbwat
Campingbeutel	sac *m* de camping	sak də kɑ̃ˈpiŋ
Figur	figure *f*	fiˈgyːr
Flaschenöffner	décapsuleur *m*	dekapsyˈlœːr
Fleckenwasser	détachant *m*	detaˈʃɑ̃
Gummitier	animal *m* en caoutchouc	aniˈmal ɑ̃ kauˈtʃu

Handarbeiten	travail *m* manuel	tra'vaj ma'nɥɛl
Hängematte	'hamac *m*	a'mak
Holzschnitzerei	sculpture *f* sur bois ...	skyl'tyːr syr bwa
Keramik	céramique *f*	sera'mik
Kerze	bougie *f*	bu'ʒi
Kerzenständer	bougeoir *m*	bu'ʒwaːr
Klebefolie	feuille *f* gommée	fœj gɔ'me
Koffer	valise *f*	va'liːz
Konserven	conserves *f/pl.*	kɔ̃'sɛrv
Kopftuch	fichu *m*	fi'ʃy
Korb	corbeille *f*	kɔr'bɛj
Korkenzieher	tire-bouchon *m*	tiːrbu'ʃɔ̃
Leine	corde *f*	kɔrd
Papierservietten	serviettes *f/pl.* en papier	sɛr'vjɛt ɑ̃ pa'pje
Plastikbeutel	sac *m* en plastique	sak ɑ̃ plas'tik
Portemonnaie	porte-monnaie *m*	pɔrtmɔ'nɛ
Porzellan	porcelaine *f*	pɔrsə'lɛn
Puppe	poupée *f*	pu'pe
Regenschirm	parapluie *m*	para'plɥi
Rucksack	sac *m* à dos	sak‿a‿'do
Schallplatte	disque *m*	disk
Schlitten	luge *f*	lyʒ
Spielkarten	cartes *f/pl.* à jouer	kart‿a‿ʒwe
Spielzeug	jouets *m/pl.*	ʒwɛ
Spirituskocher	réchaud *m* à alcool ...	re'ʃo a al'kɔl
Stofftier	animal *m* en peluche ..	ani'mal ɑ̃ plyʃ
Tasche	sac *m*	sak
Taschenlampe	lampe *f* de poche	lɑ̃ːp də pɔʃ
Taschenmesser	couteau *m* de poche ...	ku'to də pɔʃ
Taschenschirm	tom-pouce *m*	tɔm'pus
Thermometer	thermomètre *m*	tɛrmɔ'mɛːtrə
Thermosflasche	thermos *f*	tɛr'mɔs
Tonband	bande *f* magnétique ...	bɑ̃ːd maɲe'tik
Untersetzer	soucoupe *f*	su'kup
Vase	vase *m*	vɑːz
Waschpulver	lessive *f* en poudre	lɛ'siv ɑ̃ 'puːdrə

POST, TELEGRAMM, TELEFON

Postamt

Wo ist das Postamt?
Où est le bureau de poste?
u ɛ lə by'ro də pɔst

Wo ist ein Briefkasten?
Où y a-t-il une boîte aux lettres?
u ja'til yn bwat‿o‿'lɛtrə

Was kostet *dieser Brief (diese Karte)*?
C'est combien pour *cette lettre (carte)*?
sɛ kɔ̃'bjɛ̃ pur sɛt lɛtr (kart)

– nach Deutschland.
– pour l'Allemagne.
pur lal'maɲ

– nach Österreich.
– pour l'Autriche.
pur lo'triʃ

– in die Schweiz.
– pour la Suisse.
pur la sɥis

Wieviel beträgt das Porto für ...
Le port, c'est combien?
lə pɔːr sɛ kɔ̃'bjɛ̃

eine Ansichtskarte ...	une carte postale......	yn kart pɔs'tal
diesen Auslandsbrief .	cette lettre pour l'étranger...........	sɛt 'lɛtrə pur letrɑ̃'ʒe
diese Drucksache ...	cet imprimé..........	sɛt ɛ̃pri'me
einen Eilbrief	une lettre exprès......	yn 'lɛtrə ɛks'prɛs
einen Einschreibebrief	une lettre recommandée	yn 'lɛtrə rəkɔmɑ̃'de
einen Inlandsbrief ...	une lettre pour la France...........	yn 'lɛtrə pur la frɑ̃s
diesen Luftpostbrief .	cette lettre par avion..	sɛt 'lɛtrə par a'vjɔ̃
dieses Päckchen	ce petit colis	sə pti kɔ'li
dieses Paket........	ce colis..............	sə kɔ'li
eine Postkarte	une carte postale	yn kart pɔs'tal

Bitte fünf Briefmarken zu ...
Cinq timbres-poste à ..., s'il vous plaît.
sɛ̃ tɛ̃ːbrə'pɔst a ..., silvu'plɛ

Haben Sie auch Sondermarken?
Vous avez aussi des timbres d'émission spéciale?
vu‿z‿ave o'si de tɛ̃brə demi'sjɔ̃ spe'sjal

Je zwei Stück, bitte.
Deux de chaque, s'il vous plaît.
dø d(ə) ʃak, silvu'plɛ

Diesen Briefmarkensatz, bitte.
Cette série de timbres-poste, s'il vous plaît.
sɛt se'ri də tɛːbrə'pɔst, silvu'plɛ

Diesen Brief bitte *per Einschreiben (als Eilbrief)*.
Cette lettre *recommandée (par exprès)*, s'il vous plaît.
sɛt 'lɛtrə rəkɔmɑ̃'de (par ɛks'prɛs), silvu'plɛ

Wie lange geht ein *Brief (Paket)* nach . . . ?
Combien de temps met *une lettre (un colis)* pour . . . ?
kɔ̃bjɛ̃‿də‿'tɑ̃ mɛ yn 'lɛtrə (œ̃ kɔ'li) pur

Eine *Postanweisung (Zahlkarte)*, bitte.
Un *mandat-poste (mandat-carte)*, s'il vous plaît.
œ̃ mɑ̃da'pɔst (mɑ̃da'kart), silvu'plɛ

Kann ich Geld vom Postsparbuch abheben?
Je peux retirer de l'argent de mon livret de caisse d'épargne?
ʒə pø r(ə)tire d(ə) lar'ʒɑ̃ də mɔ̃ livrɛ d(ə) kɛs de'parɲ

Ist Post für mich da?
Y a-t-il du courrier pour moi?
ja'til dy ku'rje pur mwa

Mein Name ist . . .
Je m'appelle . . .
ʒə ma'pɛl

Wo ist die *Paketannahme (Paketausgabe)*?
Où est le guichet *d'enregistrement (de remise)* des colis postaux?
u ɛ lə gi'ʃɛ dɑ̃r(ə)ʒistrə'mɑ̃ (də rə'miːz) de kɔ'li pɔs'to

Brauche ich eine Zollerklärung?
Je dois faire une déclaration de douane?
ʒə dwa fɛr‿yn deklara'sjɔ̃ də dwan

Ich möchte meine Post nachsenden lassen.
J'aimerais faire suivre mon courrier.
ʒɛm'rɛ fɛːr 'sɥivrə mɔ̃ ku'rje

Hier ist meine neue Adresse.
Voici ma nouvelle adresse.
vwa'si ma nu'vɛl‿a'drɛs

***Bitte hier unterschreiben.**
Signez ici, s'il vous plaît.
si'ɲe i'si, silvu'plɛ

Telegramme

Ein Telegrammformular, bitte!
Une formule de télégramme, s'il vous plaît.
yn fɔr'myl də tele'gram, silvu'plɛ

Ich möchte ... aufgeben.
Je voudrais envoyer ...
ʒə vu'drɛ‿z‿ɑ̃vwa'je

ein Telegramm	un télégramme	œ̃ tele'gram
– mit bezahlter Rückantwort	– avec réponse payée	a'vɛk re'pɔ̃:s pɛ'je
ein dringendes Telegramm	un télégramme urgent	œ̃ tele'gram yr'ʒɑ̃
ein Brieftelegramm	un télégramme-lettre	œ̃ telegram'lɛtrə
ein Glückwunsch-telegramm	un télégramme de félicitations	œ̃ tele'gram də felisitɑ'sjɔ̃

Wieviel kosten zehn Wörter nach ...?
Combien coûtent dix mots pour ...?
kɔ̃'bjɛ̃ kut di mo pur ...

Wann ist es in ...?
Quand sera-t-il à (en) ...?
kɑ̃ səra'til a (ɑ̃)

Ist das Telegramm heute noch in ...?
Le télégramme, arrivera-t-il encore aujourd'hui à (en) ...?
lə tele'gram, arivra'til ɑ̃'kɔ:r oʒur'dɥi a (ɑ̃)

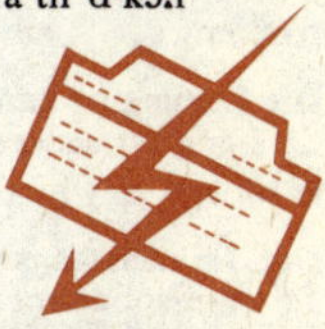

Telefon

Wo ist die nächste Telefonzelle?
Où est la cabine téléphonique la plus proche?
u ɛ la ka'bin telefɔ'nik la ply prɔʃ

Wo kann ich telefonieren?
Où est-ce que je peux téléphoner?
u ɛskə ʒə pø telefɔ'ne

Darf ich bei Ihnen telefonieren?
Puis-je téléphoner de chez vous?
pɥiʒ telefɔ'ne də ʃe vu

Das Telefonbuch, bitte!
L'annuaire du téléphone, s'il vous plaît.
la'nɥɛ:r dy tele'fɔn, silvu'plɛ

Kann man nach ... durchwählen?
Je peux faire un numéro interurbain automatique?
ʒə pø fɛr‿œ̃ nyme'ro ɛ̃tɛryr'bɛ̃ ɔtɔma'tik

Wie ist die Vorwählnummer von ...?
Quel est l'indicatif pour ...?
kɛlɛ lɛ̃dika'tif pur

Bitte ein Ferngespräch nach . . .
Une communication interurbaine avec . . ., s'il vous plaît.
yn kɔmynikɑ'sjɔ̃ ɛ̃tɛryr'bɛn a'vɛk. . ., silvu'plɛ̃

Wie lange wird es dauern?
Quelle sera la durée d'attente?
kɛl sə'ra la dy're da'tɑ̃:t

Haben Sie Münzen für den Münzfernsprecher?
Avez-vous des jetons pour le taxiphone?
ave'vu de ʒə'tɔ̃ pur lə taksi'fɔn

Was kostet ein *Ortsgespräch (Gespräch nach . . .)*?
Combien coûte une *communication urbaine (communication avec . . .)*?
kɔ̃'bjɛ̃ kut yn kɔmynikɑ'sjɔ̃ yr'bɛn (kɔmynikɑ'sjɔ̃ ɑ'vɛk . . .)

Ab wieviel Uhr gilt der Nachttarif?
Le tarif de nuit, c'est à partir de quelle heure?
lə ta'rif də nɥi sɛt‿a par'tir də kɛlœ:r

***Ihr Gespräch ist in Kabine 4.**
Votre communication: cabine quatre.
vɔtr‿kɔmynikɑ'sjɔ̃ ka'bin 'katrə

***Welche Nummer haben Sie?**
Quel est votre numéro?
kɛlɛ vɔtr‿nyme'ro

Verbinden Sie mich bitte mit . . .
Passez-moi . . ., s'il vous plaît.
pase‿mwa . . ., silvu'plɛ

Die Leitung ist *besetzt (gestört)*.
La ligne est *occupée (en dérangement)*.
la liɲ ɛ‿t‿ɔky'pe (ɑ̃ derɑ̃ʒ'mɑ̃)

Falsch verbunden!
C'est un faux numéro!
sɛ‿t‿œ̃ fo nyme'ro

Der Teilnehmer meldet sich nicht.
Le correspondant ne répond pas.
lə kɔrɛspɔ̃'dɑ̃ nə re'pɔ̃ pa

Kann ich *Herrn (Frau, Fräulein)* . . . sprechen?
Je voudrais parler à *Monsieur (Madame, Mademoiselle)* . . .?
ʒə vu'drɛ par'le a mə'sjø (ma'dam, madmwa'zɛl)

Hier ist . . .
C'est . . .
sɛ

Wer ist dort?
Qui est à l'appareil?
ki ɛ‿t‿a‿lapa'rɛj

Bleiben Sie am Apparat!
Ne quittez pas!
nə kite‿'pa

Bitte streichen Sie das Gespräch.
Veuillez annuler la communication.
vœ'je any'le la kɔmynikɑ'sjɔ̃

Buchstabiertafel

A = **Anatole** ...... anaˈtɔl
B = **Berthe** .... bɛːrt
C = **César** .... seˈzaːr
D = **Désiré** .... deziˈre
E = **Emile** .... eˈmil
F = **François** ...... frɑ̃ˈswa
G = **Gaston** .... gasˈtɔ̃
H = **Henri** .... ɑ̃ˈri
I = **Isidore** .... iziˈdɔːr
J = **Jean** .... ʒɑ̃
K = **Kléber** .... kleˈbɛːr
L = **Louis** .... lwi
M = **Marie** .... maˈri
N = **Nicolas** ...... nikɔˈla
O = **Oscar** .... ɔsˈkaːr
P = **Paul** .... poːl
Q = **Québec** ...... keˈbɛk
R = **Robert** .... rɔˈbɛːr
S = **Suzanne** ...... syˈzan
T = **Théodore** ..... teɔˈdɔːr
U = **Ursule** .... yrˈsyl
V = **Victor** .... vikˈtɔr
W = **Wagon** .... vaˈgɔ̃
X = **Xavier** .... gzaˈvje
Y = **Yvonne** .... iˈvɔn
Z = **Zoé** .... zɔˈe

Münzautomat

Gebrauchsanweisung:

1. Introduisez dans la fente ci-dessus un Jeton pour Téléphone Public.
2. Décrochez le combiné.
3. Attendez la tonalité, puis formez le numéro d'appel de votre correspondant.
4. Quand vous entendrez celui-ci, enfoncez le bouton.
5. En cas de non-réponse, de fausse manœuvre ou d'occupation raccrochez le combiné et le Jeton vous sera rendu.

1. Stecken Sie eine Automatenmünze der öffentlichen Fernsprechstelle in den oben befindlichen Schlitz.

2. Nehmen Sie den Hörer ab.

3. Sobald Sie den Summton hören, wählen Sie die Rufnummer des Teilnehmers.

4. Sobald sich dieser meldet, drücken Sie auf den Knopf.

5. Falls er sich nicht meldet, Sie etwas falsch gemacht haben oder die Leitung besetzt ist, legen Sie den Hörer auf. Die Münze erhalten Sie dann zurück.

Absender	expéditeur *m*	ɛkspediˈtœːr
Adresse	adresse *f*	aˈdrɛs
Bestimmungsort	lieu *m* de destination	ljø də dɛstinɑˈsjɔ̃
Brief	lettre *f*	ˈlɛtrə
Briefkasten	boîte *f* aux lettres	bwat‿o‿ˈlɛtrə
Briefmarke	timbre-poste *m*	tɛ̃ːbrəˈpɔst
Briefmarkenautomat	distributeur *m* automatique de timbres-poste	distribyˈtœːr otɔmaˈtik də tɛːmbrəˈpɔst
Briefträger	facteur *m*	fakˈtœːr
Briefumschlag	enveloppe *f*	ɑ̃vəˈlɔp
Drucksache	imprimé *m*	ɛ̃priˈme
Durch Eilboten	par exprès	par ɛksˈprɛs
Eilbrief	lettre *f* exprès	ˈlɛtrə ɛksˈprɛs
Einschreiben	lettre *f* recommandée	ˈlɛtrə rəkɔmɑ̃ˈde
Empfänger	destinataire *m*	dɛstinaˈtɛːr
frankieren	affranchir	afrɑ̃ˈʃiːr
Gebühr	taxe *f*	taks
Luftpost	poste *f* aérienne	pɔst aeˈrjɛn
Münzautomat	taxiphone *m*	taksiˈfɔn
Nachnahme	remboursement *m*	rɑ̃bursəˈmɑ̃
Päckchen	petit colis *m*	pti kɔˈli
Paket	colis *m*	kɔˈli
Paketkarte	bulletin *m* d'expédition	bylˈtɛ̃ dɛkspediˈsjɔ̃
Post(amt)	(bureau *m* de) poste *f*	(byˈro də) pɔst
Postfach	boîte *f* postale	bwat pɔsˈtal
Postkarte	carte *f* postale	kart pɔsˈtal
postlagernd	poste restante	pɔst rɛsˈtɑ̃ːt
Rückporto	port *m* de retour	pɔːr də rəˈtuːr
Schalter	guichet *m*	giˈʃɛ
Sondermarke	timbre *m* d'émission spéciale	tɛ̃brə‿demiˈsjɔ̃ speˈsjal
Telefon	téléphone *m*	teleˈfɔn
Telegramm	télégramme *m*	teleˈgram
Warensendung	envoi *m* de marchandises	ɑ̃ˈvwa də marʃɑ̃ˈdiːz
Wertangabe	valeur *f* déclarée	vaˈlœːr deklaˈre
Wertpaket	colis *m* avec valeur déclarée	kɔˈli aˈvɛk vaˈlœːr deklaˈre
Zollerklärung	déclaration *f* de douane	deklarɑˈsjɔ̃ də dwan

BANK, GELDWECHSEL

Die französische Währung

1 franc *(F)* [frɑ̃] = **100 centimes** *(cts)* [sɑ̃'tim]

Es gibt Münzen (monnaie [mɔ'nɛ]) *zu:* 1, 2, 5, 10, 20, 50 centimes *und* 1, 5, 10 francs

und Banknoten (billets de banque [bi'jɛ də bɑ̃:k]) *zu:* 5, 10, 50, 100, 500 francs

Wo kann ich Geld umtauschen?
Où est-ce que je peux changer de l'argent?
u ɛskə ʒə pø ʃɑ̃'ʒe d(ə) lar'ʒɑ̃

Wo ist die Bank?
Où est la banque?
u ɛ la bɑ̃:k

Ich möchte 100 DM in Francs umwechseln.
Je voudrais changer cent deutsche marks en francs.
ʒə vu'drɛ ʃɑ̃'ʒe sɑ̃ dɔjtʃə mark ɑ̃ frɑ̃

Wieviel bekomme ich für ...?
Je touche combien pour ...?
ʒə tuʃ kɔ̃'bjɛ̃ pur

Können Sie mir Francs in Deutsche Mark umtauschen?
Pouvez-vous me changer des francs en deutsche marks?
puve'vu mə ʃɑ̃'ʒe de frɑ̃ ɑ̃ dɔjtʃə mark

Wie ist der Wechselkurs?
Quel est le cours?
'kɛl‿ɛ lə ku:r

Können Sie wechseln?
Pouvez-vous changer?
puve'vu ʃɑ̃'ʒe

Bitte auch etwas Kleingeld.
Donnez-moi aussi un peu de monnaie, s'il vous plaît.
dɔne'mwa o'si œ̃ pø də mɔ'nɛ, silvu'plɛ

Ich möchte diesen *Scheck (Reisescheck)* einlösen.
Je voudrais encaisser ce *chèque (chèque de voyage)*.
ʒə vu'drɛ ɑ̃kɛ'se sə ʃɛk (ʃɛk də vwa'ja:ʒ)

Ist Geld für mich eingegangen?
Y a-t-il eu un versement à mon compte?
jatil‿'y œ̃ versə'mɑ̃ a mɔ̃ kɔ̃:t

Aktie	action *f*	ak'sjɔ̃
auszahlen	payer; verser	pɛ'je; vɛr'se
Bank	banque *f*	bɑ̃:k
Bankanweisung	chèque *m* bancaire	ʃɛk bɑ̃'kɛ:r
Bankkonto	compte *m* bancaire	kɔ̃:t bɑ̃'kɛ:r
bar	comptant	kɔ̃'tɑ̃
Bargeld	espèces *f/pl.*	ɛs'pɛs
Betrag	montant *m*	mɔ̃'tɑ̃
Devisen	devises *f/pl.*	də'vi:z
einzahlen	verser	vɛr'se
Formular	formulaire *m*	fɔrmy'lɛ:r
Geld	argent *m*	ar'ʒɑ̃
– D-Mark	mark *m*	mark
– Schilling	schilling *m*	ʃi'liŋ
– Schweizer Franken	franc *m* suisse	frɑ̃ sɥis
Geldschein	billet *m* de banque	bi'jɛ də bɑ̃:k
Geldwechsel	change *m*	ʃɑ̃:ʒ
Kontoauszug	relevé *m* de compte	rələ've də kɔ̃:t
Kredit	crédit *m*	kre'di
– aufnehmen	prendre	'prɑ̃:drə
Kreditbrief	accréditif *m*;	akredi'tif;
	lettre *f* de crédit	'lɛtrə də cre'di
Kurs	cours *m*	ku:r
Münze	pièce *f* de monnaie	pjɛs də mɔ'nɛ
Provision	commission *f*	kɔmi'sjɔ̃
Quittung	quittance *f*	ki'tɑ̃:s
Reisescheck	chèque *m* de voyage	ʃɛk də vwa'ja:ʒ
Scheck	chèque *m*	ʃɛk
Scheckkarte	carte *f* (de chèques)	kart (də'ʃɛk)
Sparbuch	livret *m* d'épargne	li'vrɛ de'parɲ
Sparkasse	caisse *f* d'épargne	kɛs de'parɲ
Tagesauszug	relevé *m* journalier	rələ've ʒurnal'je
telegrafisch	télégraphique	telegra'fik
Überweisung	virement *m*	vir'mɑ̃
Unterschrift	signature *f*	siɲa'ty:r
Währung	monnaie *f*	mɔ'nɛ
Wechselkurs	cours *m* du change	ku:r dy ʃɑ̃:ʒ
Wertpapier	valeur *f*	va'lœ:r
Zahlung	paiement *m*	pɛ'mɑ̃

AUF DER POLIZEI

Anzeige

Ich möchte … anzeigen.
Je voudrais porter plainte au sujet …
ʒə vuˈdrɛ pɔrˈte plɛ̃ːt‿o syˈʒɛ

einen Diebstahl	d'un vol	dœ̃ vɔl
eine Entführung	d'un enlèvement	dœ̃nɑ̃lɛvˈmɑ̃
eine Erpressung	d'un chantage	dœ̃ ʃɑ̃ˈtaːʒ
einen Überfall	d'une agression	dyn agrɛˈsjɔ̃
einen Unfall	d'un accident	dœ̃‿n‿aksiˈdɑ̃
eine Vergewaltigung	d'un viol	dœ̃ vjɔl

Mein Kind ist verschwunden.
Mon enfant a disparu.
mɔ̃nɑ̃ˈfɑ̃ a dispaˈry

Man hat mir … gestohlen.
On m'a volé …
ɔ̃ ma vɔˈle

Ich habe … verloren.
J'ai perdu …
ʒe pɛrˈdy

die Aktenmappe	la serviette	la sɛrˈvjɛt
das Armband	le bracelet	lə brasˈlɛ
das Auto	la voiture	la vwaˈtyːr
die Armbanduhr	la montre-bracelet	la mɔ̃trəbrasˈlɛ
die Autoschlüssel	les clés de voiture	le kle də vwaˈtyːr
die Brieftasche	le portefeuille	lə pɔrtəˈfœj
das Fahrrad	la bicyclette	la bisiˈklɛt
den Fotoapparat	l'appareil photographique	lapaˈrɛj fɔtɔgraˈfik
das Geld	l'argent	larˈʒɑ̃
die Handtasche	le sac à main	lə sak‿a‿ˈmɛ̃
die Kette	la chaîne	la ʃɛn
den Koffer	la valise	la vaˈliːz
das Portemonnaie	le porte-monnaie	lə pɔrtmɔˈnɛ
den Ring	la bague	la bɑg
den Schirm	le parapluie	lə paraˈplɥi
den Schlüssel	la clé	la kle
die Tasche	le sac	lə sak
die Uhr	la montre	la ˈmɔ̃trə

Ich möchte mit *einem Anwalt (dem Konsulat)* sprechen.
Je voudrais parler *à un avocat (au consulat).*
ʒə vu'drɛ par'le a œ̃‿n‿avɔ'ka (o kɔ̃sy'la)

Ich habe *damit (mit dieser Sache)* nichts zu tun.
Je n'ai rien à voir *là-dedans (dans cette affaire).*
ʒə nɛ rjɛ̃na‿vwar lad(ə)dɑ̃ (dɑ̃ sɛt‿a'fɛr)

Wie lange muß ich hierbleiben?
Combien de temps dois-je rester ici?
kɔ̃'bjɛ̃ də tɑ̃ dwaʒ‿rɛs'te i'si

Das habe ich nicht getan.
Je n'ai pas fait cela.
ʒə ne pa 'fɛ sla

Ich bin unschuldig.
Je suis innocent.
ʒə sɥi inɔ'sɑ̃

Dieser Mann *belästigt (verfolgt)* mich.
Cet homme *m'importune (me poursuit).*
sɛt‿'ɔm mɛ̃pɔr'tyn (mə pur'sɥi)

beschlagnahmen	confisquer	kɔ̃fis'ke
Bettler	mendiant *m*	mɑ̃'djɑ̃
Dieb	voleur *m*	vɔ'lœːr
Gefängnis	prison *f*	pri'zɔ̃
Gericht	tribunal *m*	triby'nal
Haft	détention *f*	detɑ̃'sjɔ̃
Kriminalpolizei	police *f* judiciaire	pɔ'lis ʒydi'sjɛːr
Polizei	police *f*	pɔ'lis
Polizeirevier	poste *m* de police	pɔst də pɔ'lis
Polizeiwagen	voiture *f* de police	vwa'tyːr də pɔ'lis
Polizist	agent *m* de police	a'ʒɑ̃ də pɔ'lis
Rauschgift	stupéfiant *m*	stype'fjɑ̃
Rechtsanwalt	avocat *m*	avɔ'ka
Richter	juge *m*	ʒyʒ
Schmuggel	contrebande *f*	kɔ̃trə'bɑ̃ːd
Schuld	culpabilité *f*	kylpabili'te
Taschendieb	pickpocket *m*	pikpɔ'kɛt
Überfall	agression *f*	agrɛ'sjɔ̃
Untersuchungshaft	détention *f* préventive	detɑ̃'sjɔ̃ prevɑ̃'tiːv
Urteil	jugement *m*	ʒyʒ'mɑ̃
Verbrechen	crime *m*	krim
Verbrecher	criminel *m*	krimi'nɛl
verhaften	arrêter	arɛ'te
Verhaftung	arrestation *f*	arɛstɑ'sjɔ̃

BEIM FRISEUR

Damenfriseur

Kann ich mich für Sonnabend anmelden?
Je peux avoir un rendez-vous pour samedi?
ʒə pø‿z‿a'vwar‿œ̃ rɑ̃de'vu pur sam'di

Können Sie mich zur Dauerwelle vormerken?
Vous pouvez me prendre pour une permanente?
vu pu've mə prɑ̃dr pur‿yn pɛrma'nɑ̃t

Für morgen?
Pour demain?
pur də'mɛ̃

Muß ich warten?
Faut-il attendre?
fotil‿a'tɑ̃:drə

Wird es lange dauern?
Cela durera-t-il longtemps?
sla dyr'ratil lɔ̃'tɑ̃

Waschen und legen, bitte!
Faites-moi un shampoing et une mise en plis.
fɛtmwa œ̃ ʃɑ̃'pwɛ̃ e yn miz‿ɑ̃‿pli

Ich möchte eine *Dauerwelle (Wasserwelle).*
Je voudrais une *permanente* (une *mise en plis).*
ʒə vu'drɛ yn pɛrma'nɑ̃t (yn miz‿ɑ̃‿'pli)

Ich möchte eine Föhnfrisur.
Faites-moi un brushing.
fɛtmwa œ̃ brœ'ʃiŋ

Die Haare bitte *färben (tönen).*
Une teinture (un rinçage), s'il vous plaît.
yn tɛ̃ty:r (œ̃ rɛ̃sa:ʒ), silvu'plɛ

Schneiden Sie die Haare bitte etwas kürzer.
Coupez-moi les cheveux un peu plus court, s'il vous plaît.
kupe‿mwa le ʃ(ə)vø œ̃ pø ply kur, silvu'plɛ

Schneiden Sie bitte nur die Spitzen ab.
Coupez-moi juste les pointes, s'il vous plaît.
kupe‿mwa ʒyst le pwɛ̃t, silvu'plɛ

Naß schneiden, bitte.
Shampoing et coupe, s'il vous plaît.
ʃɑ̃'pwɛ̃ e kup, silvu'plɛ

Die Haare aufstecken, bitte.
Relevez les cheveux, s'il vous plaît.
rələ've le ʃvø, silvu'plɛ

Bitte *oben (seitlich)* etwas toupieren.
Crêpez-moi un peu les cheveux *en haut (sur le côté).*
krepe‿mwa œ̃ pø le ʃ(ə)vø ɑ̃ o (syr lə ko'te)

Es ist zu heiß unter der Haube.
Le séchoir est trop chaud.
lə se'ʃwaːr ɛ tro ʃo

Bitte *keinen Festiger (kein Haarspray).*
Pas de *fixateur (laque)*, s'il vous plaît.
pa‿d(ə) fiksa'tœːr (lak), silvu'plɛ

Können Sie mir Maniküre machen?
Pourriez-vous me faire la manucure?
purje'vu mə fɛːr la many'kyːr

***Mit (ohne)* Nagellack.**
Avec (Sans) vernis.
a'vɛk (sɑ̃) vɛr'ni

Feilen Sie bitte die Nägel *spitz (rund).*
Limez les ongles *pointus (ronds)*, s'il vous plaît.
li'me le‿z‿'ɔ̃ːglə pwɛ̃'ty (rɔ̃), silvu'plɛ

Die Augenbrauen bitte *nachziehen (ausrasieren).*
Je vous prie de *refaire au crayon (raser)* les sourcils.
ʒə vu pri də rə'fɛːr o krɛ'jɔ̃ (ra'ze) le sur'si

Setzen Sie mir bitte *dieses Haarteil (diese Perücke)* auf.
Mettez-moi *ce postiche (cette perruque)*, s'il vous plaît.
mɛte'mwa sə pɔs'tiʃ (sɛt pɛ'ryk], silvu'plɛ

Ja danke, es ist gut so.
Merci, c'est bien.
mɛr'si, sɛ bjɛ̃

Sehr gut!
Très bien!
trɛ bjɛ̃

Herrenfriseur

Haarschneiden (und Rasieren), bitte!
Une coupe de cheveux (et la barbe), s'il vous plaît.
yn kup də ʃvø (e la barb), silvu'plɛ

Bitte nicht zu kurz.
Pas trop courts, s'il vous plaît.
pa tro kuːr, silvu'plɛ

(Ganz) Kurz, bitte.
(Très) Courts, s'il vous plaît.
(trɛ) kuːr, silvu'plɛ

– hinten. – derrière. dɛ'rjɛːr
– oben. – en haut. ɑ̃ o
– vorn. – devant. də'vɑ̃
– an den Seiten. – sur les côtés. syr le ko'te

Bitte einen Messerformschnitt!
Une coupe au rasoir, s'il vous plaît.
yn kup o ra'zwaːr, silvu'plɛ

***Ohne (Mit)* Scheitel, bitte.**
Sans (Avec) raie, s'il vous plaît.
sɑ̃ (a'vɛk) rɛ, silvu'plɛ

Den Scheitel bitte *links (rechts)*.
La raie *à gauche (à droite)*, s'il vous plaît.
la rɛ a goʃ (a drwat), silvu'plɛ

Die Haare bitte auch waschen!
Lavez aussi les cheveux, s'il vous plaît.
la've o'si le ʃvø, silvu'plɛ

Eine Kopfmassage, bitte!
Un massage de la tête, s'il vous plaît.
œ̃ ma'saːʒ də la tɛt, silvu'plɛ

Den *Bart (Schnurrbart)* bitte etwas stutzen.
Taillez un peu *la barbe (les moustaches)*, s'il vous plaît.
ta'je œ̃ pø la barb (le mus'taʃ), silvu'plɛ

Bitte nur rasieren!
Rien que la barbe, s'il vous plaît.
rjɛ̃ kə la barb, silvu'plɛ

Bitte kein Rasierwasser.
Pas de lotion, s'il vous plaît.
pa‿d(ə) lo'sjɔ̃, silvu'plɛ

***Mit Haarwasser (Etwas Brillantine)*, bitte!**
Avec lotion (Un peu de brillantine), s'il vous plaît.
a'vɛk lɔ'sjɔ̃ (œ̃ pø də brijɑ̃'tin), silvu'plɛ

Bitte trocken lassen.
Ne les mouillez pas, s'il vous plaît.
nə le mu'je pa, silvu'plɛ

Ja danke, so ist es recht.
Oui merci, c'est bien.
wi mɛr'si, sɛ bjɛ̃

Bart	barbe *f*	barb
Brillantine	brillantine *f*	brijɑ̃ˈtin
Damenfriseur	coiffeur *m* pour dames	kwaˈfœːr pur dam
Dauerwelle	indéfrisable *f*	ɛ̃defriˈzaːblə
färben	teindre	tɛ̃ːdrə
Friseur	coiffeur *m*	kwaˈfœːr
frisieren	coiffer	kwaˈfe
Frisur	coiffure *f*	kwaˈfyːr
Haar	cheveux *m/pl.*	ʃvø
– fettig	gras	gra
– trocken	secs	sɛk
Haarausfall	chute *f* des cheveux	ʃyt de ʃvø
Haarschnitt	coupe *f* de cheveux	kup də ʃvø
Haarteil	postiche *m*	pɔsˈtiʃ
Herrenfriseur	coiffeur *m* pour hommes	kwaˈfœːr pur ɔm
Kaltwelle	permanente *f* à froid	pɛrmaˈnɑ̃ːt‿a‿ˈfrwa
kämmen	peigner	pɛˈɲe
Kopfmassage	massage *m* de la tête	maˈsaːʒ də la tɛt
Koteletten	favoris *m/pl.*	favɔˈri
legen	mettre en plis	mɛtr‿ɑ̃‿ˈpli
Locken	boucles *f/pl.*	ˈbuklə
Maniküre	manucure *f*	manyˈkyːr
Pediküre	pédicure *f*	pediˈkyːr
Perücke	perruque *f*	pɛˈryk
Pony(frisur)	(coiffure *f* à) frange *f*	(kwaˈfyːr a) frɑ̃ːʒ
rasieren	faire la barbe	fɛːr la barb
Scheitel	raie *f*	rɛ
schneiden	couper	kuˈpe
Schnurrbart	moustaches *f/pl.*	musˈtaʃ
Schönheitssalon	salon *m* de beauté	saˈlɔ̃ də boˈte
Schuppen	pellicules *f/pl.*	pɛliˈkyːl
Strähne	mèche *f*	mɛʃ
tönen	colorer	kɔlɔˈre
toupieren	crêper	kreˈpe
Trockenhaube	séchoir *m*	seˈʃwaːr
waschen	laver	laˈve
Wasserwelle	mise *f* en plis	miːz‿ɑ̃‿ˈpli

s. a. „Toilettenartikel“

GESUNDHEIT

Apotheke

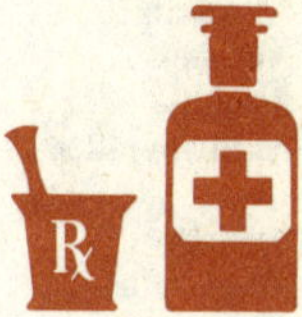

Wo ist die nächste Apotheke?
Où est la pharmacie la plus proche?
u ɛ la farma'si la ply prɔʃ

Welche Apotheke hat Nachtdienst?
Quelle pharmacie assure le service de nuit?
kɛl farma'si a'syːr lə sɛr'vis də nɥi

Geben Sie mir bitte etwas gegen ...
Je vous prie de me donner quelque chose contre ...
ʒə vu pri də mə dɔ'ne kɛlkə'ʃoːz 'kõtrə

Ist die Arznei rezeptpflichtig?
Ce remède est délivré sur ordonnance?
sə r(ə)mɛd ɛ deli'vre syr‿ɔrdɔ'nɑ̃s

Ich möchte ...
Je voudrais ...
ʒə vu'drɛ

Können Sie mir dieses Medikament besorgen?
Pouvez-vous me procurer ce médicament?
puve'vu mə prɔky're sə medika'mɑ̃

Kann ich warten?
Puis-je attendre?
pɥiʒ a'tɑ̃ːdrə

Wann kann ich es bekommen?
Je peux l'avoir quand?
ʒə pø la'vwar kɑ̃

Dieses Medikament, bitte.
Ce médicament, s'il vous plaît.
sə medika'mɑ̃, silvu'plɛ

äußerlich	pour l'usage externe
innerlich	pour l'usage interne
vor dem Essen	avant le repas
nach dem Essen	après le repas
vor dem Schlafengehen	avant de se coucher
dreimal täglich	trois fois par jour
nach Anweisung des	selon les prescriptions
Arztes	du médecin
auf nüchternen Magen	à jeun
unzerkaut	non mâché
im Munde zergehen lassen ...	laisser fondre dans la bouche

Medikamente und Verbandszeug

Abführmittel	purgatif *m*	pyrga'tif
Alkohol	alcool *m*	al'kɔl
Ampulle	ampoule *f*	ɑ̃'pul
Antibabypillen	pilules *f/pl.* contraceptives	pi'lyl kɔ̃trasɛp'tiːv
Aspirin	aspirine *f*	aspi'rin
Augensalbe	pommade *f* pour les yeux	pɔ'mad pur le'zjø
Augentropfen	gouttes *f/pl.* pour les yeux	gut pur le'zjø
Baldriantropfen	gouttes *f/pl.* de valérienne	gut də vale'rjɛn
Beruhigungsmittel	calmant *m*	kal'mɑ̃
Binde	bandage *m*	bɑ̃'daːʒ
blutstillendes Mittel	remède *m* hémostatique	rə'mɛd emɔsta'tik
Borsäure	acide *m* borique	a'sid bɔ'rik
Brandsalbe	pommade *f* contre les brûlures	pɔ'mad kɔ̃trə le bry'lyːr
Chinin	quinine *f*	ki'nin
Desinfektionsmittel	désinfectant *m*	dezɛ̃fɛk'tɑ̃
Einlauf	lavement *m*	lav'mɑ̃
Einreibemittel	liniment *m*; friction *f*	lini'mɑ̃; frik'sjɔ̃
Elastikbinde	bande *f* élastique	bɑ̃ːd elas'tik
fiebersenkendes Mittel	fébrifuge *m*	febri'fyːʒ
Fieberthermometer	thermomètre *m* médical	tɛrmɔ'mɛːtrə medi'kal
Gegengift	contrepoison *m*	kɔ̃trəpwa'zɔ̃
Glyzerin	glycérine *f*	glise'rin
Gummistrumpf	bas *m* élastique	ba elas'tik
Gurgelwasser	gargarisme *m*	garga'rismə
Heftpflaster	sparadrap *m*	spara'dra
Hühneraugenpflaster	pansement *m* pour les cors	pɑ̃s'mɑ̃ pur le kɔr
Hustenmittel	remède *m* contre la toux	rə'mɛːd 'kɔ̃trə la tu
Hustensaft	sirop *m* contre la toux	si'ro 'kɔ̃trə la tu
Insektenmittel	remède *m* contre les piqûres d'insectes	rə'mɛd 'kɔ̃trə le pi'kyːr dɛ̃'sɛkt
Insulin	insuline *f*	ɛ̃sy'lin
Jodtinktur	teinture *f* d'iode	tɛ̃'tyːr djɔd
Kamille	camomille *f*	kamɔ'mij

Kohletabletten	poudre *f* de charbon	pudr də ʃar'bɔ̃
Kopfschmerztabletten	comprimés *m/pl.* contre les maux de tête	kɔ̃pri'me 'kɔ̃:trə le mo də tɛt
Kreislaufmittel	remède *m* pour la circulation	rə'mɛd pur la sirkylɑ'sjɔ̃
Magentabletten	comprimés *m/pl.* pour l'estomac	kɔ̃pri'me pur lɛstɔ'ma
Magentropfen	élixir *m* stomachique	elik'si:r stɔma'ʃik
Mittel	remède *m*	rə'mɛd
Mullbinde	bandage *m* de gaze	bɑ̃'da:ʒ də gɑ:z
Natron, doppelt kohlensaures	bicarbonate *m* de soude	bikarbɔ'nat də sud
Ohrentropfen	gouttes *f/pl.* pour les oreilles	gut pur le‿z‿ɔ'rɛj
Pfefferminztee	menthe *f*	mɑ̃:t
Pillen	pilules *f/pl.*	pi'lyl
Präservative	préservatifs *m/pl.*	prezɛrva'tif
Puder	poudre *f*	'pu:drə
Pulver	poudre *f*	'pu:drə
Rizinusöl	huile *f* de ricin	ɥil də ri'sɛ̃
Salbe	pommade *f*	pɔ'mad
Schlaftabletten	somnifère *m*	sɔmni'fɛ:r
Schmerztabletten	comprimés *m/pl.* contre la douleur	kɔ̃pri'me 'kɔ̃:trə la du'lœ:r
Schnellverband	pansement *m* rapide	pɑ̃s'mɑ̃ ra'pid
schweißtreibendes Mittel	sudorifique *m*	sydɔri'fik
Spritze	seringue *f*	sə'rɛ̃:g
Stärkungsmittel	fortifiant *m*	fɔrti'fjɑ̃
Tablette	comprimé *m*	kɔ̃pri'me
Talkumpuder	poudre *f* de talc	'pu:drə də talk
Tinktur	teinture *f*	tɛ̃'ty:r
Traubenzucker	glucose *m*	gly'ko:z
Tropfen	gouttes *f/pl.*	gut
Vaseline	vaseline *f*	vazə'lin
Verbandszeug	pansements *m/pl.*	pɑ̃s'mɑ̃
Vitamintabletten	comprimés *m/pl.* de vitamines	kɔ̃pri'me də vita'min
Wasserstoffsuperoxyd	eau *f* oxygénée	o ɔksiʒe'ne
Wundsalbe	pommade *f* cicatrisante	pɔ'mad sikatri'zɑ̃t
Zäpfchen	suppositoire *m*	sypɔzi'twa:r

Beim Arzt

Rufen Sie bitte schnell einen Arzt!
Appelez d'urgence un médecin, s'il vous plaît!
a'ple dyr'ʒɑ̃:s œ̃ med'sɛ̃, silvu'plɛ

Ist ein Arzt im Hause?
Y a-t-il un médecin dans la maison?
ja'til œ̃ med'sɛ̃ dɑ̃ la mɛ'zɔ̃

Holen Sie bitte einen Arzt.
Faites venir un médecin, s'il vous plaît.
fɛt və'ni:r œ̃ med'sɛ̃, silvu'plɛ

Wo gibt es hier einen Arzt?
Où y a-t-il ici un médecin?
u jatil‿i'si œ̃ med'sɛ̃

Kann er herkommen?
Peut-il venir?
pøtil‿və'ni:r

Wo ist *ein Krankenhaus (eine Klinik)*?
Où se trouve *l'hôpital (la clinique)*?
u sə tru:v lɔpi'tal (la kli'nik)

Wann hat der Arzt Sprechstunde?
Quand le médecin a-t-il ses consultations?
kɑ̃ lə med'sɛ̃ a'til se kɔ̃syltɑ'sjɔ̃

Kommen Sie bitte *zum (zur)* ...
Venez, s'il vous plaît, *au (à la)* ...
və'ne, silvu'plɛ, o (a la)

Ich bin krank.
Je suis malade.
ʒə sɥi ma'lad

***Mein Mann (meine Frau, unser Kind)* ist krank.**
Mon mari (Ma femme, Notre enfant) est malade.
mɔ̃ ma'ri (ma fam, nɔ̃tr‿ɑ̃'fɑ̃) ɛ ma'lad

Arzt	médecin *m*	med'sɛ̃
Augenarzt	oculiste *m*	ɔky'list
Chirurg	chirurgien *m*	ʃiryr'ʒjɛ̃
Facharzt	spécialiste *m*	spesja'list
Frauenarzt	gynécologue *m*	ʒinekɔ'lɔg
Hals-, Nasen- und Ohrenarzt	oto-rhino (-laryngologiste)	ɔtorino (larɛ̃gɔlɔ'ʒist)
Hautarzt	dermatologue *m*	dɛrmatɔ'lɔg
Internist	spécialiste *m* des maladies internes	spesja'list de maladi ɛ̃'tɛrn
Kinderarzt	pédiatre *m*	pe'djatrə
Nervenarzt	neurologue *m*	nørɔ'lɔg
Praktischer Arzt	médecin *m* de médecine générale	med'sɛ̃ də med'sin ʒene'ral
Urologe	urologue *m*	yrɔ'lɔg

Labor	laboratoire *m*
Sprechstunde	(heures *f/pl.* des) consultations *f/pl.*
Sprechzimmer	cabinet *m* des consultations
Wartezimmer.	salle *f* d'attente

Hier ist mein Krankenschein.
Voici ma feuille de maladie.
vwa'si ma fœj də mala'di

Ich bin bei der ...-Krankenkasse versichert.
Je suis assuré auprès de la caisse de maladie ...
ʒə sɥi asy're o'prɛ də la kɛs də mala'di

Seit einigen Tagen fühle ich mich nicht wohl.
Depuis quelques jours je ne me sens pas bien.
də'pɥi 'kɛlkə ʒuːr ʒə nə mə sɑ̃ pa bjɛ̃

Der *Hals (Kopf, Leib)* tut mir weh.
Le cou (La tête, Le ventre) me fait mal.
lə ku (la tɛt, lə 'vɑ̃ːtrə) mə fɛ mal

Hier tut es weh.
Ça me fait mal ici.
sa mə fɛ mal‿i'si

Ich habe hier *(starke, stechende)* Schmerzen.
Je ressens *de fortes douleurs (des douleurs poignantes)* ici.
ʒə rə'sɑ̃ də fɔrtə du'lœːr (de du'lœːr pwa'ɲɑ̃ːt) i'si

Ich habe (hohes) Fieber.
J'ai de la (forte) fièvre.
ʒe də la (fɔrt) 'fjɛːvrə

Ich habe mich erkältet.
J'ai pris froid.
ʒe pri frwa

Ich vertrage *die Hitze (das Essen)* nicht.
Je ne supporte pas *la chaleur (le manger)*.
ʒə nə sy'pɔrt pa la ʃa'lœːr (lə mɑ̃'ʒe)

Ich habe mir den Magen verdorben.
J'ai une indigestion.
ʒe yɲ‿ɛ̃diʒɛs'tjɔ̃

Ich habe ... gegessen.
J'ai mangé ...
ʒe mɑ̃'ʒe

Ich habe mich übergeben.
J'ai vomi.
ʒe vo'mi

Mir ist schlecht.
J'ai mal au cœur.
ʒe mal‿o‿'kœːr

Ich habe keinen Appetit.
Je n'ai pas d'appétit.
ʒə ne pa dape'ti

Ich habe *Durchfall*
J'ai *la diarrhée*
ʒe la dja're

Ich habe *Augenschmerzen (Ohrenschmerzen)*.
J'ai mal *aux yeux (aux oreilles)*.
ʒe mal o‿z‿ˈjø (o‿z‿ɔˈrɛj)

Ich kann nicht schlafen.
Je ne peux pas dormir.
ʒə nə pø pa dɔrˈmiːr

Mir wird oft übel.
J'ai souvent mal au cœur.
ʒe suˈvɑ̃ mal‿o‿ˈkœːr

Ich habe Schüttelfrost.
J'ai des frissons.
ʒe de friˈsɔ̃

Ich kann ... nicht bewegen.
Je ne peux pas bouger ...
ʒə nə pø pa buˈʒe

Ich bin Diabetiker.
Je suis diabéthique.
ʒə sɥi djabeˈtik

Ich erwarte ein Baby.
J'attends un bébé.
ʒaˈtɑ̃ œ̃ beˈbe

Ich bin gestürzt.
J'ai fait une chute.
ʒe fɛ yn ʃyt

Ich habe mir den Fuß verstaucht.
J'ai le pied foulé.
ʒe lə pje fuˈle

... *ist (sind)* geschwollen.
... *est (sont) enflé(s)*
ɛ (sɔ̃)‿t‿ɑ̃ˈfle

Ist es schlimm?
Est-ce grave?
ɛs grav

Ich fühle mich *etwas (bedeutend)* besser.
Je me sens *un peu (beaucoup)* mieux.
ʒə mə sɑ̃ œ̃ pø (boˈku) mjø

Können Sie mir ... verschreiben?
Pouvez-vous me prescrire ... ?
puveˈvu mə prɛsˈkriːr

Können Sie mir ein Attest ausstellen?
Vous pouvez me faire un certificat de maladie?
vu puˈve mə fɛr‿œ̃ sɛrtifiˈka də malaˈdi

Ich möchte mich gegen ... impfen lassen.
J'aimerais me faire vacciner contre *le (la)* ...
ʒɛmˈrɛ mə fɛːr vaksiˈne ˈkɔ̃ːtrə lə (la)

Vom Arzt werden Sie hören:

Machen Sie sich bitte frei!
Déshabillez-vous, s'il vous plaît!
dezabije'vu, silvu'plɛ

Atmen Sie tief!
Respirez (Aspirez) profondément!
rɛspi're (aspi're) prɔfɔ̃de'mɑ̃

Tut es hier weh?
Cela vous fait mal ici?
sla vu fɛ mal i'si

Öffnen Sie den Mund!
Ouvrez la bouche!
u'vre la buʃ

Zeigen Sie die Zunge!
Montrez la langue!
mɔ̃'tre la lɑ̃:g

Husten Sie!
Toussez!
tu'se

Was haben Sie gegessen?
Qu'avez-vous mangé?
kave'vu mɑ̃'ʒe

Seit wann sind Sie schon krank?
Depuis quand êtes-vous déjà malade?
də'pɥi kɑ̃ 'ɛtvu de'ʒa ma'lad

Wir müssen *das Blut (den Urin)* untersuchen.
Il faut examiner *le sang (l'urine)*.
il fo ɛgzami'ne lə sɑ̃ (ly'rin)

Sie müssen operiert werden.
Vous devez vous faire opérer.
vu dəve vu fɛr‿ɔpe're

Ich werde Sie an … überweisen.
Je vais vous envoyer chez …
ʒə vɛ vu‿z‿ɑ̃vwa'je ʃe

Sie dürfen nicht *rauchen (trinken)*!
Vous ne devez pas *fumer (boire d'alcool)*.
vu nə də've pa fy'me (bwa:r dal'kɔl).

Ich muß Ihnen *Bettruhe (strenge Diät)* verordnen.
Vous devez *rester couché (observer un régime sévère)*.
vu də've rɛs'te ku'ʃe (ɔbsɛr've œ̃ re'ʒim se'vɛr)

Bleiben Sie einige Tage im Bett!
Restez quelques jours au lit!
rɛs'te kɛlkə‿'ʒu:r o li

Nehmen Sie davon dreimal täglich *zwei Tabletten (zehn Tropfen)*.
Prenez-en *deux comprimés (dix gouttes)* trois fois par jour.
prəne‿z‿'ɑ̃ dø kɔ̃pri'me (di gut) trwa fwa par ʒu:r

Es ist nichts Ernstes!
Ce n'est rien de grave!
sə nɛ rjɛ̃ də gra:v

Kommen Sie in acht Tagen wieder.
Revenez dans huit jours.
rəvə'ne dɑ̃ ɥi‿'zu:r

Körperteile und -funktionen

Achselhöhle	aisselle *f*	ɛˈsɛl
Ader	veine *f*	vɛn
Arm	bras *m*	bra
Atmung	respiration *f*	rɛspirɑˈsjɔ̃
Auge(n)	œil *m* (yeux)	œj (jø)
Augenlid	paupière *f*	poˈpjɛːr
Bandscheibe	disque *m* intervertébral	disk ɛ̃tɛrvɛrteˈbral
Bauch	ventre *m*	ˈvɑ̃ːtrə
Becken	bassin *m*	baˈsɛ̃
Bein	jambe *f*	ʒɑ̃ːb
Blase	vessie *f*	vɛˈsi
Blinddarm	appendice *m*	apɛ̃ˈdis
Blut	sang *m*	sɑ̃
Blutdruck	tension *f* artérielle	tɑ̃ˈsjɔ̃ arteˈrjɛl
Brust	poitrine *f*	pwaˈtrin
Brustkorb	thorax *m*	tɔˈraks
Darm	intestin *m*	ɛ̃tɛsˈtɛ̃
Daumen	pouce *m*	pus
Drüse	glande *f*	glɑ̃ːd
Ellbogen	coude *m*	kud
Ferse	talon *m*	taˈlɔ̃
Finger	doigt *m*	dwa
– **kleiner Finger**	auriculaire *m*	orikyˈlɛːr
– **Mittelfinger**	médius *m*	meˈdjys
– **Ringfinger**	annulaire *m*	anyˈlɛːr
– **Zeigefinger**	index *m*	ɛ̃ˈdɛks
Fingernagel	ongle *m*	ˈɔ̃ːglə
Fuß	pied *m*	pje
Fußsohle	plante *f* du pied	plɑ̃ːt dy pje
Galle	bile *f*	bil
Gaumen	palais *m*	paˈlɛ
Gehirn	cerveau *m*	sɛrˈvo
Gelenk	articulation *f*	artikylɑˈsjɔ̃
Genick	nuque *f*	nyk
Geschlechtsorgane	organes *m/pl.* génitaux	ɔrˈgan ʒeniˈto
Gesicht	visage *m*	viˈzaːʒ
Glieder	membres *m/pl.*	ˈmɑ̃ːbrə
Haare	cheveux *m/pl.*	ʃvø

Hals	cou *m*	ku
Hand	main *f*	mɛ̃
Handgelenk	poignet *m*	pwaˈnjɛ
Haut	peau *f*	po
Herz	cœur *m*	kœːr
Hüfte	hanche *f*	ɑ̃ʃ
Kehle	gorge *f*	gɔrʒ
Kehlkopf	larynx *m*	laˈrɛ̃ks
Kiefer	mâchoire *f*	mɑˈʃwaːr
– **Oberkiefer**	mâchoire supérieure	mɑˈʃwaːr sypeˈrjœːr
– **Unterkiefer**	mâchoire inférieure	mɑˈʃwaːr ɛ̃feˈrjœːr
Kieferhöhle	sinus *m* maxillaire	siˈnys maksiˈlɛːr
Kinn	menton *m*	mɑ̃ˈtɔ̃
Knie	genou *m*	ʒəˈnu
Kniescheibe	rotule *f*	rɔˈtyl
Knöchel	*Finger*: jointure *f*	ʒwɛ̃ˈtyːr
	Fuß: cheville *f*	ʃvij
Knochen	os *m*	ɔs
Kopf	tête *f*	tɛt
Körper	corps *m*	kɔːr
Kreislauf	circulation *f*	sirkylɑˈsjɔ̃
Leber	foie *m*	fwa
Lippe	lèvre *f*	ˈlɛːvrə
Lunge	poumon *m*	puˈmɔ̃
Magen	estomac *m*	ɛstɔˈma
Mandeln	amygdales *f/pl.*	amiˈdal
Menstruation	règles *f/pl.*	ˈrɛglə
Milz	rate *f*	rat
Mund	bouche *f*	buʃ
Muskel	muscle *m*	ˈmysklə
Nacken	nuque *f*	nyk
Nagel	ongle *m*	ˈɔ̃ːglə
Nase	nez *m*	ne
Nerv	nerf *m*	nɛːr
Niere	rein *m*	rɛ̃
Ohr	oreille *f*	ɔˈrɛj
Rippe	côte *f*	kot
Rücken	dos *m*	do
Rückenmark	moelle *f* épinière	mwal epiˈnjɛːr
Rückgrat	épine *f* dorsale	eˈpiːn dɔrˈsal

Schädel	crâne *m*	kran
Schenkel	cuisse *f*	kɥis
– **Oberschenkel**	cuisse *f*	kɥis
– **Unterschenkel**	jambe *f*	ʒɑ̃ːb
Schienbein	tibia *m*	ti'bja
Schläfe	tempe *f*	tɑ̃ːp
Schleimhaut	muqueuse *f*	my'køːz
Schlüsselbein	clavicule *f*	klavi'kyl
Schulter	épaule *f*	e'pol
Schulterblatt	omoplate *f*	ɔmɔ'plat
Schwangerschaft	grossesse *f*	gro'sɛs
Sehne	tendon *m*	tɑ̃'dɔ̃
Spann	cou-de-pied *m*	kud'pje
Stirn	front *m*	frɔ̃
Stirnhöhle	sinus *m* frontal	si'nys frɔ̃'tal
Stoffwechsel	métabolisme *m*	metabɔ'lismə
Stuhlgang	selle *f*	sɛl
Trommelfell	tympan *m*	tɛ̃'pɑ̃
Unterleib	bas-ventre *m*	ba'vɑ̃ːtrə
Urin	urine *f*	y'rin
Vene	veine *f*	vɛn
Verdauung	digestion *f*	diʒɛs'tjɔ̃
Wade	mollet *m*	mɔ'lɛ
Wange	joue *f*	ʒu
Wirbelsäule	colonne *f* vertébrale	kɔ'lɔn vɛrte'bral
Zahn	dent *f*	dɑ̃
Zehe	orteil *m*	ɔr'tɛj
Zunge	langue *f*	lɑ̃ːg

Krankheiten

Abszeß	abcès *m*	ap'sɛ
Allergie	allergie *f*	alɛr'ʒi
Anfall	attaque *f*	a'tak
Asthma	asthme *m*	'asmə
Atembeschwerden	troubles *m/pl.* respiratoires	'tru:blə rɛspira'twa:r
Augenentzündung	inflammation *f* de l'œil	ɛ̃flamɑ'sjɔ̃ də lœj
Ausschlag	éruption *f*	eryp'sjɔ̃
Bindehautentzündung	conjonctivite *f*	kɔ̃ʒɔ̃kti'vit
Blähungen	ballonnements *m/pl.*	balɔn'mɑ̃
Blinddarmentzündung	appendicite *f*	apɛ̃di'sit
Blutarmut	anémie *f*	ane'mi
Blutdruck	tension *f*	tɑ̃'sjɔ̃
– zu hoher	– trop haute	tro ot
– zu niedriger	– trop basse	tro bas
Blutung	hémorragie *f*	emɔra'ʒi
Blutvergiftung	septicémie *f*	sɛptise'mi
Brechreiz	envie *f* de vomir	ɑ̃'vi də vo'mi:r
Bronchitis	bronchite *f*	brɔ̃'ʃit
Cholera	choléra *m*	kɔle'ra
Darmkatarrh	entérite *f*	ɑ̃te'rit
Diphtherie	diphtérie *f*	difte'ri
Durchfall	diarrhée *f*	dja're
Entzündung	inflammation *f*	ɛ̃flamɑ'sjɔ̃
Erbrechen	vomissement *m*	vomis'mɑ̃
Erfrierung	gelure *f*	ʒə'ly:r
Erkältung	refroidissement *m*	rəfrwadis'mɑ̃
Fieber	fièvre *f*	'fjɛ:vrə
Furunkel	furoncle *m*	fy'rɔ̃:kl(ə)
Gallensteine	calculs *m/pl.* biliaires	kal'kyl bi'ljɛ:r
Gehirnerschütterung	commotion *f* cérébrale	kɔmɔ'sjɔ̃ sere'bral
Gehirnschlag	apoplexie *f*	apɔplɛk'si
Gelbsucht	jaunisse *f*	ʒo'nis
Gelenkrheumatismus	rhumatisme *m* articulaire	ryma'tismə artiky'lɛ:r
Geschlechtskrankheit	maladie *f* vénérienne	mala'di vene'rjɛn
Geschwulst	enflure *f*	ɑ̃'fly:r
Geschwür	ulcère *m*	yl'sɛ:r

Grippe	grippe *f*	grip
Halsschmerzen	mal *m* de gorge	mal də gɔrʒ
Hämorrhoiden	hémorroïdes *f/pl.*	emɔrɔˈid
Hautabschürfung	écorchure *f*	ekɔrˈʃyːr
Hautkrankheit	maladie *f* de la peau	malaˈdi də la po
Heiserkeit	enrouement *m*	ɑ̃ruˈmɑ̃
Herzanfall	crise *f* cardiaque	kriːz karˈdjak
Herzfehler	anomalie *f* cardiaque	anɔmaˈli karˈdjak
Herzinfarkt	infarctus *m* du myocarde	ɛ̃farkˈtys dy mjɔˈkard
Heuschnupfen	rhume *m* des foins	rym de fwɛ̃
Hexenschuß	lumbago *m*	lœ̃baˈgo
Husten	toux *f*	tu
Ischias	sciatique *f*	sjaˈtik
Keuchhusten	coqueluche *f*	kɔkˈlyʃ
Kinderlähmung	polio *f*	pɔˈljo
Knochenbruch	fracture *f*	frakˈtyːr
Kolik	colique *f*	kɔˈlik
Krampf	crampe *f*	krɑ̃p
Krankheit	maladie *f*	malaˈdi
– ansteckende	– contagieuse	kɔ̃taˈʒjøːz
Krebs	cancer *m*	kɑ̃ˈsɛːr
Kreislaufstörungen	troubles *m/pl.* circulatoires	ˈtruːblə sirkylaˈtwaːr
Lähmung	paralysie *f*	paraliˈzi
Lebensmittelvergiftung	intoxication *f* alimentaire	ɛ̃tɔksikɑˈsjɔ̃ alimɑ̃ˈtɛːr
Leberleiden	maladie *f* du foie	malaˈdi dy fwa
Leukämie	leucémie *f*	løseˈmi
Luftkrankheit	mal *m* de l'air	mal də lɛːr
Lungenentzündung	pneumonie *f*	pnømɔˈni
Magengeschwür	ulcère *m* d'estomac	ylˈsɛːr dɛstɔˈma
Magenschmerzen	maux *m/pl.* d'estomac	mo dɛstɔˈma
Mandelentzündung	angine *f*	ɑ̃ˈʒin
Masern	rougeole *f*	ruˈʒɔl
Migräne	migraine *f*	miˈgrɛn
Mittelohrentzündung	otite *f* de l'oreille moyenne	ɔˈtit də lɔˈrɛj mwaˈjɛn
Mumps	oreillons *m/pl.*	ɔrɛˈjɔ̃
Nasenbluten	saignement *m* du nez	sɛɲəˈmɑ̃ dy ne
Nervenschock	choc *m* nerveux	ʃɔk nɛrˈvø

Neuralgie	névralgie *f*	nevral'ʒi
Nierenentzündung	néphrite *f*	ne'frit
Nierensteine	calculs *m/pl.* rénaux	kal'kyl re'no
Ohnmacht	évanouissement *m*	evanwis'mɑ̃
Pocken	variole *f*	va'rjɔl
Quetschung	contusion *f*	kɔ̃ty'zjɔ̃
Rheuma	rhumatisme *m*	ryma'tismə
Rippenfellentzündung	pleurésie *f*	pløre'zi
Rückenschmerzen	douleurs *f/pl.* dorsales	du'lœːr dɔr'sal
Ruhr	dysenterie *f*	disɑ̃'tri
Scharlach	scarlatine *f*	skarla'tin
Schlaflosigkeit	insomnie *f*	ɛ̃sɔm'ni
Schlaganfall	apoplexie *f*	apɔplɛ'ksi
Schmerzen	douleurs *f/pl.*	du'lœːr
Schnupfen	rhume *m*	rym
Schüttelfrost	frissons *m/pl.*	fri'sɔ̃
Schwellung	enflure *f*	ɑ̃'flyːr
Schwindel	vertige *m*	vɛr'tiːʒ
Seekrankheit	mal *m* de mer	mal də mɛːr
Sehnenzerrung	déchirement *m* des tendons	deʃir'mɑ̃ de tɑ̃'dɔ̃
Seitenstechen	points *m/pl.* de côté	pwɛ̃‿d‿ko'te
Sodbrennen	aigreurs *f/pl.* d'estomac	ɛ'grœːr dɛstɔ'ma
Sonnenbrand	coup *m* de soleil	ku‿d‿sɔ'lɛj
Sonnenstich	insolation *f*	ɛ̃sɔlɑ'sjɔ̃
Tetanus	tétanos *m*	teta'nos
Tuberkulose	tuberculose *f*	tybɛrky'loːz
Typhus	typhus *m*	ti'fys
Übelkeit	mal *m* du cœur	mal dy kœːr
Verbrennung	brûlure *f*	bry'lyːr
Verdauungsstörung	indigestion *f*	ɛ̃diʒɛs'tjɔ̃
Vereiterung	transformation *f* en abcès	trɑ̃sfɔrmɑ'sjɔ̃ ɑ̃‿n‿ap'sɛ
Vergiftung	empoisonnement *m*	ɑ̃pwazɔn'mɑ̃
Verletzung	blessure *f*	blɛ'syːr
Verrenkung	luxation *f*	lyksɑ'sjɔ̃
Verstauchung	foulure *f*	fu'lyːr
Verstopfung	constipation *f*	kɔ̃stipɑ'sjɔ̃
Wunde	plaie *f*	plɛ
Zuckerkrankheit	diabète *m*	dja'bɛt

Krankenhaus

Arzt	médecin *m*	med'sɛ̃
Besuchszeit	heures de visite *f*	œːr də vi'zit
Bett	lit *m*	li
Blutbild	hémogramme *m*	emɔ'gram
Blutprobe	prise *f* de sang	priːz də sɑ̃
Bluttransfusion	transfusion *f* de sang	trɑ̃sfy'zjɔ̃ də sɑ̃
Chefarzt	médecin *m* chef	me'dsɛ̃‿ʃɛf
Diagnose	diagnostic *m*	djagnɔs'tik
durchleuchten	passer à la radio	pa'se a la ra'djo
entlassen werden	sortir de clinique	sɔrtir də kli'nik
Entlassungsschein	bulletin *m* de sortie	byl'tɛ̃ də sɔr'ti
Fieberkurve	courbe *f* de température	kurb də tɑ̃pera'tyːr
Krankenhaus	hôpital *m*	ɔpi'tal
Krankenpfleger	infirmier *m*	ɛ̃fir'mje
Krankenschwester	infirmière *f*	ɛ̃fir'mjɛːr
Krankheit	maladie *f*	mala'di
Nachtgeschirr	vase *m* de nuit	vaːz də nɥi
Nachtschwester	infirmière *f* de nuit	ɛ̃fir'mjɛːr də nɥi
Narkose	narcose *f*	nar'koːz
Oberschwester	infirmière *f* (en) chef	ɛ̃fir'mjɛːr (ɑ̃) ʃɛf
Operation	opération *f*	ɔperɑ'sjɔ̃
Operationssaal	salle *f* d'opération	sal dɔperɑ'sjɔ̃
operieren	opérer	ɔpe're
Patient(in)	malade *m*	ma'lad
Röntgenaufnahme	radiographie *f*	radjɔgra'fi
Spritze	piqûre *f*	pi'kyːr
Station	service *m*	sɛr'vis
Temperatur	température *f*	tɑ̃pera'tyːr
untersuchen	examiner	ɛgzami'ne
Untersuchung	examen *m*	ɛgza'mɛ̃

Schwester, geben Sie mir etwas *gegen Schmerzen (zum Einschlafen).*
Mademoiselle, donnez-moi quelque chose *contre les douleurs (pour dormir).*
madmwa'zɛl, dɔne'mwa kɛlkə'ʃoːz 'kɔ̃ːtrə le du'lœːr (pur dɔr'miːr)

Wann darf ich aufstehen?
Quand est-ce que je pourrai me lever?
kɑ̃‿t‿ɛskə ʒə pu're m(ə) lə've

Wie lautet die Diagnose?
Quel est le diagnostic?
'kɛl‿ɛ lə djagnɔs'tik

Beim Zahnarzt

Wo gibt es hier einen Zahnarzt?
Où y a-t-il ici un dentiste?
u jatil‿i'si œ̃ dɑ̃'tist

Ich möchte mich zur Behandlung anmelden.
J'aimerais prendre un rendez-vous.
ʒɛm'rɛ 'prɑ̃:drə œ̃ rɑ̃de'vu

Ich habe Zahnschmerzen.
J'ai mal aux dents.
ʒe mal‿o‿'dɑ̃

Dieser Zahn tut weh.
Cette dent me fait mal.
sɛt dɑ̃ mə fɛ mal

Ich habe hier Schmerzen.
Ici, j'ai des douleurs.
i'si, ʒe de du'lœ:r

– oben.
– en haut.
ɑ̃ o

– unten.
– en bas.
ɑ̃ ba

Eine Plombe ist herausgefallen.
Un plombage est parti.
œ̃ plɔ̃'ba:ʒ ɛ parti

Der Zahn wackelt.
La dent branle.
la dɑ̃ 'brɑ̃lə

Muß der Zahn gezogen werden?
Il faut arracher la dent?
il fo‿t‿ara'ʃe la dɑ̃

... ist abgebrochen.
... s'est cassé.
sɛ ka'se

Können Sie den Zahn provisorisch behandeln?
Pouvez-vous soigner la dent provisoirement?
puve'vu swa'ɲe la dɑ̃ prɔvizwar'mɑ̃

Können Sie diese Prothese reparieren?
Pouvez-vous réparer cette prothèse?
puve'vu repa're sɛt prɔ'tɛ:z

***Bitte zwei Stunden *nichts essen (nicht rauchen)*!**
Ne *rien manger (pas fumer)* pendant deux heures, s'il vous plaît.
nə rjɛ̃ mɑ̃'ʒe (pa fy'me) pɑ̃'dɑ̃ dø‿z‿'œ:r, silvu'plɛ

Wann soll ich wiederkommen?
Quand dois-je revenir?
kɑ̃ dwaʒ‿rəvə'ni:r

Abszeß	abcès *m*	ap'sɛ
Backenzahn	molaire *f*	mɔ'lɛːr
Betäubung	anesthésie *f*	anɛste'zi
Brücke	bridge *m*	bridʒə
Eckzahn	canine *f*	ka'nin
Einlage	pansement *m*	pɑ̃s'mɑ̃
Ersatz	dent *f* artificielle	dɑ̃ artifi'sjɛl
Füllung	plombage *m*	plɔ̃baːʒ
Gebiß	prothèse *f* dentaire	prɔ'tɛːz dɑ̃'tɛːr
Gipsabdruck	plâtre *m*	'plɑtrə
Injektion	injection *f*	ɛ̃ʒɛk'sjɔ̃
Karies	carie *f*	ka'ri
Kiefer	mâchoire *f*	mɑ'ʃwaːr
Kiefersperre	trisme *m*	'trismə
Krone	couronne *f*	ku'rɔn
Nerv	nerf *m*	nɛːr
Platte	plaque *f*	plak
Plombe	plombage *m*	plɔ̃'baːʒ
plombieren	plomber	plɔ̃'be
Prothese	prothèse *f*	prɔ'tɛːz
Schneidezahn	incisive *f*	ɛ̃si'ziːv
Stiftzahn	dent *f* à pivot	dɑ̃ a pi'vo
Weisheitszahn	dent *f* de sagesse	dɑ̃ də sa'ʒɛs
Wurzelbehandlung	traitement *m* de la racine	trɛt'mɑ̃ də la ra'sin
Zahn	dent *f*	dɑ̃
Zahnarzt	dentiste *m*	dɑ̃'tist
Zahnfleisch	gencive *f*	ʒɑ̃'siːv
Zahnhals	col *m*	kɔl
Zahnklinik	clinique *f* dentaire	kli'nik dɑ̃'tɛːr
Zahnschmerzen	mal *m* aux dents	mal‿o‿'dɑ̃
Zahnspange	agrafe *f* dentaire	a'graf dɑ̃'tɛːr
Zahnstein	tartre	'tartrə
Zahnwurzel	racine *f*	ra'sin
ziehen	arracher	ara'ʃe

Kuraufenthalt

Bad	bain *m*	bɛ̃
Badeort	station *f* balnéaire	stɑˈsjɔ̃ balneˈɛːr
Bademeister	maître *m* nageur	ˈmɛtrə naˈʒœːr
Bestrahlung	traitement *m* par les rayons	trɛtˈmɑ̃ par le rɛˈjɔ̃
Brunnen	eau *f* minérale	o mineˈral
Dampfbad	bain *m* de vapeur	bɛ̃ də vaˈpœːr
Diät	régime *m*	reˈʒim
Erholungsheim	maison *f* de convalescence	mɛˈzɔ̃ də kɔ̃valɛˈsɑ̃ːs
Gymnastik	gymnastique *f*	ʒimnasˈtik
Heilquelle	source *f* médicinale	surs medisiˈnal
Höhensonne	rayons *m/pl.* (ultraviolets)	rɛˈjɔ̃ (yltravjɔˈlɛ)
inhalieren	faire des inhalations	fɛːr de‿z‿inalɑˈsjɔ̃
Kur	cure *f*	kyːr
Kuraufenthalt	séjour *m* dans une ville d'eaux	seˈʒuːr dɑ̃‿z‿yn vil do
Kurort	station *f* thermale	stɑˈsjɔ̃ tɛrˈmal
Kurtaxe	taxe *f* de cure	taks də kyːr
Kurzwelle	onde *f* courte	ɔ̃ːd kurt
Liegekur	cure *f* de repos	kyːr də rəˈpo
Luftkurort	station *f* climatique	stɑˈsjɔ̃ klimaˈtik
Massage	massage *m*	maˈsaːʒ
Masseur	masseur *m*	maˈsœːr
Masseuse	masseuse *f*	maˈsøz
massieren	masser	maˈse
Meerwasser	eau *f* de mer	o də mɛːr
Mineralbad	bain *m* d'eaux minérales	bɛ̃ do mineˈral
Mineralien	minéraux *m/pl.*	mineˈro
Moorbad	bain *m* de boue	bɛ̃ də bu
Packung	enveloppement *m*	ɑ̃vlɔpˈmɑ̃
Sanatorium	sanatorium *m*	sanatɔˈrjɔm
Sauna	sauna *m*	sawˈna
Schlamm	boue *f*	bu
Sprudel	eau *f minérale (gazeuse)*	o mineˈral(gaˈzœːz)
Trinkhalle	buvette *f*	byˈvɛt
Ultraschall	ultra-son *m*	yltraˈsɔ̃

KONZERT, THEATER, KINO

Kartenkauf

Was wird heute abend *gegeben (gespielt)*?
Qu'est-ce qu'on joue ce soir?
kɛs‿kɔ̃‿ˈʒu sə swaːr

Wann beginnt *die Vorstellung (das Konzert)*?
À quelle heure commence *la représentation (le concert)*?
a kɛl‿ˈœːr kɔˈmɑ̃s la rəprezɑ̃tɑˈsjɔ̃ (lə kɔ̃ˈsɛːr)

Wo bekommt man Karten?
Où est-ce qu'on prend les billets?
u ɛskɔ̃ prɑ̃ le biˈjɛ

Gibt es Ermäßigung für ...?
Il y a une réduction pour ...?
ilja yn redykˈsjɔ̃ pur

Gibt es noch Karten für *heute (morgen)* abend?
Y a-t-il encore des billets pour *ce soir (demain soir)*?
jaˈtil ɑ̃ˈkɔːr de biˈjɛ pur sə swaːr (dəˈmɛ̃ swaːr)

Bitte einmal *dritte (zehnte)* Reihe.
Une place au *troisième (dixième)* rang, s'il vous plaît.
yn plas o trwaˈzjɛm (diˈzjɛm) rɑ̃, silvuˈplɛ

Bitte zwei Plätze im 1. Rang, 3. Reihe.
Deux places au premier balcon, troisième rang, s'il vous plaît.
dø plas o prəˈmje balˈkɔ̃, trwaˈzjɛm rɑ̃, silvuˈplɛ

– in der Mitte.
– au milieu
o miˈljø

– an der Seite.
– sur le côté.
syr lə koˈte

Loge	loge *f*	lɔʒ
Parkett	parterre *m*	parˈtɛːr
Platz	place *f*	plas
– Plätze	– places *f/pl.*	plas
Rang	balcon *m*	balˈkɔ̃
– 1. Rang	premier balcon	prəˈmje balˈkɔ̃
– 2. Rang	deuxième balcon	døˈzjɛm balˈkɔ̃
Reihe	rang *m*	rɑ̃
Ausverkauft!	complet!	kɔ̃ˈplɛ

Konzert, Theater

Akt	acte *m*	akt
Alt	contralto *m*	kɔ̃tral'to
Arie	air *m*	ɛːr
Aufführung	représentation *f*	rəprezɑ̃tɑ'sjɔ̃
Ballett	ballet *m*	ba'lɛ
Bariton	baryton *m*	bari'tɔ̃
Baß	basse *f*	bas
Beginn	commencement *m*	kɔmɑ̃s'mɑ̃
Begleitung	accompagnement *m*	akɔ̃paɲə'mɑ̃
Beifall	applaudissements *m/pl.*	aplodis'mɑ̃
Bühne	scène *f*	sɛn
Bühnenbild	décors *m/pl.*	de'kɔr
Chor	chœur *m*	kœːr
Dirigent	chef *m* d'orchestre	ʃɛf dɔr'kɛstrə
Drama	drame *m*	dram
Duett	duo *m*	dy'o
Eintrittskarte	billet *m*	bi'jɛ
Ende	fin *f*	fɛ̃
Flügel	piano *m* à queue	pja'no a kø
Foyer	foyer *m*	fwa'je
Garderobe	vestiaire *m*	vɛs'tjɛːr
Garderobenmarke	ticket *m* du vestiaire	ti'kɛ dy vɛs'tjɛːr
Gesang	chant *m*	ʃɑ̃
Inszenierung	mise *f* en scène	miːz‿ɑ̃‿'sɛn
Kammermusik	musique *f* de chambre	my'zik də 'ʃɑ̃ːbrə
Kapelle	orchestre *m*	ɔr'kɛstrə
Kartenverkauf	vente *f* de billets	vɑ̃t də bi'jɛ
Kasse	caisse *f*	kɛs
Komödie	comédie *f*	kɔme'di
Komponist	compositeur *m*	kɔ̃pɔzi'tœːr
Konzert	concert *m*	kɔ̃'sɛːr
Konzertsaal	salle *f* de concert	sal də kɔ̃'sɛːr
Lied	chanson *f*	ʃɑ̃'sɔ̃
– Volkslied	chanson populaire	ʃɑ̃'sɔ̃ pɔpy'lɛːr
Liederabend	récital *m* de chant	resi'tal də ʃɑ̃
Musical	musical *m*	myzi'kal
Musik	musique *f*	my'zik
Musikstück	morceau *m* de musique	mɔr'so də my'zik
Note	note *f*	nɔt

Oper	opéra *m*	ɔpe'ra
Operette	opérette *f*	ɔpe'rɛt
Opernglas	jumelles *f/pl.* de théâtre	ʒy'mɛl də te'ɑːtr(ə)
Orchester	orchestre *m*	ɔr'kɛstrə
Ouvertüre	ouverture *f*	uvɛr'tyːr
Parkett	parterre *m*	par'tɛːr
Pause	entracte *m*	ɑ̃'trakt
Pianist	pianiste *m*	pja'nist
Programmheft	programme *m*	prɔ'gram
Regie	mise *f* en scène	miːz‿ɑ̃‿'sɛn
Regisseur	metteur *m* en scène	mɛ'tœːr‿ɑ̃‿'sɛn
Rolle	rôle *m*	rol
– Hauptrolle	premier rôle	prə'mje rol
Sänger	chanteur *m*	ʃɑ̃'tœːr
Sängerin	cantatrice *f*	kɑ̃ta'tris
Schauspiel	spectacle *m*	spɛk'taklə
Schauspieler	acteur *m*	ak'tœːr
Schauspielerin	actrice *f*	ak'tris
Sinfoniekonzert	concert *m* symphonique	kɔ̃'sɛːr sɛ̃fɔ'nik
Solist	soliste *m*	sɔ'list
Sopran	soprano *m*	sɔpra'no
Spielplan	répertoire *m*	repɛr'twaːr
Tänzer	danseur *m*	dɑ̃'sœːr
Tänzerin	danseuse *f*	dɑ̃'søːz
Tenor	ténor *m*	te'nɔːr
Textbuch	livret *m*	li'vrɛ
Theater	théâtre *m*	te'ɑːtrə
Theaterstück	pièce *f* (de théâtre)	pjɛs (də te'ɑːtrə)
Tragödie	tragédie *f*	traʒe'di
Vorhang	rideau *m*	ri'do
Vorstellung	représentation *f*	rəprezɑ̃tɑ'sjɔ̃
Vorverkauf	location *f*	lɔkɑ'sjɔ̃
Werk	œuvre *f*	'œːvrə

Kino

Was gibt es heute abend im Kino?
Qu'est-ce qu'on joue au cinéma ce soir?
kɛskɔ̃‿ˈʒu o sineˈma sə swaːr

Wann beginnt *der Vorverkauf (der Film)*?
À quelle heure commence la location (le film)?
a kɛl‿ˈœːr kɔˈmɑ̃ːs la lɔkɑˈsjɔ̃ (lə film)

Wie lange dauert die Vorstellung?
Combien de temps dure la séance?
kɔ̃ˈbjɛ̃ də tɑ̃ dyr la seˈɑ̃ːs

Dokumentarfilm	(film *m*) documentaire *m*	(film) dɔkymɑ̃ˈtɛːr
Drehbuch	scénario *m*	senaˈrjo
Farbfilm	film *m* en couleurs	film ɑ̃ kuˈlœːr
Film	film *m*	film
Filmfestspiele	festival *m* du film	fɛstiˈval dy film
Filmschauspieler	acteur *m* de cinéma	akˈtœːr də sineˈma
Filmvorführung	projection *f* de film	prɔʒɛkˈsjɔ̃ də film
Freilichtkino	cinéma *m* en plein air	sineˈma ɑ̃ plɛ̃‿n‿ˈɛːr
Kino	cinéma *m*	sineˈma
Kriminalfilm	film *m* policier	film pɔliˈsje
Kulturfilm	(film *m*) documentaire *m*	(film) dɔkymɑ̃ˈtɛːr
Kurzfilm	(film *m* de) court métrage *m*	(film də) kuːr meˈtraːʒ
Leinwand	écran *m*	eˈkrɑ̃
Platzanweiserin	ouvreuse *f*	uˈvrœːz
Programmvorschau	prochains films *m/pl.*	prɔˈʃɛ̃ film
Spielfilm	long métrage *m*	lɔ̃ meˈtraːʒ
Synchronisation	synchronisation *f*	sɛ̃krɔnizɑˈsjɔ̃
synchronisiert	synchronisé	sɛ̃krɔniˈze
Western	western *m*	wɛsˈtɛrn
Wochenschau	actualités *f/pl.* de la semaine	aktyaliˈte də la smɛn
Zeichentrickfilm	dessin *m* animé	deˈsɛ̃ aniˈme
Zuschauer	spectateur *m*	spɛktaˈtœːr
Zuschauerraum	salle *f* de spectacle	sal də spɛkˈtaːklə

ZEITVERTREIB, SPORT

Zeitvertreib

Wo ist hier ... ? Où y a-t-il ici ... ? u jatil‿i'si

eine Bar	un bar	œ̃ bar
ein Billardraum	une salle de billard	yn sal də bi'jaːr
eine Diskothek	une discothèque	yn diskɔ'tɛk
eine Eisbahn	une patinoire	yn pati'nwaːr
eine Minigolfanlage	un terrain de golf miniature	œ̃ tɛ'rɛ̃ də gɔlf minja'tyːr
ein Nachtklub	une boîte de nuit	yn bwat də nɥi
eine Reitschule	une école d'équitation	yn e'kɔl dekitɑ'sjɔ̃
eine Segelschule	une école de yachting	yn‿e'kɔl də jɔ'tiŋ
ein Tennisplatz	un court de tennis	œ̃ kuːr də tɛ'nis

Ich möchte ... J'aimerais ... ʒɛm'rɛ

Federball spielen	jouer au volant	ʒwe o vɔ'lɑ̃
Minigolf spielen	jouer au golf miniature	ʒwe o gɔlf minja'tyːr
die Modenschau ansehen	aller voir la présentation des collections	ale vwar la prezɑ̃tɑ'sjɔ̃ de kɔlɛk'sjɔ̃
Tischtennis spielen	jouer au ping-pong	ʒu'e o piŋ'pɔŋ

Haben Sie Fernsehen?
Vous avez la télévision?
vu‿z‿ave la televi'zjɔ̃

Kann ich hier Radio hören?
Je peux écouter la radio ici?
ʒə pø eku'te la ra'djo i'si

Welcher Sender ist das?
Quel émetteur est-ce?
kɛl‿emɛ'tœːr ɛs

Was wird heute gegeben?
Quel est le programme aujourd'hui?
kɛlɛ lə prɔ'gram‿oʒur'dɥi

Spielen Sie *Schach (Tischtennis)*?
Jouez-vous *aux échecs (au ping-pong)?*
ʒue'vu o‿z‿e'ʃek (o piŋ'pɔŋ)

Boccia	pétanque *f*	pe'tɑ̃k
Bowlingbahn	piste *f* de bowling	pist də bəw'liŋ
Dame(spiel)	(jeu *m* de) dames	(ʒø də) dam
Fernsehen	télévision *f*	televi'zjɔ̃
– Ansager	speaker *m*	spi'kœːr
– Bildschirm	écran *m*	e'krɑ̃

– **ausschalten**	éteindre	e'tɛ̃dr(ə)
– **einschalten**	allumer	aly'me
– **Fernsehspiel**	jeu *m* télévisé	ʒø televi'ze
– **Nachrichten**	informations *f/pl.*	ɛ̃fɔrma'sjɔ̃
– **Programm**	programme *m*	prɔ'gram
– **erstes / zweites Programm**	première / deuxième chaîne	prə'mjɛːr / dø'zjɛm ʃɛn
– **Sendung**	émission *f*	emi'sjɔ̃
– **Störung**	perturbation *f*	pɛrtyrbɑ'sjɔ̃
Gesellschaftsspiel	jeu *m* de société	ʒø də sɔsje'te
Kartenspiel	jeu *m* de cartes	ʒø də kart
– **abheben**	couper	ku'pe
– **geben**	donner	dɔ'ne
– **mischen**	battre	'batrə
– **Bube / Dame**	valet *m* / dame *f*	va'lɛ / dam
– **König / As**	roi *m* / as *m*	rwa / as
– **Herz / Karo**	cœur *m* / carreau *m*	kœːr / ka'ro
– **Kreuz / Pik**	trèfle *m* / pique *m*	'trɛflə / pik
– **Stich / Joker**	levée *f* / joker *m*	lə've / ʒo'kɛːr
– **Trumpf**	atout *m*	a'tu
Klub	club *m*	klœb
eine Partie	une partie	yn par'ti
Plattenspieler	tourne-disque *m*	turnə'diskə
Rundfunk	radio *f*	ra'djo
– **Hörspiel**	pièce *f* radiophonique	pjɛs radjofɔ'nik
– **Kurzwelle**	ondes *f/pl.* courtes	ɔ̃ːd kurt
– **Langwelle**	grandes ondes *f/pl.*	grɑ̃d‿z‿ɔ̃ːd
– **Mittelwelle**	ondes *f/pl.* moyennes	ɔ̃ːd mwa'jɛn
– **UKW**	ondes *f/pl.* ultra-courtes	ɔ̃ːd yltra'kurt
Schach	échecs *m/pl.*	e'ʃɛk
– **Bauer**	pion *m*	pjɔ̃
– **Brett**	échiquier *m*	eʃi'kje
– **Dame**	reine *f*	rɛn
– **Feld**	case *f*	kaz
– **Figur**	pièce *f*	pjɛs
– **König**	roi *m*	rwa
– **Läufer**	fou *m*	fu
– **Springer**	cavalier *m*	kava'lje
– **Turm**	tour *f*	tuːr
Schallplatte	disque *m*	'diskə
Schönheitswettbewerb	concours *m* de beauté	kɔ̃'kuːr də bo'te

Spiel	jeu *m*	ʒø
– **Bankhalter**	banquier *m*	bɑ̃'kje
– **Einsatz**	mise *f*	mi:z
– **setzen**	miser (sur)	mi'ze (syr)
– **spielen**	jouer	ʒwe
– **Stein**	pion *m*	pjɔ̃
– **ziehen**	faire un coup	fɛ:r œ̃ ku
– **Zug**	coup *m*	ku
Spielkasino	casino *m*	kazi'no
Spielmarke	jeton *m*	ʒə'tɔ̃
Tischtennis	ping-pong *m*	piŋ'pɔŋ
Tonband	bande *f* magnétique	bɑ̃:d maɲe'tik
Tonbandgerät	magnétophone *m*	maɲetɔ'fɔn
Unterhaltung	divertissement *m*	divɛrtis'mɑ̃
– **sich unterhalten**	se divertir	sə divɛr'ti:r
Volksfest	fête *f* populaire	fɛt pɔpy'lɛ:r
Würfel	dé *m*	de
– **würfeln**	jouer aux dés	ʒwe o de
Zeitschrift	revue *f*	rə'vy
– **Illustrierte**	magazine *m*	maga'zin
– **Modezeitschrift**	journal *m* de modes	ʒur'nal də mɔd
Zeitung	journal *m*	ʒur'nal
Zeitvertreib	passe-temps *m*	pɑs'tɑ̃
Zirkus	cirque *m*	sirk

Tanz, Flirt

Verzeihen Sie, daß ich Sie anspreche.
Excusez-moi de vous adresser la parole.
ɛkskyze'mwa də vu‿z‿adrɛ'se la pa'rɔl

Darf ich mich zu Ihnen setzen?
Vous permettez que je m'asseye à côté de vous?
vu pɛrmɛ'te kə ʒə ma'sɛj a ko'te‿d‿'vu

Trinken wir einen Kaffee zusammen?
Nous prenons un café?
nu prə'nɔ̃ œ̃ ka'fe

Haben Sie für heute abend schon etwas vor?
Vous êtes déjà pris(e) ce soir?
vu‿z‿ɛt de'ʒa pri(z) sə swaːr

Wollen wir tanzen?
Si nous dansions?
si nu dɑ̃'sjɔ̃

Gibt es hier *eine Diskothek (ein Tanzlokal)*?
Y a-t-il ici *une discothèque (un dancing)*?
jatil‿i'si yn diskɔ'tɛk (œ̃ dɑ̃'siŋ)

Darf ich (um den nächsten Tanz) bitten?
(Voulez-vous m'accorder cette dance,) Mademoiselle?
(vule'vu makɔr'de sɛt dɑ̃ːs) madmwa'sɛl

Sie tanzen sehr gut.
Vous dansez très bien.
vu dɑ̃'se trɛ bjɛ̃

Tanzen wir noch einmal?
Si nous dansions encore une fois?
si nu dɑ̃'sjɔ̃ ɑ̃'kɔːr‿yn fwa

Hier können wir uns ungestört unterhalten.
Ici, nous pouvons discuter sans être dérangés.
isi nu pu'vɔ̃ disky'te sɑ̃‿z‿ɛtrə derɑ̃'ʒe

***Gehen (Fahren)* wir ein bißchen spazieren?**
Si on faisait un tour *(en voiture)*?
si ɔ̃ fə'zɛ œ̃ tur (ɑ̃ vwa'tyr)

Darf ich Sie zu einer Party einladen?
Je peux vous inviter à une fête?
ʒə pø vu‿z‿ɛ̃vi'te a yn fɛt

Ich erwarte Sie *bei (am, in)* ...
Je vous attends *chez (le, à)* ...
ʒə vu‿z‿a'tɑ̃ ʃe (lə, a)

Dieses Kleid steht Ihnen sehr gut.
Cette robe vous va très bien.
sɛt‿'rɔb vu va trɛ bjɛ̃

Wann kommen Sie mich mal besuchen?
Quand est-ce que vous viendrez me voir?
kɑ̃‿t‿ɛskə vu vjɛ̃'dre mə vwar

Wann können wir uns wiedersehen?
Quand pouvons-nous nous revoir?
kɑ̃ puvɔ̃'nu nu rə'vwaːr

Darf ich Sie nach Hause fahren?
Je peux vous ramener chez vous?
ʒə pø vu ram'ne ʃe vu

Wo wohnen Sie?
Où habitez-vous?
u abite'vu

Darf ich Sie noch ein Stück begleiten?
Je peux vous accompagner encore en peu?
ʒə pø vu‿z‿akɔ̃pa'ɲe ɑ̃'kɔːr œ̃ pø

Vielen Dank für den netten Abend.
Merci beaucoup pour cette agréable soirée.
mɛr'si bo'ku pur sɛt‿agre'ablə swa're

begleiten	accompagner	akɔ̃pa'ɲe
besuchen	visiter	vizi'te
Diskothek	discothèque *f*	diskɔ'tɛk
einladen	inviter	ɛ̃vi'te
j-n erwarten	attendre qn.	a'tɑ̃ːdrə kɛl'kœ̃
Flirt	flirt *m*	flœrt
Kuß	baiser *m*	bɛ'ze
küssen	embrasser	ɑ̃bra'se
Liebe	amour	a'mur
lieben	aimer	ɛ'me
Party	fête *f*	fɛt
spazierengehen	se promener	sə prɔm'ne
Tanz	danse *f*	dɑ̃ːs
tanzen	danser	dɑ̃'se
Tanzlokal	dancing *m*	dɑ̃'siŋ
sich treffen	se rencontrer	sə rɑ̃kɔ̃'tre
sich unterhalten	discuter	disky'te
sich wiedersehen	se revoir	sə rə'vwaːr
wohnen	habiter	abi'te

Am Strand

Wo kann man hier baden?
Où peut-on se baigner ici?
u pø'tɔ̃ sə bɛ'ɲe i'si

Darf man hier baden?
On a le droit de se baigner ici?
ɔ̃na l(ə) drwa də s(ə) be'ɲe i'si

Bitte zwei Eintrittskarten (mit Kabine).
Deux billets (avec cabine), s'il vous plaît.
dø bi'jɛ (a'vɛk ka'bin), silvu'plɛ

Wie *tief (warm)* ist das Wasser?
Quelle est *la profondeur (la température)* de l'eau?
'kɛl‿ɛ la prɔfɔ̃'dœːr (la tɑ̃pera'tyːr) də lo

Ist es für Kinder gefährlich?
Est-ce dangereux pour les enfants?
ɛs dɑ̃ʒə'rø pur le‿z‿ɑ̃'fɑ̃

***Baden verboten!**
Interdiction de se baigner!
ɛ̃tɛrdik'sjɔ̃ də sə bɛ'ɲe

Wie weit darf man hinausschwimmen?
Jusqu'à quelle distance peut-on nager?
'ʒyska kɛl dis'tɑ̃ːs pø'tɔ̃ na'ʒe

Gibt es hier *Strömungen (Quallen)*?
Y a-t-il ici *des courants sous-marins (des méduses)*?
jatil‿i'si de ku'rɑ̃ suma'rɛ̃ (de me'dyːz)

Wo ist der Bademeister?
Où est le maître nageur?
u ɛ lə mɛːtrəna'ʒœːr

Wo gibt es ...?
Où y a-t-il ...?
u ja'til

Bitte einen *Liegestuhl (Sonnenschirm)*.
Une chaise-longue (Un parasol), s'il vous plaît.
yn ʃɛz'lɔ̃ːg (œ̃ para'sɔl), silvu'plɛ

Was kostet ...?
Combien coûte?
kɔ̃'bjɛ̃ kut

Ich möchte *eine Kabine (ein Boot)* mieten.
Je voudrais louer *une cabine (un bateau)*.
ʒə vu'drɛ lwe yn ka'bin (œ̃ ba'to)

Ich möchte Wasserski fahren.
Je voudrais faire du ski nautique.
ʒə vu'drɛ fɛr dy ski no'tik

Wo kann man angeln?
Où peut-on pêcher à la ligne?
u pø'tɔ̃ pɛ'ʃe‿a‿la‿liɲ

Würden Sie bitte auf meine Sachen achtgeben?
Vous pourriez surveiller mes affaires, s'il vous plaît?
vu pu'rje syrve'je me‿z‿a'fɛːr, silvu'plɛ

Bad	bain *m*	bɛ̃
Badeanzug	maillot *m* de bain	ma'jo d(ə) bɛ̃
Badehose	maillot *m* de bain	ma'jo d(ə) bɛ̃
Badekabine	cabine *f* de bain	ka'bin də bɛ̃
Badekappe	bonnet *m* de bain	bɔ'nɛ d(ə) bɛ̃
Bademantel	peignoir *m*	pɛ'ɲwaːr
baden	se baigner	sə bɛ'ɲe
Badesteg	passerelle *f*	pas'rɛl
Boot	bateau *m*	ba'to
– **Motorboot**	bateau à moteur	ba'to a mɔ'tœːr
– **Ruderboot**	barque *f*	bark
– **Schlauchboot**	canot *m* pneumatique	ka'no pnøma'tik
– **Segelboot**	voilier *m*	vwa'lje
– **Tretboot**	pédalo *m*	peda'lo
Bucht	baie *f*	bɛ
Düne	dune *f*	dyn
Dusche	douche *f*	duʃ
Luftmatratze	matelas *m* pneumatique	mat'la pnøma'tik
Lufttemperatur	température *f* de l'air	tɑ̃pera'tyːr də lɛːr
Muscheln	coquillages *m/pl.*	kɔki'jaːʒ
Nichtschwimmer	non-nageur *m*	nɔ̃na'ʒœːr
Qualle	méduse *f*	me'dyːz
Salzgehalt	teneur *f* en sel	tə'nœːr‿ɑ̃‿sɛl
Sand	sable *m*	'sablə
Sandstrand	plage *f* de sable	plaːʒ də 'sablə
schwimmen	nager	na'ʒe
Schwimmer	nageur *m*	na'ʒœːr
Sonnenbad	bain *m* de soleil	bɛ̃‿d‿sɔ'lɛj
Strand	plage *f*	plaːʒ
tauchen	plonger	plɔ̃'ʒe
Taucherausrüstung	équipement *m* de plongée	ekip'mɑ̃ də plɔ̃'ʒe
Wasser	eau *f*	o
Wassertemperatur	température *f* de l'eau	tɑ̃pera'tyːr də lo
Welle	vague *f*	vag

Sport

Welche Sportveranstaltungen gibt es hier?
Quelles manifestations sportives y a-t-il ici?
kɛl manifɛsta'sjɔ̃ spɔr'tiːv jatil‿i'si

Wo ist *das Stadion (der Fußballplatz)*?
Où est *le stade (le terrain de football)*?
u ɛ lə stad (lə tɛˈrɛ̃ də futˈbol)

***Heute spielt ... gegen ...**
Aujourd'hui ... joue contre ...
oʒurˈdɥi ... ʒu ˈkɔ̃ːtrə

Ich würde mir gern *das Spiel (das Rennen, den Kampf)* ansehen.
J'aimerais bien regarder *le match (la course, le combat)*.
ʒɛmrɛ‿ˈbjɛ̃ rəgarˈde lə matʃ (la kurs, lə kɔ̃ˈba)

***Wann (Wo)* findet das Fußballspiel statt?**
Quand (Où) le match de football a-t-il lieu?
kɑ̃ (u) lə matʃ də futˈbol atil‿ˈljø

Können Sie uns dafür Karten besorgen?
Pourriez-vous nous procurer des cartes?
purjeˈvu nu prɔkyˈre de kart

Tor!
Un but!
œ̃ by

Wie steht das Spiel?
Où en est le match?
u ɑ̃‿n‿ˈɛ lə matʃ

***Das Spiel steht 3:2 für ...**
Le match en est à trois à deux pour ...
lə matʃ ɑ̃‿n‿ˈɛ a trwa a dø pur

Gibt es hier ein *Freibad (Hallenbad)*?
Y a-t-il ici une piscine *découverte (couverte)*?
jatil‿iˈsi yn piˈsin dekuˈvɛrt (kuˈvɛrt)

Welchen Sport *treiben Sie (treibst du)*?
Qu'est-ce que *vous faites (tu fais)* comme sport?
kɛskə vu fɛt (ty fɛ) kɔm spɔːr

Ich bin ...
Je suis ...
ʒə sɥi

Ich spiele ...
Je joue au ...
ʒə ʒu o

Ich begeistere mich für ...
Je me passionne pour ...
ʒə mə paˈsjɔn pur

Angelsport	pêche *f* à la ligne	pɛʃ a la ˈliɲə
– Angel	canne *f* à pêche	kan a pɛʃ
– angeln	pêcher à la ligne	pɛˈʃe a la ˈliɲə
– Angelschein	permis *m* de pêche	pɛrˈmi də pɛʃ
Bergsteigen	alpinisme *m*	alpiˈnismə
– Bergsteiger	alpiniste *m*	alpiˈnist
Bootsrennen	régates *f/pl.*	reˈgat

– Rennboot	bateau *m* de course	ba'to də kurs
Boxkampf	match *m* de boxe	matʃ də bɔks
– boxen	boxer	bɔk'se
– Boxer	boxeur *m*	bɔk'sœːr
– Runde	reprise *f*	rə'priːz
Eishockey	hockey *m* sur glace	ɔ'kɛ syr glas
Eiskunstlauf	patinage *m*	pati'naːʒ
– eislaufen	patiner	pati'ne
– Schlittschuhe	patins *m/pl.*	pa'tɛ̃
– Schlittschuhläufer	patineur *m*	pati'nœːr
Fechten	escrime *f*	ɛs'krim
Fußballspiel	match *m* de football	matʃ də fut'bol
– Fußball spielen	jouer au football	ʒwe o fut'bol
– Abseits	hors-jeu *m*	ɔr'ʒø
– Ball	ballon *m*	ba'lɔ̃
– Eckball	corner *m*	kɔr'nɛːr
– Einwurf	touche *f*	tuʃ
– Freistoß	coup *m* franc	ku frɑ̃
– Strafstoß	penalty *m*	penal'ti
– Tor	but *m*	by
Geräteturnen	gymnastique *f* aux agrès	ʒimnas'tik o‿z‿a'grɛ
– Barren	barres *f/pl.* parallèles	bar para'lɛl
– Reck	barre *f* fixe	bar fiks
– Ringe	anneaux *m/pl.*	a'no
– Schwebebalken	poutre *f* horizontale	'putrə ɔrizɔ̃'tal
Golf	golf *m*	gɔlf
– Golf spielen	jouer au golf	ʒwe o gɔlf
Gymnastik	gymnastique *f*	ʒimnas'tik
Handball	handball *m*	ɑ̃d'bal
Jagd	chasse *f*	ʃas
– Jagdschein	permis *m* de chasse	pɛr'mi də ʃas
Judo	judo *m*	ʒy'do
Kegeln	jeu *m* de quille	ʒø də kij
Korbball	basket *m*	bas'kɛt
Leichtathletik	athlétisme *m*	atle'tismə
Mannschaft	équipe *f*	e'kip
– Läufer	coureur *m*	ku'rœːr
– Schiedsrichter	arbitre *m*	ar'bitrə
– Spieler	joueur *m*	ʒwœːr
– Stürmer	avant *m*	a'vɑ̃

– **Torwart**	gardien *m* de but	garˈdjɛ̃ də by
– **Verteidiger**	arrière *m*	arˈjɛːr
Motorsport	sport *m* motocycliste	spɔːr mɔtɔsiˈklist
– **Rennen**	course *f*	kurs
– **Rennfahrer**	coureur *m* automobile	kuˈrœːr otɔmɔˈbil
– **Rennwagen**	voiture *f* de course	vwaˈtyːr də kurs
Radsport	cyclisme *m*	siˈklismə
– **Fahrrad**	bicyclette *f*	bisiˈklɛt
– **radfahren**	aller à bicyclette	aˈle a bisiˈklɛt
– **Radfahrer**	cycliste *m*	siˈklist
– **Radrennen**	course *f* cycliste	kurs siˈklist
Reitsport	hippisme *m*; équitation *f*	iˈpismə; ekitɑˈsjɔ̃
– **Galopprennen**	course *f* de galop	kurs də gaˈlo
– **Pferd**	cheval *m*	ʃəˈval
– **reiten**	monter à cheval	mɔ̃ˈte a ʃəˈval
– **Reiter**	cavalier *m*	kavaˈlje
– **Springen**	saut *m*	so
– **Trabrennen**	course *f* de trot	kurs də tro
Ringkampf	lutte *f*	lyt
– **ringen**	lutter	lyˈte
– **Ringer**	lutteur *m*	lyˈtœːr
Rodeln	luge *f*	lyʒ
– **Schlitten**	luge *f*	lyʒ
Rudern	aviron *m*	aviˈrɔ̃
– **Ruderboot**	barque *f*	bark
– **Ruderer**	rameur *m*	raˈmœːr
– **Steuermann**	barreur *m*	baˈrœːr
Schießsport	tir *m*	tir
– **Scheibe**	cible *f*	ˈsiblə
– **schießen**	tirer	tiˈre
– **Schießstand**	(stand *m* de) tir *m*	(stɑ̃d də) tir
– **Tontaubenschießen**	tir *m* au pigeon	tir‿o piˈʒɔ̃
Schisport	ski *m*	ski
– **Schi laufen**	faire du ski	fɛːr dy ski
– **Bindung**	fixation *f*	fiksɑˈsjɔ̃
– **Schi**	ski *m*	ski
– **Schilift**	téléski *m*	teleˈski
– **Schiwachs**	fart *m*	far(t)
– **Sprungschanze**	tremplin *m* (de saut)	trɑ̃ˈplɛ̃ (də so)
Schwimmen	natation *f*	natɑˈsjɔ̃
– **Schwimmer**	nageur *m*	naˈʒœːr

– **Sprung**	plongeon *m*	plɔ̃'ʒɔ̃
– **Sprungbrett**	plongeoir *m*	plɔ̃'ʒwar
Segelsport	voile *f* (yachting *m*)	vwal (jɔ'tiŋ)
– **Segel**	voile *f*	vwal
– **Segelboot**	voilier *m*	vwal'je
– **segeln**	faire de la voile	fɛr də la vwal
Sport	sport *m*	spɔːr
– **Sportler**	sportif *m*	spɔr'tif
– **Sportlerin**	sportive *f*	spɔr'tiːv
– **Sportverein**	association *f* sportive	asɔsja'sjɔ̃ spɔr'tiːv
Tennis	tennis *m*	tɛ'nis
– **Einzel / Doppel**	simple *m* / double *m*	'sɛ̃plə / 'dublə
– **Tennis spielen**	jouer au tennis	ʒwe o tɛ'nis
– **Tennisball**	balle *f* de tennis	bal də tɛnis
– **Tennisplatz**	court *m* de tennis	kuːr də tɛ'nis
Tischtennis	ping-pong *m*	piŋ-pɔŋ
Turnen	gymnastique *f*	ʒimnas'tik
– **Turner**	gymnaste *m*	ʒim'nast
Volleyball	volley-ball *m*	vɔlɛ'bol
Wettkampf	compétition *f*	kɔ̃peti'sjɔ̃
– **Ergebnis**	résultat *m*	rezyl'ta
– **Halbzeit**	mi-temps *f*	mi'tɑ̃
– **Kür**	exercices *m/pl.* libres	ɛgsɛr'sis 'librə
– **Meisterschaft**	championnat *m*	ʃɑ̃pjɔ'na
– **Niederlage**	défaite *f*	de'fɛt
– **Punkt**	point *m*	pwɛ̃
– **Sieg**	victoire *f*	vik'twaːr
– **Spiel**	jeu *m*	ʒø
– **spielen**	jouer	ʒwe
– **Start**	départ *m*	de'paːr
– **Tor**	but *m*	by
– **Training**	entraînement *m*	ɑ̃trɛn'mɑ̃
– **Unentschieden**	match *m* nul	matʃ nyl

ANHANG

Bekanntmachungen und Warnungen

À DROITE	Rechts
À GAUCHE	Links
À LOUER	Zu vermieten
À VENDRE	Zu verkaufen
ARRÊT	Haltestelle
ARRÊT FACULTATIF	Bedarfshaltestelle
ARRIVÉE	Ankunft
ATTENTION	Achtung!
ATTENTION, CHIEN MÉCHANT	Vorsicht! Hund!
ATTENTION, TRAIN	Vorsicht! Zug!
AVIS	Bekanntmachung
DAMES	Damen
DANGER	Gefahr!
DANGER DE MORT	Lebensgefahr!
DÉFENSE D'AFFICHER	Zettelankleben verboten!
DÉFENSE DE FUMER	Rauchen verboten!
DÉFENSE DE SE BAIGNER	Baden verboten!
DÉPART	Abfahrt
ENTRÉE	Eingang
ENTRÉE INTERDITE	Eintritt verboten!
ENTRÉE LIBRE	Eintritt frei!
FERMEZ LA PORTE	Tür schließen!
FUMEURS	Raucher
MESSIEURS	Herren
PARKING	Parkplatz
PASSAGE INTERDIT AUX PIÉTONS	Durchgang verboten!
PASSAGE SOUTERRAIN	Unterführung
POUSSEZ	Stoßen!
PRIX FIXES	Feste Preise
RÉSERVÉ	Reserviert
SALLE D'ATTENTE	Wartesaal
SORTIE	Ausgang
TIREZ	Ziehen
TRAVAUX	Straßenarbeiten

Abkürzungen

A.J.	Auberge de Jeunesse	**Jugendherberge**
arr.	arrondissement	**Bezirk**
Bd.	boulevard	**Boulevard**
B.P.	boîte postale	**Postfach**
c.-à-d.	c'est-à-dire	**das heißt**
CCP.	compte de chèques postaux	**Postscheckkonto**
Cf.	confer	**siehe**
C.J.	camp de jeunesse	**Jugendlager**
cl.	classe	**Klasse**
C.U.	cité universitaire	**Universitätsstadt**
Dept.	département	**Departement**
F.	Francs	**Franz. Franken**
L.D.	livraison à domicile	**Lieferung frei Haus**
M.	Monsieur	**Herr**
Mlle	Mademoiselle	**Fräulein**
MM	Messieurs	**Herren**
Mme	Madame	**Frau**
M^{t}, M^{ts}	mont(s)	**Berg(e)**
N.	nord	**Norden**
N.-E.	nord-est	**Nordosten**
N.F.	Norme française	**DIN (französische)**
N.-O.	nord-ouest	**Nordwesten**
O.R.T.F.	Office de la Radiotélévision française	**Amt für Franz. Fernsehen und Rundfunk**
p.	page	**Seite**
P. et T.	Postes et Télécommunications	**Franz. Post- und Fernmeldewesen**
R.A.T.P.	Régie autonome des transports parisiens	**Pariser Verkehrsbetriebe (staatliche)**
S^{t}, S^{te}	Saint, Sainte	**Sankt, heilig**
S.A.	Société Anonyme	**Aktiengesellschaft**
S.N.	Sûreté nationale	**Sicherheitspolizei**
S.N.C.F.	Société Nationale des Chemins de Fer Français	**Franz. Staatsbahnen**
S.R.L.	Société à responsabilité limitée	**Gesellschaft mit beschränkter Haftung**
s.v.p.	s'il vous plaît	**bitte**
T.C.F.	Touring Club de France	**Franz. Fremden-Verkehrsgesellschaft**

Maße und Gewichte

Längenmaße

1 Millimeter	un millimètre	œ̃ mili'mɛtrə	mm
1 Zentimeter	un centimètre	œ̃ sɑ̃ti'mɛtrə	cm
1 Dezimeter	un décimètre	œ̃ desi'mɛtrə	dm
1 Meter	un mètre	œ̃ 'mɛtrə	m
1 Kilometer	un kilomètre	œ̃ kilɔ'mɛtrə	km
1 Zoll	un pouce (27,07 mm)	œ̃ pus	
1 Meile	une lieue (4 km)	yn ljø	
1 Seemeile	un mille marin (1582 m)	œ̃ mil ma'rɛ̃	

Hohlmaße

1 Deziliter	un décilitre	œ̃ desi'litrə	dl
1 Liter	un litre	œ̃ 'litrə	l
1 Hektoliter	un hectolitre	œ̃nɛktɔ'litrə	hl

Flächenmaße

1 Quadratmeter	un mètre carré	œ̃ 'mɛtrə ka're	m^2
1 Ar	un are	œ̃nɑːr	a
1 Hektar	un hectare	œ̃nɛk'tar	ha
1 Quadratkilometer	un kilomètre carré	œ̃ kilɔ'mɛtrə ka're	km^2

Kubikmaße

1 Kubikzentimeter	un centimètre cube	œ̃ sɑ̃ti'mɛtrə kyb	cm^3
1 Kubikmeter	un mètre cube	œ̃ 'mɛtrə kyb	m^3

Gewichte

1 Gramm	un gramme	œ̃ gram	g
1 Pfund	une livre	yn 'livrə	$^1/_2$kg
1 Kilogramm	un kilogramme	œ̃ kilɔ'gram	kg
1 Doppelzentner	un quintal	œ̃ kɛ̃'tal	q
1 Tonne	une tonne	yn tɔn	t

Die Franzosen rechnen praktisch nur in Gramm und Kilogramm. So kaufen sie z. B. in einem Laden:

100 g	cent grammes
250 g	deux cent cinquante grammes
500 g	cinq cent grammes *oder* un demi kilo
1.000 g	un kilo

Farben

beige	beige	bɛːʒ
blau	bleu	blø
– dunkelblau	bleu foncé	blø fɔ̃ˈse
– hellblau	bleu clair	blø klɛːr
blond	blond	blɔ̃
braun	brun	brœ̃
– kastanienbraun	châtain	ʃɑˈtɛ̃
bunt	multicolore	myltikɔˈlɔːr
Farbe	couleur *f*	kuˈlœːr
farbig	coloré	kɔlɔˈre
– einfarbig	unicolore	ynikɔˈlɔːr
gelb	jaune	ʒon
– goldgelb	jaune d'or	ʒon dɔːr
– strohgelb	jaune paille	ʒon paj
golden	doré	dɔˈre
grau	gris	gri
– aschgrau	gris cendré	gri sɑ̃ˈdre
– dunkelgrau	gris foncé	gri fɔ̃ˈse
– hellgrau	gris clair	gri klɛːr
grün	vert	vɛːr
– dunkelgrün	vert foncé	vɛːr fɔ̃ˈse
– hellgrün	vert clair	vɛːr klɛːr
lila	lilas	liˈla
ocker	ocre	ɔkr
orange	orange	ɔˈrɑ̃ːʒ
rosa	rose	roːz
rot	rouge	ruːʒ
– dunkelrot	rouge foncé	ruːʒ fɔ̃ˈse
– hellrot	rouge clair	ruːʒ klɛːr
– weinrot	bordeaux	bɔrˈdo
schwarz	noir	nwaːr
silbern	argenté	arʒɑ̃ˈte
violett	violet	vjɔˈlɛ
weiß	blanc; *f* blanche	blɑ̃; blɑ̃ʃ

DAS WICHTIGSTE AUS DER GRAMMATIK

I. Artikel (Geschlechtswort)

1. Die französische Sprache unterscheidet nur zwei Geschlechter: das männliche und das weibliche.
2. Der **bestimmte** Artikel für **Maskulina** ist **le** (lə), z. B. *le livre* (lə 'liːvrə) das Buch.
3. Der **bestimmte** Artikel für **Feminina** ist **la** (la), z. B. *la maison* (la mɛ'zɔ̃) das Haus.
4. Der **Plural** des **bestimmten** Artikels lautet immer **les** (le), z. B. *les livres* (le 'liːvrə) die Bücher, *les maisons* (le mɛ'zɔ̃) die Häuser.
5. Der **unbestimmte** Artikel für **Maskulina** ist **un** (œ̃), z. B. *un cheval* (œ̃ ʃə'val) ein Pferd.
6. Der **unbestimmte** Artikel für **Feminina** ist **une** (yn), z. B. *une lettre* (yn 'lɛtrə) ein Brief.
7. **Substantive ohne Artikel,** die eine unbestimmte Menge oder Anzahl bezeichnen, erfordern im Französischen den sogenannten **Teilungsartikel.** Der Teilungsartikel setzt sich zusammen aus der Präposition **de** und dem bestimmten Artikel, z. B. *du pain* (dy pɛ̃) Brot, *de la viande* (də la vjɑ̃ːd) Fleisch, *des amis* (de‿z‿a'mi) Freunde.

II. Substantiv (Hauptwort)

1. Der Akkusativ der Substantive ist stets gleich dem Nominativ. Unterschieden werden sie voneinander durch ihre Stellung im Satz: Der Nominativ steht als Subjekt vor dem Verbum, der Akkusativ als Objekt hinter dem Verbum.
2. Der Genitiv wird gebildet, indem man *de* (də), der Dativ, indem man *à* (a) vor den Akkusativ setzt.
3. *de* und *à* werden mit den Artikeln *le* und *les* verschmolzen:
de le wird zu *du* (dy), *de les* wird zu *des* (de), *à le* wird zu *au* (oː), *à les* wird zu *aux* (oː).

III. Adjektiv (Eigenschaftswort) und Adverb (Umstandswort)

1. Das **Adjektiv** richtet sich in Geschlecht und Zahl nach dem Wort, das es näher bestimmt.
2. Das **Adverb** wird durch Anhängung von **-ment** an die weibliche Adjektivform gebildet.
3. Die Bildung der weiblichen Adjektivform (*f*) erfolgt zumeist durch Anhängung von ...*e*, wenn die männliche Form (*m*) nicht schon auf

...*e* endet, z. B. *m grand* (grɑ̃), *f grande* (graːd) groß; *m poli* (pɔ'li), *f polie* (pɔ'li) höflich; aber *m u. f* sage (saːʒ) weise.

IV. Steigerung der Adjektive und Adverbien

1. Der **Komparativ** der Adjektive und der Adverbien wird gebildet durch Vorsetzung von *plus* (ply) mehr, z. B. *beau* (bo) schön, *plus beau* (ply bo) schöner; rapidement (rapid'mɑ̃) schnell, *plus rapidement* (ply rapid'mɑ̃) schneller.
2. Folgende Adjektive haben einen unregelmäßigen **Komparativ:** *bon* (bɔ̃) gut, *meilleur* (mɛ'jœːr) besser; *mauvais* (mɔ'vɛ) schlimm (schlecht), *pire* (piːr) schlimmer, (*plus mauvais* [ply mɔ'vɛ] schlechter); *petit* (p[ə]ti) gering (klein), *moindre* ('mwɛ̃ːdrə) geringer, (*plus petit* [ply p(e)ti] kleiner).
3. Folgende Adverbien haben einen unregelmäßigen **Komparativ:** *bien* (bjɛ̃) gut, *mieux* (mjø) besser; *mal* (mal) schlimm, *pis* (pi) schlimmer; *peu* (pø) wenig, *moins* (mwɛ̃) weniger; *beaucoup* (bo'ku) viel, *plus* (ply) mehr.
4. „Als" nach einem Komparativ wird durch *que* wiedergegeben, z. B. *il est plus fort que moi* (il ɛ ply fɔːr kə mwa) er ist stärker als ich.
5. Der **Superlativ** von Adjektiv und Adverb wird gebildet, indem man den bestimmten Artikel vor den Komparativ setzt, z. B. *le plus beau voyage* (lə ply bo vwa'jaːʒ) od. *le voyage le plus beau* (lə vwa'jaːʒ lə ply bo) die schönste Reise; *le meilleur ami* (lə mɛ'jœːr a'mi) der beste Freund; *le plus rapidement* (lə ply rapid'mɑ̃) am raschesten.

V. Pluralbildung (Mehrzahlbildung)

1. Die Mehrzahl der Substantive und Adjektive wird durch Anhängung von *s* an den Singular gebildet, z. B. *le livre* (lə 'liːvrə) das Buch, *les livres* (le 'liːvrə) die Bücher.
2. Endet die Einzahl auf *s*, *x* oder *z*, so bleibt der Plural unverändert, z. B. *la souris* (la su'ri) die Maus, *les souris* (le su'ri) die Mäuse; *la voix* (la vwa) die Stimme, *les voix* (le vwa) die Stimmen.
3. Einige Substantive auf ...*ou* und alle Substantive auf *au*, *eau*, *eu* und *œu* hängen ein ...*x* an. z. B. *le chou* (le ʃu) der Kohl, Plural: *les choux* (le ʃu); *le genou* (lə ʒə'nu) das Knie, Plural: *les genoux* (le ʒə'nu); *le cheveu* (lə ʃ[ə]vø) das Haar, Plural: *les cheveux* (le ʃ[ə]vø); *le tableau* (lə ta'blo) das Bild, Plural: *les tableaux* (le ta'blo).
4. Die Endung ...*al* wird meist, die Endung ...*ail* wird manchmal im Plural zu ...*aux*, z. B. *le cheval* (le ʃ[ə]val) das Pferd, Plural: *les chevaux* (le ʃ[ə]vo); *le travail* (lə trav'aːj) die Arbeit, Plural: *les travaux* (le tra'vo).

VI. Pronomen (Fürwort)

Persönliche Fürwörter

I. Nominativ

je (ʒə) ich; *tu* (ty) du; *il* (il) er; *elle* (ɛl) sie; *nous* (nu) wir; *vous* (vu) ihr, Sie; *ils* (il) sie (männlich); *elles* (ɛl) sie (weiblich).

II. Genitiv, Dativ, Akkusativ

1. Die (mit einem Verb) **verbundenen** persönlichen Fürwörter sind:

	Dativ			Akkusativ	
me	(mə)	mir	*me*	(mə)	mich
te	(tə)	dir	*te*	(tə)	dich
lui	(lɥi)	ihm	*le*	(lə)	ihn
lui	(lɥi)	ihr	*la*	(la)	sie
se	(sə)	sich	*se*	(sə)	sich
nous	(nu)	uns	*nous*	(nu)	uns
vous	(vu)	euch, Ihnen	*vous*	(vu)	euch, Sie
leur	(lœːr)	ihnen	*les*	(le)	sie (männlich)
leur	(lœːr)	ihnen	*les*	(le)	sie (weiblich)

Sie stehen im allgemeinen vor dem Verb, z. B. *il me donne* (il mə dɔn) er gibt mir.

2. Die **unverbundenen** (alleinstehenden) persönlichen Fürwörter sind *moi* (mwa) ich, mich; *toi* (twa) du, dich; *lui* (lɥi) er, ihn; *elle* (ɛl) sie; *nous* (nu) wir, uns; *vous* (vu) ihr, euch, Sie; *eux* (ø) sie (männlich); *elles* (ɛl) sie (weiblich).

Z. B. *Qui est venu?–Moi!* (ki ɛ vəˈny? mwa). Wer ist gekommen?–Ich!

3. Der **Genitiv** der persönlichen Fürwörter wird stets von der **unverbundenen** Form durch Voranstellung von *de* (də) gebildet, z. B. *il se souvient de moi* (*vous*) (il sə suˈvjɛ̃ de mwa [vu]) er erinnert sich meiner (eurer, Ihrer).

4. Die **unverbundenen** persönlichen Fürwörter bilden den **Dativ** durch Voranstellung von *à*, z. B. *à moi* (a mwa) mir, *à eux* (a ø) ihnen.

Besitzanzeigende Fürwörter

1. **adjektivische** (d. h. mit einem Substantiv verbundene) besitzanzeigende Fürwörter:

Singular

männlich *mon* (mɔ̃) mein; *ton* (tɔ̃) dein, deine; *son* (sɔ̃) sein, seine, weiblich *ma* (ma); *ta* (ta); *sa* (sa) ihr, ihre, *notre* (nɔtr) unser, unsere; *votre* (vɔtr) euer, eure; *leur* (lœːr) ihr, ihre.

Plural (männlich und weiblich)

mes (me) meine; *tes* (te) deine; *ses* (se) seine, ihre; *nos* (no) unsere; *vos* (vo) eure; *leurs* (lœːr) ihre

Als Adjektiv richtet sich dieses Pronomen immer nach dem Geschlecht des Substantivs, bei dem es steht, d. h. also des Besitztums. Auf eine Besitzerin bezogen, wird „ihr" immer durch *son, sa, ses* übersetzt, z. B. *la famille prend ses repas au restaurant* (la faˈmiːj prɑ̃ se rəˈpa oː rɛstɔˈrɑ̃) die Familie nimmt ihre Mahlzeit im Restaurant ein.

Auf mehrere Besitzer oder Besitzerinnen bezogen, heißt „ihr" *leur(s)*, z. B.: *ces familles ont vendu leurs meubles* (se faˈmiːj ɔ̃ vɑ̃ˈdy lœːr ˈmœblə) diese Familien haben ihre Möbel verkauft.

Die Anredeform „Ihr (Ihre)" ist im Französischen gleich euer (eure), z. B.: *où prenez-vous votre premier déjeuner?* (u prəneˈvu vɔtr prəˈmje deʒœˈne) wo nehmen Sie Ihr erstes Frühstück ein?

2. **substantivische** (d. h. nur mit dem Artikel verbundene) besitzanzeigende Fürwörter:

le mien (lə mjɛ̃), *la mienne* (la mjɛn) der, die, das meinige; *le tien* (tjɛ̃), *la tienne* (tjɛn) der, die, das deinige; *le sien* (sjɛ̃), *la sienne* (sjɛn) der, die, das seinige, ihrige; *le nôtre* (ˈnoːtrə), *la nôtre* (ˈnoːtrə) der, die, das unsrige; *le vôtre* (ˈvoːtrə), *la vôtre* (ˈvoːtrə) der, die, das eurige, Ihrige; *le leur* (lœːr), *la leur* (lœːr) der, die, das ihrige (mehrere Besitzer). Der Plural wird durch Anhängung von *s* gebildet.

Hinweisende Fürwörter

1. **adjektivisch** (d. h. mit einem Substantiv verbunden) werden gebraucht:

ce (sə), *cet* (sɛt), *cette* (sɛt) dieser, diese, dieses; *ces* (se, sɛ) diese.

Anm.: *cet* ist die männliche Form vor Vokalen und vokalischem *h*, z. B.: *ce cheval* (sə ʃəˈval) dieses Pferd, *cet homme* (sɛt‿ɔm) dieser Mann, *cette femme* (sɛt fam) diese Frau, *ces enfants* (se‿z‿ɑ̃ˈfɑ̃) diese Kinder.

2. **substantivisch** (d. h. alleinstehend) werden gebraucht:

celui-ci (səlɥiˈsi), *celle-ci* (sɛlˈsi) dieser, diese, dieses; *ceux-ci* (søˈsi), *celles-ci* (sɛlˈsi) diese; *celui-là* (səlɥiˈla), *celle-là* (sɛlˈla) jener, jene, jenes; *ceux-là* (søˈla), *celles-là* (sɛlˈla) jene; *celui*, *celle* derjenige, diejenige, dasjenige; *ceux*, *celles* diejenigen; *ceci* (səˈsi) dies, *cela* (səˈla) das (oft: *ça* [sa] gesprochen).

Bezügliche Fürwörter

qui (ki) der, die, das, *pl.* die; *dont* (dɔ̃) dessen, deren (von dem, von der), *pl.* deren (von denen); *à qui* (a ki) dem, der, *pl.* denen; *que* (kə) den, die, das, *pl.* die.

Fragende Fürwörter

1. **adjektivisch** (d. h. mit einem Substantiv verbunden) werden gebraucht:
quel? (kɛl), *quelle?* (kɛl) welcher?, welche?, welches?; *quels?* (kɛl), *quelles?* (kɛl) welche?; z. B.: *quel livre?* (kɛl 'liːvrə) welches Buch?; *quelle fille?* (kɛl fiːj) welches Mädchen?; *quels garçons?* (kɛl gar'sɔ̃) welche Knaben?; *quelles villes?* (kɛl vil) welche Städte?
2. **substantivisch** (d. h. alleinstehend) werden gebraucht:
lequel? (lə'kɛl), *laquelle?* (la'kɛl) welcher?, welche?, welches?; *lesquels?* (le'kɛl), *lesquelles?* (le'kɛl) welche?; z. B.: *lesquels de tes amis?* (le'kɛl də te‿z‿a'mi) welche deiner Freunde?; *qui?* (ki) wer?; *de qui* (də ki) wessen? (von wem?); *à qui?* (a ki) wem?; *qui?* (ki) wen?; *qu'est-ce qui?* (kɛs ki) was? (Nominativ); *qu'est-ce que?* (kɛs kə) od. *que* (kə) was? (Akkusativ); *de quoi?* (də kwa) wovon?; *à quoi* (a kwa) woran?

VII. Verbum (Zeitwort)

A. Die Hilfszeitwörter avoir und être

Présent		Imparfait	Passé simple	Futur	Impératif
avoir	haben				
j'	ai	avais	eus	aurai	aie
tu	as	avais	eus	auras	ayons
il	a	avait	eut	aura	ayez
nous	avons	avions	eûmes	aurons	**Participe**
vous	avez	aviez	eûtes	aurez	**passé**
ils	ont	avaient	eurent	auront	eu
être	sein				
je	suis	j'étais	fus	serai	sois
tu	es	étais	fus	seras	soyons
il	est	était	fut	sera	soyez
nous	sommes	étions	fûmes	serons	**Participe**
vous	êtes	étiez	fûtes	serez	**passé**
ils	sont	étaient	furent	seront	été

B. Die regelmäßigen Verben

Présent		Imparfait	Passé simple	Futur	Impératif
		Erste Konjugation			
blâmer tadeln					
je	blâme	blâmais	blâmai	blâmerai	blâme
tu	blâmes	blâmais	blâmas	blâmeras	blâmons
il	blâme	blâmait	blâma	blâmera	blâmez
nous	blâmons	blâmions	blâmâmes	blâmerons	**Participe**
vous	blâmez	blâmiez	blâmâtes	blâmerez	**passé**
ils	blâment	blâmaient	blâmèrent	blâmeront	blâmé(e)
		Zweite Konjugation			
punir bestrafen					
je	punis	punissais	punis	punirai	punis
tu	punis	punissais	punis	puniras	punissons
il	punit	punissait	punit	punira	punissez
nous	punissons	punissions	punîmes	punirons	**Participe**
vous	punissez	punissiez	punîtes	punirez	**passé**
ils	punissent	punissaient	punirent	puniront	puni(e)
		Dritte Konjugation			
recevoir empfangen					
je	reçois	recevais	reçus	recevrai	reçois
tu	reçois	recevais	reçus	recevras	recevons
il	reçoit	recevait	reçut	recevra	recevez
nous	recevons	recevions	reçûmes	recevrons	**Participe**
vous	recevez	receviez	reçûtes	recevrez	**passé**
ils	reçoivent	recevaient	reçurent	recevront	reçu(e)
		Vierte Konjugation			
vendre verkaufen					
je	vends	vendais	vendis	vendrai	vends
tu	vends	vendais	vendis	vendras	vendons
il	vend	vendait	vendit	vendra	vendez
nous	vendons	vendions	vendîmes	vendrons	**Participe**
vous	vendez	vendiez	vendîtes	vendrez	**passé**
ils	vendent	vendaient	vendirent	vendront	vendu(e)

WÖRTERVERZEICHNIS DEUTSCH – FRANZÖSISCH FÜR TOURISTEN

Die Zahl bei einer Übersetzung verweist auf die Seite im Sprachführer, auf der das betreffende Wort in einer Wendung oder Wortliste zu finden ist. In diesem Wörterverzeichnis werden folgende Abkürzungen verwendet: *f* Femininum (weiblich), *m* Maskulinum (männlich), *pl* Plural (Mehrzahl).

A

Aal anguille *f* [ɑ̃'gi:j] 105
abbiegen tourner [tur'ne] 42
Abblendlicht feux *m/pl* de croisement [fø də krwaz'mɑ] 55
Abend: *guten ~!* bonsoir [bɔ̃'swa:r] 12
Abendessen dîner *m* [di'ne] 90
Abendmahl communion *f* [kɔmy'njɔ̃] 124
abends le soir [lə swa:r] 31
abfahren partir [par'ti:r] 67, 72
Abfahrt départ *m* [de'pa:r] 60, 67
Abflug départ *m* [de'pa:r] 70
Abfluß lavabo *m* [lava'bo] 88
Abführmittel purgatif *m* [pyrga'tif] 160
abgebrochen cassé [ka'se] 173
abgeschickt expédié [ɛkspe'dje] 34
abheben *(Kartenspiel)* couper [ku'pe] 181
abholen venir chercher [vənir ʃɛr'ʃe] 15, 41
ablegen *(Schiff)* partir [par'ti:r] 73.
Abmeldung *(im Hotel)* déclaration *f* de départ [deklara'sjɔ̃ də de'pa:r] 95
abnehmen *(Hörer)* décrocher [dekrɔ'ʃe] 149
Abreise départ *m* [de'pa:r] 90
abreisen partir [par'ti:r].34, 89
Absatz *(Schuh)* talon *m* [ta'lɔ̃] 139
Abschiedsessen dîner *m* d'adieux [di'ne da'djø] 75
Abschleppdienst service *m* de dépannage [sɛr'vis də depa'na:ʒ] 49
abschleppen remorquer [rəmɔr'ke] 48
Abschleppseil câble *m* de remorquage ['kɑ:blə də rəmɔr'ka:ʒ] 49
Abschleppwagen dépanneuse *f* [depa'nø:z] 49
Abschmierdienst service *m* de graissage [sɛr'vis də grɛ'sa:ʒ] 46
Abseits *(Fußball)* hors-jeu *m* [ɔr'ʒø] 188
Absender expéditeur *m* [ɛkspedi'tœ:r] 150
Abszeß abscès *m* [ap'sɛ] 169, 174
Abtei abbaye *f* [a'bɛi] 124
Abteil compartiment *m* [kɔ̃parti'mɑ̃] 67
Abzug *(Foto)* épreuve *f* [e'prœ:v] 131
Achse essieu *m* [ɛ'sjø] 51
Achselhöhle aisselle *f* [ɛ'sɛl] 166
acht huit [ɥit] 28
achtgeben auf surveiller [syrve'je] 185
Achtung! attention! [atɑ̃'sjɔ̃] 58
Ader veine *f* [vɛn] 166
Adresse adresse *f* [a'drɛs] 48, 146
Akademie académie *f* [akade'mi] 38
Akt *(Theater)* acte *m* [akt] 177

Anteilnahme *(Beileid)* sympathie *f* [sɛ̃pa'ti] 23

Antiquariat librairie *f* d'occasion [librɛ'ri dɔkɑ'zjɔ̃] 128

Antiquitäten antiquités *f/pl* [ɑ̃tiki'te] 128

Anwalt avocat *m* [avɔ'ka] 154. .

Anweisung prescription *f* [prɛskrip'sjɔ̃] 159

anzahlen verser un acompte [vɛr'se œ̃na'kɔ̃t] 83

Anzahlung acompte *m* [a'kɔ̃t] 90

anzeigen *(Polizei)* porter plainte contre [pɔr'te plɛ̃:t kɔ:trə] 153

anziehen *(Schraube)* serrer [sɛ're] 55

Anzug costume *m* [kɔs'tym] 137

Apartment appartement *m* [apartə'mɑ̃] 81

Apartmenthaus immeuble *m* de studios [i'mœblə də sty'djo] 91

Aperitif apéritif *m* [aperi'tif] 112

Apfel pomme *f* [pɔm] 110

Apfelkuchen tarte *f* aux pommes [tart o pɔm] 114

Apfelsaft jus *m* de pommes [ʒy də pɔm] 112

Apfelschnaps calvados *m* [kalva'dos] 112

Apfelsine orange *f* [ɔ'rɑ̃:ʒ] 110

Apfeltasche chausson *m* aux pommes [ʃo'sɔ̃ o pɔm] 114

Apfelwein cidre *m* ['si:drə] 111

Apotheke pharmacie *f* [farma'si] 159

Apotheker pharmacien *m* [farma'sjɛ̃] 36

Appartement appartement *m* [apartə-mɑ̃] 82

Appetit appétit *m* [ape'ti] 99, 163

Aprikose abricot *m* [abri'kɔ] 110

April avril *m* [a'vril] 33

arbeiten travailler [trava'je] 15

Arbeiter ouvrier *m* [uvri'je] 36

Archäologie archéologie *f* [arkeɔlɔ'ʒi] 38

Architekt architecte *m* [arʃi'tɛkt] 36

Architektur architecture *f* [arʃitɛk'ty:r] 38

Arie air *m* [ɛ:r] 177

Arm bras *m* [bra] 166

Armband bracelet *m* [bras'lɛ] 133

Armbanduhr montre-bracelet *f* [mɔ̃trəbras'lɛ] 143

Ärmel manche *f* [mɑ̃ʃ] 134

Artischocke artichout *m* [arti'ʃo] 102

Artischockenboden cœur *m* d'artichaut [kœ:r darti'ʃo] 102

Arzt médicin *m* [med'sɛ̃] 48, 162

As as *m* [as] 181

Aschenbecher cendrier *m* [sɑ̃dri'je] 87

aschgrau gris cendré [gri sɑ̃'dre] 194

Aspirin aspirine *f* [aspi'rin] 160

Asthma asthme *m* ['asmə] 169

Atembeschwerden troubles *m/pl* respiratoires ['tru:blə respira'twa:r] 169

atmen respirer [rɛspi're] 165

Atmung respiration *f* [rɛspirɑ'sjɔ̃] 166

Attest certificat *m* de maladie [sɛrtifi'ka də mala'di] 164

auch aussi [ɔ'si] 47, 146, 151

auf sur *(*syr] 40

aufbewahren *(Wertsachen)* garder [gar'de] 84

Aufbewahrung consigne *f* [kɔ̃'siɲə] 64

aufbügeln repasser [rəpa'se] 137

Aufenthalt arrêt *m* [a'rɛ] 67

Aufenthaltsraum salon *m* [sa'lɔ̃] 86

Auffahrunfall télescopage *m* [telɛ-skɔ'pa:ʒ] 49

Aufführung représentation *f* [rəpre-zɑ̃tɑ'sjɔ̃] 177

aufgeben *(versenden)* envoyer [ɑ̃vwa'je] 147

aufgehen *(Tür, Tec.)* s'ouvrir [suvrir] 88

aufhören cesser [sɛ'se] 26

aufklären: *sich ~ Wetter)* s'éclaircir [seklɛr'sir] 26

aufladen *(Batterie)* recharger [rəʃar'ʒe] 51

Automobilklub club *m* automobile [klœb‿otɔmo'bil] 42
Autoreisezug train *m* auto-couchettes [trɛ̃ otɔku'ʃɛt] 60
Autoschlosser mécanicien *m* [mekani'sjɛ̃] 36
Autoschlüssel clés *f/pl* de voiture [kle də vwa'ty:r] 153

B

Baby bébé *m* [be'be] 164
Backbord bâbord *m* [bɑ'bɔ:r] 75
Bäcker boulanger *m* [bulɑ̃'ʒe] 36
Backenzahn molaire *f* [mɔ'lɛ:r] 174
Bäckerei boulangerie *f* [bulɑ̃ʒ'ri] 128
Bad bain *m* [bɛ̃] 82, 175
Badeanzug maillot *m* de bain [ma'jo d(ə) bɛ̃] 134
Badehose maillot *m* de bain [ma'jo d(ə) bɛ̃] 186
Badekabine *f* de bain [ky'bin də bɛ̃] 186
Badekappe bonnet *m* de bain [bɔ'nɛ d(ə) bɛ̃] 186
Bademantel peignoir *m* [pɛ'ɲwa:r] 186
Bademeister maître *m* nageur ['mɛ:trə na'ʒœ:r] 185
Bademütze bonnet *m* de bain [bɔ'nɛ də bɛ̃] 134
baden se baigner [sə bɛ'ɲe] 185
Badeort station *f* balnéaire [stɑ'sjɔ̃ balne'ɛ:r] 175
Badesalz sels *m/pl* pour le bain [sɛl pur lə bɛ̃] 141
Badeschuhe sandales *f/pl* en plastique [sɑ̃'dal‿ɑ̃‿plas'tik] 139
Badesteg passerelle *f* [pas'rɛl] 186
Badezimmer salle *f* de bains [sal də bɛ̃] 90
Bahnhof gare *f* [ga:r] 60, 84
Bahnhofsvorsteher chef *m* de gare [ʃɛf də ga:r] 67
Bahnsteig quai *m* [kɛ] 60, 62
Bahnsteigkarte ticket *m* de quai [ti'kɛ də kɛ] 62
Bahnübergang passage *m* à niveau [pa'sa:ʒ‿a‿ni'vo] 42
Baiser meringue *f* [mə'rɛ̃:g] 109
bald bientôt [bjɛ̃'to] 16, 17
Baldriantropfen gouttes *f/pl* de valériane [gut də vale'rja:n] 160
Balkon balcon *m* [bal'kɔ̃] 82
Ball ballon *m* [ba'lɔ̃] 188
Ballett ballet *m* [ba'lɛ] 177
Banane banane *f* [ba'nan] 110
Band volume *m* [vɔ'lym] 130
Bandscheibe disque *m* intervertébral [disk ɛ̃tɛrvɛrte'bral] 166
Bank banque *f* [bɑ̃:k] 151
Bankanweisung chèque *m* bancaire [ʃɛk bɑ̃'kɛ:r] 152
Bankhalter banquier *m* [bɑ̃'kje] 182
Bankkonto compte *m* bancaire [kɔ̃:t bɑ̃'kɛ:r] 152
Banknote billet *m* de banque [bi'jɛ də bɑ̃:k] 151
Bar bar *m* [bar] 86, 180
bar comptant [kɔ̃'tɑ̃] 152
Barbe barbeau *m* [bar'bo] 105
Bargeld espèces *f/pl* [ɛs'pɛs] 152
Bariton baryton *m* [bari'tɔ̃] 177
Barkasse barcasse *f* [bar'kas] 75
barock baroque [ba'rɔk] 124
Barometer baromètre *m* [barɔ'mɛtrə] 25
Barren barres *f/pl* parallèles [bar para'lɛl] 188
Bart barbe *f* [barb] 157, 158
Baß basse *f* [bas] 177
Batterie *f* [ba'tri] 57, 143
Bauch ventre *m* ['vɑ̃:trə] 166
Bauer *(Schach)* pion *m* [pjɔ̃] 181
Baumwolle coton *m* [kɔ'tɔ̃] 136
Baustelle chantier *m* [ʃɑ̃'tje] 42
Beamter fonctionnaire *m* [fɔ̃ksjɔ'nɛ:r] 36

Beanstandung réclamation *f* [rekla-ma'sjɔ̃] 90
Becken bassin *m* [ba'sɛ̃] 166
Bedarf usage *m* [y'sa:ʒ] 80
Bedarfshaltestelle arrêt *m* facultatif [a'rɛ fakylta'tif] 191
Bedauern regret *m* [rə'grɛ] 22
bedauern regretter [rə'grɛte] 22
bedeuten vouloir dire [vu'lwar di:r] 18
bedeutend *(viel)* beaucoup [bo'ku] 164
bedienen servir [sɛr'vi:r] 96
Bedienung service *m* [sɛr'vis] 83
Bedürfnisanstalt toilettes *f/pl* publiques [twa'lɛt py'blik] 120
Beefsteak bifteck *m* [bif'tɛk] 107
befinden: *sich* ~ se trouver [sə tru've] 19
Beförderungsschein billet *m* [bi'jɛ] 73
begeistert sein se passionner [sə pa'sjɔne] 187
beginnen commencer [kɔmɑ̃'se] 119, 176, 179
begleiten accompagner [akɔ̃pa'ɲe] 184
Begleitung accompagnement *m* [akɔ̃-paɲə'mɑ̃] 177
behandeln soigner [swa'ɲe] 173
Beichte confession *f* [kɔ̃fɛ'sjɔ̃] 124
beichten se confesser [sə kɔ̃fe'se] 124
Beifall applaudissements *m/pl* [aplo-dis'mɑ̃] 177
beige beige [bɛ:ʒ] 194
Beileid condoléances *f/pl* [kɔ̃dɔle'ɑ̃:s] 23
Bein jambe *f* [ʒɑ̃:b] 166
Bekanntmachung avis *m* [avi] 191
bekommen avoir [a'vwa:r] 18, 25, 50, 85, 127
belästigen importuner [ɛ̃pɔr'tyne] 154
Beleuchtung éclairage *m* [eklɛ'ra:ʒ] 51, 90
belichten exposer ['ɛkspo'ze] 132
Belichtungsmesser posemètre *m* [poz'mɛtrə] 132
Bemühungen efforts *m/pl* [ɛ'fɔ:r] 21
Benutzungsgebühr frais *m/pl* d'utilisation [frɛ dytilizɑ'sjɔ̃] 95
Benzin essence *f* [ɛ'sɑ̃:s] 41, 45
Benzingutschein bon *m* d'essence [bɔ̃ dɛ'sɑ̃:s] 45
Benzinkanister jerrycan *m* [ʒeri'kan] 45
Benzinleitung conduite *f* d'essence [kɔ̃'dɥit dɛ'sɑ̃:s] 51
Benzinpumpe pompe *f* à essence [pɔ̃p a ɛ'sɑ̃:s] 51
Benzintank réservoir *m* d'essence [rezɛr'vwar dɛ'sɑ̃:s] 45
Bereifung pneus *m/pl* [pnø] 47
Berg montagne *f* [mɔ̃'taɲ] 120
Bergmann mineur *m* [mi'nœ:r] 36
Bergsteigen alpinisme *m* [alpi'nism] 187
Bergsteiger alpiniste *m* [alpi'nist] 187
Bernstein ambre *m* jaune ['ɑ̃brə ʒo:n] 133
Beruf profession *f* [prɔfɛ'sjɔ̃] 15
Berufsschule centre *m* de formation professionnelle ['sɑ̃tr də fɔrmɑ'sjɔ̃ prɔfɛsjɔ'nɛl] 38
Beruhigungsmittel calmant *m* [kal-'mɑ̃] 160
Besatzung équipage *m* [eki'pa:ʒ] 70
beschädigt abîmé [abi'me] 49
beschlagnahmen confisquer [kɔ̃fis-'ke] 154
beschweren: *sich* ~ se plaindre [sə plɛ̃:drə] 23
besetzt occupé [ɔky'pe] 66, 148
besichtigen visiter [vizi'te] 119
Besichtigung visite *f* [vi'zit] 120
besohlen ressemeler [rəsəm'le] 139
besonder particulier [partiky'lje] 79
besorgen procurer [prɔky're] 86, 159, 187
besser mieux [mjø] 127, 164

Blumenkohl chou-fleur *m* [ʃu'flœ:r] 109
Blumenstrauß bouquet *m* de fleurs [bu'kɛ də flœ:r] 129
Blumentopf pot *m* de fleurs [po də flœ:r] 129
Bluse blouse *f* [blu:z] 134
Blut sang *m* [sɑ̃] 165
Blutarmut anémie *f* [ane'mi] 169
Blutbild hémogramme *m* [emɔ'gram] 172
Blutdruck tension *f* artérielle [tɑ̃'sjɔ̃ arte'rjɛl] 166
Blutprobe prise *f* de sang [pri:z də sɑ̃] 172
blutstillend hémostatique [emɔsta'tik] 160
Bluttransfusion transfusion *f* de sang [trɑ̃sfy'zjɔ̃ də sɑ̃] 172
Blutung hémorragie *f* [emɔra'ʒi] 169
Blutvergiftung septicémie *f* [sɛptise'mi] 169
Blutwurst boudin *m* [bu'dɛ̃] 102
Boccia pétanque *f* [pe'tɑ̃k] 180
Bogen *(Architektur, Sport)* arc *m* [ark] 124
Bohrer foret *m* [fɔ'rɛ] 57
Boje bouée *f* [bu'e] 75
Bonbons bonbons *m/pl* [bɔ̃'bɔ̃] 143
Boot bateau *m* [ba'to] 75, 185, 186
Bootsdeck pont *m* des embarcations [pɔ̃ dez‿ɑ̃barkɑ'sjɔ̃] 75
Bootsfahrt promenade *f* en bateau [prɔm'nad‿ɑ̃‿ba'to] 120
Bootsrennen régates *f/pl* [re'gat] 187
Bord bord *m* [bɔ:r] 75
Bordfest fête *f* à bord [fɛt a bɔ:r] 75
Bordfotograf photographe *m* de bord [fɔtɔ'graf də bɔ:r] 74
Borsäure acide *m* borique [a'sid bɔ:'rik] 160
Botschaft *(dipl. Vertretung)* ambassade *f* [ɑ̃ba'sad] 120
Boutique boutique *f* [bu'tik] 128
Bowlingbahn piste *f* de bowling [pist də bɔw'liŋ] 180
Box *(Abstellplatz)* box *m* [bɔks] 44
boxen boxer [bɔk'se] 188
Boxer boxeur *m* [bɔk'sœ:r] 188
Boxkampf match *m* de boxe [matʃ də bɔks] 188
Brandsalbe pommade *f* contre les brûlures [pɔ'mad 'kɔ̃trə le bry'ly:r] 160
Braten rôti *m* [rɔ'ti] 108
Bratensauce jus *m* de rôti [ʒy də rɔ'ti] 101
Brathuhn poulet *m* rôti [pu'le rɔ'ti] 106
Bratkartoffeln pommes *f/pl* de terre sautées [pɔm də 'tɛr so'te] 104
brauchen avoir besoin de [a'vwar bə'zwɛ̃ də] 18, 20, 57, 126, 138
braun brun [brœ̃] 194
Brauselimonade limonade *f* gazeuse [limɔ'nad ga'zœ:z] 112
Brechreiz envie *f* de vomir [ɑ̃'vi də vɔ'mi:r] 169
breit large [larʒ] 127
Bremsbelag garniture *f* de frein [garni'tyr də frɛ̃] 51
Bremse frein *m* [frɛ̃] 51
bremsen freiner [frɛ'ne] 42
Bremsflüssigkeit liquide *m* de freinage [li'kid də frɛ'na:ʒ] 45, 51
Bremslichter feux *m/pl* de stop [fø də stɔp] 57
Bremspedal pédale *f* de frein [pe'dal də frɛ̃] 51
Bremstrommel tambour *m* de frein [tɑ̃'bu:r də frɛ̃] 51
brennen *(Sonne)* brûler [bry'le] 26
Brett *(Schach)* échiquier *m* [eʃi'kje] 181
Brief lettre *f* ['lɛtrə] 34, 85, 145
Briefkasten boîte *f* aux lettres [bwat‿o‿'lɛtrə] 145
Briefmarke timbre-poste *m* [tɛ̃:brə-'pɔst] 85, 145, 150

Briefmarkenautomat distributeur *m* automatique de timbres-poste [distriby'tœ:r otɔma'tik də tɛ̃:mbrə'pɔst] 150
Briefmarkensatz série *f* de timbres-poste [se'ri də tɛ:brə'pɔst] 146
Briefpapier papier *m* à lettres [pa'pje a 'lɛtrə] 138
Brieftasche portefeuille *m* [pɔrtə'fœj] 143
Brieftelegramm télégramme-lettre *m* [telegram'lɛtrə] 147
Briefträger facteur *m* [fak'tœ:r] 36
Briefumschlag enveloppe *f* [ɑ̃v(ə)lɔp] 138
Brillant *(Schmuck)* brillant *m* [bri'jɑ̃] 133
Brillantine brillantine *f* [brijɑ̃'tin] 157
Brille lunettes *f/pl* [ly'nɛt] 138
Brillenetui étui à lunettes [e'tɥi a ly'nɛt] 138
Brillenfassung monture *f* [mɔ̃'ty:r] 138
bringen *(Gegenstand)* apporter [apɔr-te] 20, 75, 87, 99
Brioche brioche *f* [bri'jɔʃ] 114
Brise brise *f* [bri:z] 75
Brötchen petit pain *m* [pti pɛ̃] 98
Brombeere mûre *f* [my:r] 110
Bronchitis bronchite *f* [brɔ̃'ʃit] 169
Brosche broche *f* [brɔʃ] 133
Broschüre brochure *f* [brɔ'ʃy:r] 130
Brot pain *m* [pɛ̃] 98
Brotkorb corbeille *f* à pain [kɔr'bɛ:j‿a‿pɛ̃] 97
Brotsuppe panade *f* [pa'nɑd] 103
Brücke pont *m* [pɔ̃] 120
Bruder frère *m* [frɛ:r] 35
Brunnen fontaine *f* [fɔ̃'tɛn] 120
Brust poitrine *f* [pwa'trin] 166
Brustkorb thorax *m* [tɔ'raks] 166
Bube *(Kartenspiel)* valet *m* [va'lɛ] 181
Buch livre *m* ['livrə] 130
Buchhalter comptable *m* [kɔ̃'tablə] 36
Buchhändler libraire *m* [li'brɛ:r] 36
Buchhandlung librairie *f* [librɛ'ri] 128
Büchse *(Waffe)* fusil *m* à canon rayé [fy'zi a ka'nɔ̃ rɛ'je] 143
Büchsenöffner ouvre-boîte *m* [uvrə-'bwat] 143
buchstabieren épeler [e'ple] 24
Bucht baie *f* [bɛ] 186
Buchung réservation *f* [rezɛrva'sjɔ̃] 70
Buddhist bouddhiste [bu'dist] 123
Bug proue *f* [pru] 75
bügelfrei sans repassage [sɑ̃ rəpa'sa:ʒ] 134
bügeln repasser [rəpa'se] 93
Bühne scène *f* [sɛn] 177
Bühnenbild décors *m/pl* [de'kɔr] 177
Bungalow bungalow *m* [bœ̃ga'lo] 81
bunt *(farbig)* multicolore [myltikɔ'lɔ:r] 137, 194
Buntstifte crayons *m/pl* de couleur [krɛ'jɔ̃ də ku'lœ:r] 138
Bürgersteig trottoir *m* [trɔ'twa:r] 120
Bürste brosse *f* [brɔs] 141
Burg château *m* fort [ʃɑto‿'fɔ:r] 119
Bus autobus *m* [otɔ'bys] 59, 117
Büstenhalter soutien-gorge *m* [su-tjɛ̃'gɔrʒ] 134
Butter beurre *m* [bœ:r] 98, 104

C

Café café *m* [ka'fe] 113
Camping camping *m* [kɑ̃'piŋ] 95
Campingausweis carte *f* (du camping) [kart (dy kɑ̃'piŋ)] 95
Campingliege lit *m* pliant [li pli'ɑ̃] 95
Campingplatz terrain *m* de camping [tɛ'rɛ̃ də kɑ̃'piŋ] 95
Chartermaschine charter *m* [ʃar'tɛr] 70
Chefarzt médecin *m* chef [me'dsɛ̃ ʃɛf] 172
Chemie chimie *f* [ʃi'mi] 39
Chinin quinine *f* [ki'nin] 160
Chirurg chirurgien *m* [ʃiryr'ʒjɛ̃] 162
Cholera choléra *m* [kɔle'ra] 169

Chor chœur *m* [kœ:r] 124, 177
Christ chrétien *m* [kre'tjɛ̃] 123
Christentum christianisme *m* [kristja-'nismə] 124
christlich chrétien [kre'tjɛ̃] 124
Christus Christ *m* [krist] 124
Chrysanthemen chrysanthèmes *m/pl* [krizɑ̃'tɛm] 130
Cousin cousin *m* [ku'zɛ̃] 35
Cousine cousine *f* [ku'zin] 35

D

Dame *(Schach)* reine *f* [rɛn] 181
Damen dames *f/pl* [dam] 92
Damenbinden serviettes *f/pl* hygiéniques [sɛr'vjɛt iʒje'nik] 141
Damenfriseur coiffeur *m* pour dames [kwa'fœr pur dam] 158
Damenschuhe chaussures *f/pl* pour dames [ʃo'sy:r pur dam] 139
Damentoilette toilettes *f/pl* pour dames [twa'lɛt pur dam] 92
Dämmerung crépuscule *m* [krepys-'kyl] 26
Dampfbad bain *m* de vapeur [bɛ̃ də va'pœ:r] 175
Dampfer paquebot *m* [pak'bo] 75
Dank: *herzlichen ~!* merci infiniment! [mɛr'si ɛ̃fini'mɑ̃] 89
dankbar sein être reconnaissant ['ɛtrə rəkɔnɛ'sɑ̃] 21
danke merci [mɛr'si] 12, 21
danken remercier [rəmɛr'sie] 12, 17, 21
darin là dedans [la də'dɑ̃] 80
Darm intestin *m* [ɛ̃tɛs'tɛ̃] 166
Darmkatarrh entérite *f* [ɑ̃te'rit] 169
Dattel datte *f* [dat] 110
dauern durer [dy're] 72, 155, 179
Dauerwelle permanente *f* [pɛrma'nɑ̃t] 155
Daumen pouce *m* [pus] 166
dazugehören faire partie (zu de) [fɛr par'ti (də)] 78
Deck pont *m* [pɔ̃] 75
Decke couverture *f* [kuvɛr'ty:r] 87
Deckoffizier premier maître *m* [prə'-mje 'mɛ:trə] 74
Decksplatz place *f* de pont [plas də pɔ̃] 76
Deckstuhl transat(lantique) *m* [trɑ̃-'zat(lɑ̃'tik)] 76
defekt sein ne pas marcher [nə pa mar'ʃe] 48, 50
Denkmal monument *m* [mɔny'mɑ̃] 119
Deodorant déodorant *m* [deɔdɔ'rɑ̃] 141
derselbe le même [lə mɛm] 63
Desinfektionsmittel désinfectant *m* [dezɛ̃fɛ'tɑ̃] 160
deutsch allemand [al'mɑ̃] 24, 86, 14
Deutschland Allemagne *f* [al'maɲ] 85, 145
Devisen devises *f/pl* [də'viz] 152
Dezember décembre *m* [de'sɑ̃:brə] 33
Dezimeter décimètre *m* [desi'mɛtrə] 193
Diabetiker diabéthique [djabe'tik] 164
Diagnose diagnostic *m* [djagnɔs'tik] 172
Diapositiv diapositive *f* [djapɔzi'ti:v] 13
Diarähmchen petit cadre *m* pour diapositives [pti 'kadrə pur djapozi'ti:v 13
Diät régime *m* [re'ʒim] 165
Diätkost aliments *m/pl* de régime [ali'mɑ̃ də re'ʒim] 96
dich te [tə] 12
dicht étanche [e'tɑ̃ʃ] 88
Dichtung *(z.Abdichten)* joint *m* [ʒwɛ̃] 51
Dieb voleur *m* [vɔ'lœ:r] 154
Diebstahl vol *m* [vɔl] 153
Dienstag mardi *m* [mar'di] 33
diese, dieser, dieses ce [sə], *f* cette [sɛt] 19, 145,156
Diesel diesel *m* [dje'zɛl] 45

Eierbecher coquetier *m* [kɔk'tje] 97
Eierfrüchte aubergines *f/pl* [obɛr'ʒin] 108
Eierkuchen crêpe *f* [krɛp] 109
Eilboten *durch* par exprès [par ɛks'prɛs] 150
Eilbrief lettre *f* exprès ['lɛtrə ɛks'prɛs] 150
Eilzug rapide *m* [ra'pid] 60
Eimer seau *m* [so] 90
Einbahnstraße sens *m* unique [sɑ̃:s y'nik] 43, 58
einfach *(Fahrkarte)* simple ['sɛ:plə] 62
Einfahrt entrée *f* [ɑ̃'tre] 42
einfarbig uni [y'ni] 137
Einfuhrzoll droits *m/pl* d'entrée [drwa dɑ̃'tre] 80
Eingang entrée *f* [ɑ̃'tre] 67, 90
einige quelques ['kɛlkə] 163, 165
Einkaufszentrum centre *m* d'achat ['sɑ̃trə da'ʃa] 120
einladen inviter [ɛ̃vi'te] 183, 184
Einladung invitation *f* [ɛ̃vita'sjɔ̃] 16
Einlage *(Zahn)* pansement *m* [pɑ̃s'mɑ̃] 174
Einlauf lavement *m* [lav'mɑ̃] 160
Einlegesohle semelle *f* intérieure [sə'mɛl ɛ̃te'rjœ:r] 139
einorden, *sich* ~ se ranger [sə rɑ̃'ʒe] 42
Einreibemittel liniment *m* [lini'mɑ̃] 160
Einreise entrée *f* [ɑ̃'tre] 79
Einreisevisum visa *m* d'entrée [vi'za dɑ̃'tre] 79
eins un [œ̃] 28
Einsatz *(Glücksspiel)* mise *f* [mi:z] 182
einschalten *(Radio, TV)* allumer [aly'me] 181
einschließlich inclus [ɛ̃'kly] 41
Einschreibebrief lettre *f* recommandée ['lɛtrə rəkɔmɑ̃'de] 145
Einschreiben lettre *f* recommandée ['lɛtrə rəkɔmɑ̃'de] 150
Einspritzpumpe pompe *f* à injection [pɔ̃p a ɛ̃jɛk'sjɔ̃] 51
einsteigen monter (en voiture) [mɔ̃'te (ɑ̃ vwa'ty:r)] 67
eintragen enregistrer [ɑ̃rəʒis'tre] 78
Eintritt entrée *f* [ɑ̃'tre] 191
Eintrittskarte billet *m* [bi'jɛ] 177
Einwurf *(Fußball)* touche *f* [tuʃ] 188
einzahlen verser [vɛr'se] 150
Einzel *(Tennis)* simple *m* ['sɛ̃plə] 190
Einzelkabine cabine *f* individuelle [ka'bin ɛ̃divi'dɥɛl] 73
Einzelzimmer chambre *f* pour une personne [ʃɑ̃:brə pur‿yn pɛr'sɔn] 82
einziehen emménager [ɑ̃mena'ʒe] 9
Eis glace *f* [glas] 26, 113
Eisbahn patinoire *f* [pati'nwa:r] 180
Eisbecher coupe *f* glacée [kup gla'se] 113
Eisbein jambonneau *m* [ʒɑ̃bɔ'no] 108
Eiscreme crème *f* glacée [krɛm gla'se] 113
Eisdiele glacier *m* [gla'sje] 113
Eisenbahn chemin *m* de fer [ʃmɛ̃ də fɛr] 67
Eisenbahner cheminot *m* [ʃəmi'no] 36
Eisenwarengeschäft quincaillerie *f* [kɛ̃kajə'ri] 128
Eiskaffee café *m* glacé [ka'fe gla'se] 113
Eiskunstlauf patinage *m* [pati'na:z] 188
eislaufen patiner [pati'ne] 188
Eisschokolade chocolat *m* glacé [ʃɔkɔ'la gla'se] 113
Elastikbinde bande *f* élastique [bɑ̃:d elas'tik] 160
Elektriker électricien *m* [elɛktri'sjɛ̃] 36
Elektrohandlung magasin *m* d'électroménager [maga'zɛ̃ delɛktromena'ʒe] 128
Ellbogen coude *m* [kud] 166
Eltern parents *m/pl* [pa'rɑ̃] 35
Empfang accueil *m* [a'kœj] 12

F

Fahrgestell châssis *m* de la voiture [ʃɑ'si də la vwa'ty:r] 52
Fahrkarte billet *m* [bi'jɛ] 62, 67
Fahrkartenschalter guichet *m* pour les billets [gi'ʃɛ pur le bi'jɛ] 60
Fahrlehrer moniteur *m* d'auto-école [mɔni'tœ:r dotɔe'kɔl] 36
Fahrplan horaire *m* [ɔ'rɛ:r] 60
Fahrpreis prix *m* du billet [pri dy bi'jɛ] 67
Fahrrad bicyclette *f* [bisi'klɛt] 41
Fahrschein ticket *m* [ti'kɛ] 59
Fahrspur voie *f* [vwa] 42
Fahrstuhl ascenseur *m* [asɑ̃'sœ:r] 90
Fahrt voyage *m* [vwa'ja:ʒ] 42
Fahrwerk train *m* d'atterrissage [trɛ̃ datɛri'sa:ʒ] 71
Fahrzeug véhicule *m* [vei'kyl] 41
Fakultät faculté *f* [fakyl'te] 38
Fall cas *m* [ka] 27
fallen *(Barometer)* descendre [de'sɑ̃:dr] 25
Familie famille *f* [fa'mij] 12, 35
Familienname nom *m* de famille [nɔ̃ də fa'mij] 79
Familienstand situation *f* de famille [sityɑ'sjɔ̃ də fa'mij] 79
Farbabzug *(Foto)* épreuve *f* en couleurs [e'prœ:v‿ɑ̃‿ku'lœ:r] 132
Farbe couleur *f* [ku'lœ:r] 79, 127, 194
Farbfestiger rinçage *m* [rɛ̃'sa:ʒ] 147
Farbfilm *(Foto)* film *m* en couleurs [film ɑ̃ ku'lœ:r] 131, 132
farbig coloré [kɔlɔ're] 194
Fasan faisan *m* [fɛ'zɑ̃] 106
Februar février *m* [fevri'je] 33
Fechten escrime *f* [ɛs'krim] 188
Feder *(Technik)* ressort *m* [rə'sɔ:r] 52, 143
Federball volant *m* [vɔ'lɑ̃] 180
fehlen manquer [mɑ̃'ke] 63, 88, 115
Fehlzündung raté *m* [ra'te] 52
Feige figue [fig] 110
Feile lime *f* [lim] 57
Feld *(Schach)* case *f* [kaz] 181
Fenster fenêtre *f* [fə'nɛ:trə] 65, 88
Fensterplatz coin-fenêtre *m* [kwɛ̃-fə'nɛ:trə] 67
Fensterscheibe vitre *f* ['vitrə] 91
Ferngespräch communication *f* [kɔmynikɑ'sjɔ̃] 85, 148
Fernglas jumelles *f/pl* [ʒy'mɛl] 138
Fernlicht feux *m/pl* de croisement [fø də krwaz'mɑ̃] 55
Fernschnellzug train *m* direct [trɛ̃ di'rɛkt] 60
Fernsehen télévision *f* [televi'zjɔ̃] 180
Fernsehspiel jeu *m* télévisé [ʒø televi'ze] 181
Fernsprechmünzen jetons *m/pl* [ʒə'tɔ̃] 148
Fernstudium cours *m* par correspondance [ku:r par kɔrɛspɔ̃'dɑ̃:s] 38
Ferse talon *m* [ta'lɔ̃] 166
fertig prêt [prɛ] 50
fertigmachen préparer [prepa're] 89
fest *(angezogen, Bremse)* serré [sɛ're] 51
Festiger fixateur *m* [fiksa'tœ:r] 156
Fett graisse *f* [grɛs] 52, 100
fett gras [gra] 100, 115
fettig *(Haar)* gras [gra] 158
Feuer feu *m* [fø] 140
Feuerlöscher extincteur *m* [ɛkstɛ̃k'tœ:r] 52
Feuerstein pierre *f* à briquet [pjɛ:r a bri'kɛ] 140
Feuerwehr pompiers *m/pl* [pɔ̃'pje] 49
Feuerzeug briquet *m* [bri'kɛ] 140
Feuerzeugbenzin essence *f* à briquet [ɛ'sɑ̃:s a bri'ke] 140
Fieber fièvre *f* ['fjɛ:vrə] 163
Fieberkurve courbe *f* de température [kurb də tɑ̃pera'ty:r] 172
fiebersenkendes Mittel fébrifuge *m* [febri'fy:ʒ] 160
Fieberthermometer thermomètre *m* médical [tɛrmɔ'mɛtrə medi'kal] 160

Figur pièce *f* [pjɛs] 181
Filet filet *m* [fi'lɛ] 107
Filetbeefsteak filet *m* de bœuf [fi'lɛ də bœf] 107
Film *(Foto)* film *m* [film] 131
filmen filmer [fil'me] 132
Filmfestspiele festival *m* du film [fɛsti'val dy film] 179
Filmkamera caméra *f* [kame'ra] 132
Filmvorführung projection *f* de film [prɔʒɛk'sjɔ̃ də film] 179
Filter filtre *m* ['filtrə] 140
Finger doigt *m* [dwa] 166
Fingerhut dé *m* [de] 136
Fingernagel ongle *m* ['ɔ̃:glə] 166
Fisch poisson *m* [pwa'sɔ̃] 105
Fischer pêcheur *m* [pɛ'ʃœ:r] 36
Fischerboot bateau *m* de pêche [ba'to də pɛ'ʃ] 75
Fischhandlung poissonnerie *f* [pwasɔn'ri] 128
Fischsuppe bouillabaisse *f* [buja'bɛs] 103
flach *(Absatz)* plat [pla] 139
Flagge pavillon *m* [pavi'jɔ̃] 76
Flanell flanelle *f* [fla'nɛl] 136
Flasche bouteille *f* [bu'tɛj] 80, 96
Flaschenbier bière *f* en bouteille [bjɛ:r‿ɑ̃‿bu'tɛj] 111
Flaschenöffner décapsuleur *m* [dekapsy'lœ:r] 97
Fleck tache *f* [taʃ] 137
Fleckenwasser détachant *m* [deta'ʃɑ̃] 143
Fleisch viande *f* [vjɑ̃d] 107
Fleisch: *kaltes* ~ viande *f* froide [vjɑ̃d frwad] 102
Fleischerei boucherie *f* [buʃ'ri] 128
Fleischklößchen quenelles *f/pl* [kə'nɛl] 108
flicken réparer [repa're] 46
Flieder lilas *m* [li'la] 130
fliegen voler [vɔ'le] 71
fließend courant [ku'rɑ̃] 82
Flirt flirt *m* [flœrt] 184
Flügel *(Klavier)* piano *m* à queue [pja'no a kø] 177
Flug vol *m* [vɔl] 68
Fluggast passager *m* [pasa'ʒe] 71
Fluggesellschaft compagnie *f* aérienne [kɔ̃pa'ɲi ae'rjɛn] 71
Flughafen aéroport *m* [aerɔ'pɔ:r] 71, 84
Flughafengebühr taxe *f* d'aéroport [taks daerɔ'pɔ:r] 71
Flugplan indicateur *m* [ɛ̃dika'tœ:r] 7
Flugplatz aéroport *m* [aerɔ'pɔ:r] 116
Flugschein billet *m* d'avion [bi'jɛ da'vjɔ̃] 69
Flugstrecke ligne *f* aérienne ['liɲə ae'rjɛn] 71
Flugverbindung liaison *f* aérienne [liɛ'zɔ̃ ae'rjɛn] 68
Flugzeit durée *f* de vol [dy're də vɔl] 71
Flugzeug avion *m* [a'vjɔ̃] 71
Fluß fleuve *m* [flœ:v] 70
Forelle truite *f* [trɥit] 105
Form forme *f* [fɔrm] 127
Formular formulaire *m* [fɔmy'lɛ:r] 78
Förster garde *m* forestier [gard fɔrɛs'tje] 36
Fotoapparat appareil *m* photographique [apa'rɛj fɔtɔgra'fik] 132
Fotogeschäft magasin *m* de photographe [maga'zɛ̃ də fɔtɔ'graf] 128
Fotograf photographe *m* [fɔtɔ'graf] 128
fotografieren prendre des photos ['prɑ̃drə de fɔ'to] 132
Foyer foyer *m* [fwa'je] 177
Frachtschiff cargo *m* [kar'go] 77
fragen demander [dəmɑ̃'de] 85
frankieren affranchir [afrɑ̃'ʃi:r] 150
Französisch français [frɑ̃'sɛ] 24
Frau Madame [ma'dam] 13, 14, 148
Frauenarzt gynécologue *m* [ʒinekɔ'lɔg] 162
Fräulein Mademoiselle [madmwa'zɛʃ] 13, 96

Gallensteine calculs *m/pl* biliaires [kal'kyl bi'ljɛ:r] 169
Galopprennen course *f* de galop [kurs də ga'lo] 189
Gang *(Auto)* vitesse *f* [vi'tɛs] 52
Gangschaltung changement *m* de vitesse [ʃɑ̃ʒ'mɑ̃ də vi'tɛs] 52
Gans oie *f* [wa] 106
Gänseklein abattis *m* d'oie [aba'ti dwa] 106
Gänseleberpastete pâté *m* de foie gras [pa'te də fwa gra] 102
ganz *(sehr)* très [trɛ] 157
Garage garage *m* [ga'ra:ʒ] 44, 84
Garderobe vestiaire *m* [vɛs'tjɛ:r] 177
Garderobenmarke ticket *m* du vestiaire [ti'kɛ dy vɛs'tjɛ:r] 177
Garn fil *m* [fil] 136
Garnelen crevettes *f/pl* [krə'vɛt] 105
Garten jardin *m* [ʒar'dɛ̃] 120
Gärtner jardinier *m* [ʒardi'nje] 36
Gas *(Auto)* accélérateur *m* [akselera'tœ:r] 52
Gasfeuerzeug briquet *m* à gaz [bri'kɛ a gaz] 140
Gasflasche bouteille *f* de gaz [bu'tɛj də gaz] 94
Gaspedal accélérateur *m* [akselera'tœ:r] 52
Gasse ruelle *f* [rɥɛl] 120
Gasthof auberge *f* [o'bɛrʒ] 81
Gatte mari *m* [ma'ri] 13
Gattin femme *f* [fam] 13
Gaumen palais *m* [pa'lɛ] 166
Gebäck pâtisserie *f* [pɑtis'ri] 113
gebacken cuit au four [kɥi‿o‿fur] 100
Gebäude édifice *m* [edi'fis] 119
gebaut bâti [bɑ'ti] 119
geben donner [dɔ'ne] 20, 45, 126, 159
Gebirge montagne *f* [mɔ̃'taɲə] 70
Gebiß *(künstliches)* prothèse *f* dentaire [prɔ'tɛz dɑ̃'tɛ:r] 174
geboren né [ne] 35
Gebühr taxe *f* [taks] 150
Geburtsdatum date *f* de naissance [dat də nɛ'sɑ̃:s] 79
Geburtsname nom *m* de jeune fille [nɔ̃ də ʒœn fij] 79
Geburtsort lieu *m* de naissance [ljø də nɛ'sɑ̃:s] 79
Geburtstag anniversaire *m* [anivɛr'sɛ:r] 22
gedämpft *(Küche)* cuit à la vapeur [kɥi a la va'pœ:r] 100
gedünstet étuvé [ety've] 100
gefährlich dangereux [dɑ̃ʒə'rø] 185
Gefälle descente *f* [de'sɑ̃:t] 42
gefallen plaire [plɛ:r] 14, 17, 83, 127
Gefängnis prison *f* [pri'zɔ̃] 154
gefüllt *(Küche)* farci [far'si] 100
gegen contre ['kɔ̃:trə] 78, 187
Gegend région *f* [re'ʒjɔ̃] 121
Gegengift contrepoison *m* [kɔ̃trəpwa'zɔ̃] 160
gegrillt grillé [gri'je] 100
gehen aller [a'le] 12, 15, 16, 17, 19, 40
Gehirn cerveau *m* [sɛr'vo] 166
Gehirnerschütterung commotion *f* cérébrale [kɔmɔ'sjɔ̃ sere'bral] 169
Gehirnschlag apoplexie *f* [apɔplɛk'si] 169
gehören: *wem gehört* ...? à qui est ...? [a ki ɛ ...?] 18
geimpft vacciné [vaksi'ne] 78
Geistlicher prêtre *m* ['prɛtrə] 123
gekocht cuit [kɥi] 100
gelb jaune [ʒon] 194
Gelbfilter filtre *m* jaune ['filtrə ʒo:n] 132
Gelbsucht jaunisse *f* [ʒo'nis] 169
Geld argent *m* [ar'ʒɑ̃] 85, 146
Geldschein billet *m* de banque [bi'jɛ də bɑ̃:k] 152
Geldwechsel change *m* [ʃɑ̃:ʒ] 152
Gelee gelée *f* [ʒə'le] 100
Gelenk articulation *f* [artikylɑ'sjɔ̃] 166
Gelenkrheumatismus rhumatisme *m* articulaire [ryma'tismə artiky'lɛ:r] 169

Gemüsehandlung marchand *m* de légumes [mar'ʃɑ̃ də le'gym] 128
Gemüsesuppe consommé *m* julienne [kɔ̃sɔ'me ʒy'ljɛn] 103
gemustert *(Stoff)* imprimé [ɛ̃pri'me] 137
genau exactement [ɛgzaktə'mɑ̃] 30
Genick *f* [nyk] 166
genug assez [a'se] 46, 126
genügen suffire [sy'fir] 84
geöffnet ouvert [u'vɛːr] 44
Geographie géographie *f* [ʒeɔgra'fi] 39
Geologie géologie *f* [ʒeɔlɔ'ʒi] 39
Gepäck bagages *m/pl* [ba'gaːʒ] 63, 67, 84
Gepäckabfertigung enregistrement *m* des bagages [ɑ̃rəʒistrə'mɑ̃ de ba'gaːʒ] 63
Gepäckannahme enregistrement *m* des bagages [ɑ̃rəʒistrə'mɑ̃ de ba'gaːʒ] 63
Gepäckaufbewahrung consigne *f* [kɔ̃'siɲə] 63
Gepäckausgabe remise *f* des bagages [rə'miːz de ba'gaːʒ] 63
Gepäcknetz filet *m* [fi'lɛ] 67
Gepäckoffizier responsable *m* des bagages [rɛspɔ̃'sablə de ba'gaːʒ] 74
Gepäckschein bulletin *m* d'enregistrement [byl'tin dɑ̃rəʒistrə'mɑ̃] 63, 84
Gepäckträger porteur *m* [pɔr'tœːr] 64
Gepäckwagen fourgon *m* [fur'gɔ̃] 65
gepökelt saumuré [somy're] 100
geradeaus tout droit [tu drwa] 40, 58, 116
Geräteturnen gymnastique *f* aux agrès [ʒimnas'tik o‿z‿a'grɛ] 188
geräuchert fumé [fy'me] 100
Gericht *(Speise)* plat *m* [pla] 99
Germanistik philologie *f* allemande [filɔlɔ'ʒi al'mɑ̃ːd] 39
gern volontiers [vɔlɔ̃'tje] 16, 99
geröstet grillé [gri'je] 100
gesalzen salé [sa'le] 100
Gesang chant *m* [ʃɑ̃] 177
Geschäft magasin *m* [maga'zɛ̃] 121
Geschäftsreise voyage *m* d'affaires [vwa'jaːʒ da'fɛːr] 78
geschehen passé [pa'se] 18
Geschenk cadeau *m* [ka'do] 80
Geschichte histoire *f* [is'twaːr] 39
Geschlechtskrankheit maladie *f* vénérienne [mala'di vene'rjɛn] 169
Geschlechtsorgane organes *m/pl* génitaux [ɔr'gan ʒeni'to] 166
geschmort braisé [bre'ze] 100
geschwollen *(Sing.)* enflé [ɑ̃'fle] 164
Geschwulst enflure *f* [ɑ̃'flyːr] 169
Geschwür ulcère *m* [yl'sɛːr] 169
Gesicht visage *m* [vi'zaːʒ] 166
gespickt entrelardé [ɑ̃trəlar'de] 100
Gespräch *(Telefon)* communication *f* [kɔmynikɑ'sjɔ̃] 148
gestatten permettre [pɛrme'trə] 20, 65
gestern hier [jɛːr] 31
gestreift rayé [rɛ'je] 137
Getränk boisson *f* [bwa'sɔ̃] 96
Getränkekarte carte *f* des boissons [kart de bwa'sɔ̃] 96
getrennt *(zahlen)* séparément [separe'mɑ̃] 115
Getriebe boîte *f* de vitesses [bwat de vi'tɛs] 52
Getriebeöl huile *f* de graissage [ɥil də grɛ'saːʒ] 46
getrocknet séché [se'ʃe] 100
Gewehr fusil *m* [fy'zi] 143
Gewinde filet *m* [fi'lɛ] 52
gewiß certainement [sɛrtɛn'mɑ̃] 21
Gewitter orage *m* [ɔ'raːʒ] 26
Gewürz épice *f* [e'pis] 100
Gewürzgurken cornichons *m/pl* [kɔrni'ʃɔ̃] 100
gewürzt assaisonné [asɛzɔ'ne] 100
Gin gin *m* [dʒin] 112
Gipsabdruck plâtre *m* ['plɑtrə] 174
Gladiolen glaïeuls *m/pl* [glɑ'jœl] 130

glänzend brillant [bri'jɑ̃] 132
Glas *(Trink~)* verre *m* [vɛːr] 97, 99, 111
Glaser vitrier *m* [vitri'je] 36
Gläser *(Brillen~)* verres *m/pl* [vɛːr] 138
glatt: *es ist ~* glissant [gli'sɑ̃] 25
Glatteis verglas *m* [vɛr'gla] 26
Glaubensbekenntnis profession *f* de foi [prɔfɛ'sjɔ̃ də fwa] 124
gleichfalls vous (toi) aussi [vu (twa) o'si] 21
Gleis voie *f* [vwa] 60
Glieder membres *m/pl* ['mɑ̃ːbrə] 166
Globus globe *m* terrestre [glɔb tɛ'rɛstrə] 130
Glocke cloche *f* [klɔʃ] 124
Glück: *viel ~!* bonne chance! [bɔn ʃɑ̃ːs] 23
Glückwunsch félicitation *f* [felisita'sjɔ̃] 23
Glückwunschtelegramm télégramme *m* de félicitations [tele'gram də felisitɑ'sjɔ̃] 147
Glühbirne ampoule *f* (électrique) [ɑ̃'pul (elɛk'trik)] 91
Glühwein vin *m* chaud [vɛ̃ ʃo] 111
Glyzerin glycérine *f* [glise'rin] 160
GmbH Société à responsabilité limitée [sɔsje'te a rɛspɔ̃sabili'te limi'te] 192
Gold or *m* [ɔːr] 133
golden doré [dɔ're] 194
Golf golf *m* [gɔlf] 188
gotisch gothique [gɔ'tik] 124
Gott Dieu *m* [djø] 124
Gottesdienst office *m* religieux [ɔ'fis rəli'ʒjø] 124
Grab tombe *f* [tɔ̃ːb] 121
Graben fossé *m* [fo'se] 121
Grad degré *m* [də'gre] 25
Gramm gramme *m* [gram] 193
Grapefruit pamplemousse *m* [pɑ̃plə'mus] 110
grau gris [gri] 194
Grenze frontière *f* [frɔ̃'tjɛːr] 78
Griff poignée *f* [pwa'ɲe] 52
Grill: *vom ~* sur le gril [syr lə gri] 100
Grillraum grill-room *m* [gril'rum] 91
Grippe grippe *f* [grip] 170
Grog grog *m* [grɔg] 112
groß grand [grɑ̃] 127
Größe *(Körper)* taille *f* [taj] 79
Großhändler grossiste *m* [gro'sist] 36
Großmutter grand-mère *f* [grɑ̃'mɛːr] 35
Großvater grand-père *m* [grɑ̃'pɛːr] 35
grün vert [vɛːr] 194
Grünanlage parc *m* [park] 121
Grüße amitiés *f/pl* [ɑmi'tje] 13
gültig valable [va'lablə] 62
Gürtel ceinture *f* [sɛ̃'tyːr] 136
Gummiband élastique *m* [elas'tik] 136
Gummistrumpf bas *m* élastique [ba elas'tik] 160
Gummitier animal *m* en caoutchouc [ani'mal ɑ̃ kau'tʃu] 143
Gurgelwasser gargarisme *m* [garga'rismə] 160
Gurke concombre *m* [kɔ̃'kɔ̃ːbrə] 101
Gurkensalat salade *f* de concombres [sa'lad də kɔ̃'kɔ̃ːbrə] 104
gut bon [bɔ̃] 17
Güterbahnhof gare *f* (de) marchandises [gar (də) marʃɑ̃'diːz] 67
Gymnastik gymnastique *f* [ʒimnas'tik] 188

H

Haarbürste brosse *f* à cheveux [brɔs a ʃvø] 141
Haarfarbe couleur *f* des cheveux [ku'lœːr de ʃvø] 79
Haarfestiger fixateur *m* [fiksa'tœːr] 141
Haarklemmen pinces *f/pl* à cheveux [pɛ̃s a ʃvø] 141

Heck poupe *f* [pup] 76
Heckmotor moteur *m* à l'arrière [mɔ'tœr a lar'jɛ:r] 54
Heilquelle source *f* médicinale [surs medisi'nal] 175
heiß chaud [ʃo] 25, 88, 115
heißen s'appeler [sa'ple] 14
heißlaufen chauffer [ʃo'fe] 54
Heizkörper radiateur *m* [radja'tœ:r] 91
Heizung chauffage *m* [ʃo'fa:ʒ] 91
Hektoliter hectolitre *m* [ɛktɔ'litrə] 193
helfen aider [ɛ'de] 20, 48, 65
hell clair [klɛ:r] 127
hellblau bleu clair [blø klɛ:r] 194
hell: *~es Bier* bière *f* blonde [bjɛr blɔ̃:d] 111
hellgrau gris clair [gri klɛ:r] 194
hellgrün vert clair [vɛr klɛ:r] 194
hellrot rouge clair [ruʒ klɛ:r] 194
Hemd chemise *f* [ʃə'mi:z] 134
herb *(Wein)* sec [sɛk] 111
Herbergsausweis carte *f* d'A.J. [kart da'ʒi] 95
Herbergseltern parents *m/pl* aubergistes [pa'rɑ̃ obɛr'ʒist] 95
Herbergsmutter mère *f* aubergiste [mɛ:r obɛr'ʒist] 95
Herbergsvater père *m* aubergiste [pɛ:r obɛr'ʒist] 95
Herbst automne *m* [o'tɔn] 33
Herd fourneau *m* [fur'no] 91
herein! entrez! [ɑ̃'tre] 16
hereinstellen mettre ['mɛtr] 83
Hering hareng *m* [a'rɑ̃] 105
Herr monsieur *m* [mə'sjø] 13, 148, 191
Herrentoilette toilettes *f/pl* pour messieurs [twa'lɛt pur mɛ'sjø] 92
Herz cœur *m* [kœ:r] 167, 181
herzlich bienvenu [bjɛ̃və'ny] 12
Herzmuscheln coques *f/pl* [kɔk] 105
heute aujourd'hui [oʒur'dɥi] 31, 68
hier ici [i'si] 14, 146
hierbleiben rester ici [rɛs'te i'si] 154
hierlassen laisser ici [lɛ'se i'si] 63, 84
Hilfe aide *f* [ɛd] 21
Himbeere framboise *f* [frɑ̃'bwa:z] 110
Himmel ciel *m* [sjɛl] 26
Himmelfahrt Ascension *f* [asɑ̃'sjɔ̃] 33
hinten à l'arrière [alar'jɛ:r] 47
hinterlegen verser une caution [vɛr'se yn ko'sjɔ̃] 41
Hinterrad roue *f* arrière [ru ar'jɛ:r] 47
hin und zurück aller et retour [a'le e rə'tu:r] 62, 68
Hirn cervelle *f* [sɛr'vɛl] 107
Hirnkrapfen cervelle *f* en beignet [sɛr'vɛl ɑ̃ bɛ'ɲɛ] 107
Hirsch cerf *m* [sɛ:r] 107
Hitze grande chaleur [grɑ̃d ʃa'lœ:r] 27
Hoch *(Druck)* anticyclone *m* [ɑ̃tisi'klon] 27
hoch haut [o] 139, 169
hochachtungsvoll veuillez agréer l'expression de mes sentiments distingués [vœ'je agre'e lɛksprɛ'sjɔ̃ də me sɑ̃ti'mɑ̃ distɛ̃'ge] 13
Hochamt grand-messe *f* [grɑ̃'mɛs] 123
Hochhaus building *m* [bil'diŋ] 121
Hochschule université *f* [yniversi'te] 38
Höchstgeschwindigkeit vitesse *f* maximum [vi'tɛs maksi'mɔm] 42
Höhensonne rayons *m/pl* (ultraviolets) [rɛ'jɔ̃ (yltravjɔ'lɛ)] 175
Höhle caverne *f* [ka'vɛrn] 121
Hörer *(Telefon)* combiné *m* [kɔ̃bi'ne] 149
Hörnchen croissant *m* [krwa'sɑ̃] 98
hoffen espérer [ɛspe're] 16
holen aller chercher (a'le ʃɛr'ʃe] 20
holländische *Sauce* sauce *f* hollandaise [so:s ɔlɑ̃'dɛ:z] 104
Holzschnitzereien sculpture *f* sur bois [skyl'ty:r syr bwa] 144
Honig miel *m* [mjɛl] 98
Hörspiel pièce *f* radiophonique [pjɛs radjofɔ'nik] 181
Hose pantalon *m* [pɑ̃ta'lɔ̃] 134

Hosenanzug tailleur-pantalon *m* [ta'jœ:r pɑ̃ta'lɔ̃] 134
Hosenträger bretelles *f/pl* [brə'tɛl] 136
Hotel hôtel *m* [o'tɛl] 81, 116, 127
Hotelhalle hall *m* de l'hôtel [o:l də lo'tɛl] 91
Hotelrestaurant restaurant *m* de l'hôtel [rɛstɔ'rɑ̃ də lo'tɛl] 91
Hubschrauber hélicoptère *m* [elikɔp'tɛ:r] 71
Hüfthalter gaine *f* [gɛn] 134
Huhn poule *f* [pul] 106
Hühneraugenpflaster pansement *m* pour les cors [pɑ̃s'mɑ̃ pur le kɔr] 160
Hühnerbrust blanc *m* de poulet [blɑ̃ də pu'lɛ] 106
Hummer homard *m* [ɔ'ma:r] 105, 106
Hund chien *m* [ʃjɛ̃] 191
Hupe avertisseur *m* sonore [avɛrti'sœ:r sɔ'nɔ:r] 52
hupen verboten signaux sonores interdits [si'ɲo sɔ'nɔr ɛ̃tɛr'di] 58
Husten toux *f* [tu] 170
Hustensaft sirop *m* contre la toux [si'ro kɔ̃trə la tu] 160
Hut chapeau *m* [ʃa'po] 134
Hutgeschäft chapellerie *f* [ʃapɛl'ri] 128

I

ich je [ʒə] 187
ihr *(pers. prn)* votre [vɔtrə] 13
Illustrierte magazine *m* [maga'zin] 182
Immobilien immeubles *m/pl* [i'mœ:blə] 128
impfen vacciner [vaksi'ne] 164
Impfpaß certificat *m* de vaccination [sɛrtifi'ka də vaksinɑ'sjɔ̃] 78
Impfschein certificat *m* de vaccination [sɛrtifi'ka də vaksinɑ'sjɔ̃] 78
in dans [dɑ̃] 31
inbegriffen compris [kɔ̃'pri] 83
Informationsschalter bureau *m* d'information [by'ro dɛ̃fɔrmɑ'sjɔ̃] 69
Ingenieur ingénieur *m* [ɛ̃ʒe'njœ:r] 36
inhalieren faire des inhalations [fɛ:r de‿z‿inalɑ'sjɔ̃] 175
Injektion injection *f* [ɛ̃ʒɛk'sjɔ̃] 174
Inlandsbrief lettre *f* pour la France [lɛ'trə pur la frɑ̃s] 145
Innenkabine cabine *f* intérieure [ka'bin ɛ̃te'rjœ:r] 73
Innenstadt centre *m* de la ville ['sɑ̃trə də la vil] 121
innerhalb *(zeitlich)* dans [dɑ̃] 32
innerlich *(anzuwenden/Med.)* pour l'usage interne [pur ly'zaʒ ɛ̃'tɛrn] 159
Insektenmittel remède *m* contre les piqûres d'insectes [rə'mɛd 'kɔ̃trə le pi'ky:r dɛ̃'sɛkt] 160
Insel île *f* [il] 76, 109
Institut institut *m* [ɛ̃sti'ty] 38
Inszenierung mise *f* en scène [mi:z‿‿ɑ̃‿'sɛn] 177
Internist spécialiste *m* des maladies internes [spesja'list de mala'di ɛ̃'tɛrn] 162
Ischias sciatique *f* [sja'tik] 170
Isolierung isolement *m* [izɔl'mɑ̃] 53

J

ja oui [wi] 21
Jacht yacht *m* [jɔt] 76
Jacke veste *f* [vɛst] 134
Jackenkleid tailleur *m* [ta'jœ:r] 134
Jackett veston *m* [vɛs'tɔ̃] 134
Jagd chasse *f* [ʃas] 188
Jagdgewehr fusil *m* de chasse [fy'zi də ʃas] 143
Jagdschein permis *m* de chasse [pɛr'mi də ʃas] 189
Jahr année *f* [a'ne] 23, 32, 34
Jahrhundert siècle *m* ['sjɛklə] 119
Januar janvier *m* [ʒɑ̃'vje] 33
jede(r, ~s) *(adj.)* chaque [ʃak] 32

jederzeit à tout moment [a tu mɔ'mɑ̃] 32
jemand quelqu'un [kɛl 'kɛ̃] 41
jetzt maintenant [mɛ̃t'nɑ̃] 32
Jodtinktur teinture *f* d'iode [tɛ̃'tyr djɔd] 160
Johannisbeere groseille *f* [gro'zɛj] 110
Joker joker *m* [ʒo'kɛ:r] 181
Journalist journaliste *m* [ʒurna'list] 36
Jude juif *m* [ʒɥif] 123
Jugendgruppe groupe *m* de jeunes [grup də ʒœn] 95
Jugendherberge auberge *f* de jeunesse [o'bɛrʒ də ʒœ'nɛs] 81, 94
Juli juillet *m* [ʒɥi'jɛ] 33
jung jeune [ʒœn] 35
Junge garçon *m* [gar'sɔ̃] 35
Juni juin [ʒɥɛ̃] 33
Jura droit *m* [drwa] 39
Juwelier bijouterie *f* [biʒu'tri] 128

K

Kabel câble *m* ['kablə] 53
Kabeljau cabillaud *m* [kabi'jo] 105
Kabine cabine *f* [ka'bin] 74, 148, 185
Kaffee café *m* [ka'fe] 98, 182
Kaffeekanne cafetière *m* [kaf'tjɛ:r] 97
Kai quai *m* [kɛ] 76
Kajüte cabine *f* [ka'bin] 76
Kakao cacao *m* [kaka'o] 98
Kalb veau *m* [vo] 107
Kalbsbraten rôti de veau [rɔ'ti də vo] 108
Kalbsmilch ris *m* de veau [ri də vo] 108
Kalbsnierenbraten rognonnade *f* [rɔɲɔ'nad] 108
Kalbsragout blanquette *f* de veau [blɑ̃'kɛt də vo] 107
Kalbsroulade paupiettes *f/pl* de veau [po'pjɛt də vo] 108
Kaliber calibre *m* [ka'li:brə] 143
kalt froid [frwa] 25, 67, 93
Kaltwelle permanente *f* à froid [pɛrma'nɑ̃t‿a‿frwa] 158
Kamille camomille *f* [kamɔ'mij] 160
Kamin cheminée *f* [ʃəmine] 91
Kamm peigne *m* [pɛɲ] 141
kämmen peigner [pɛ'ɲe] 158
Kammermusik musique *f* de chambre [my'zik də 'ʃɑ̃:brə] 177
Kammgarn laine *f* peignée [lɛn pɛ'ɲe] 136
Kampf *(Sport)* combat *m* [kɔ̃'ba] 187
Kanal canal *m* [ka'nal] 76
kandiert: *~e Früchte* fruits *m/pl* confits [frɥi kɔ̃'fi] 113
Kaninchen lapin *m* [la'pɛ̃] 107
Kanne pot *m* [po] 97
Kanzel chaire *f* [ʃɛ:r] 124
Kapelle *(Gebäude)* chapelle *f* [ʃa'pɛl] 124
Kapern câpres *f/pl* ['kɑ:prə] 101
Kapitän capitaine *m* [kapi'tɛn] 74
kaputt sein ne pas marcher [nə pa marʃe] 88
Karaffe carafe *f* [ka'raf] 97
Karamelcreme crème *f* caramel [krɛm kara'mɛl] 109
Kardanwelle arbre *m* de cardan ['arbrə də kar'dɑ̃] 53
Karfreitag vendredi *m* saint [vɑ̃drə'di sɛ̃] 33
kariert quadrillé [kadri'je] 137
Karies carie *f* [ka'ri] 174
Karo carreau *m* [ka'ro] 181
Karosserie carrosserie *f* [karɔs'ri] 53
Karotten carottes *f/pl* [ka'rɔt] 108
Karpfen carpe *f* [karp] 105
Karte *(Land~)* carte *f* [kart] 40
Kartenspiel jeu *m* de cartes [ʒø də kart] 181
Kartenverkauf vente *f* de billets [vɑ̃t də bi'jɛ] 177
Kartoffelbrei purée *f* de pommes de terre [py're də pɔm‿də‿'tɛ:r] 104

Kugellager roulement *m* à billes [rul'mã a bij] 53
Kugelschreiber stylo *m* à bille [sti'lo a bij] 138
Kühler radiateur *m* [radja'tœ:r] 53
Kühlergrill volet *m* du radiateur [vɔ'lɛ dy radja'tœ:r] 53
Kühlschrank réfrigérateur *m* [refriʒe-ra'tœ:r] 91
Kühlwasser eau *f* du radiateur [ody radja'tœ:r] 45
Kulturfilm (film *m*) documentaire [(film) dɔkymã'tɛ:r] 179
Kümmel cumin *m* [ky'mɛ̃] 101
kümmern: *sich ~ um* prendre soin de ['prãdrə swɛ̃ də] 48
Kundendienst service-entretien *m* [sɛrvis ãtrə'tjɛ̃] 45
Kunstfaser fibre *f* synthétique ['fibrə sɛ̃te'tik] 136
Kunstgeschichte histoire *f* de l'art [is'twar də la:r] 39
Kunstgewerbeschule école *f* des arts décoratifs [e'kɔl de‿z‿'ar dekɔra'tif] 38
Kunsthändler marchand *m* d'objets d'art [mar'ʃã dɔb'ʒɛ da:r] 128
Künstler artiste *m* [ar'tist] 37
Kunstseide soie *f* artificielle [swa arti-fi'sjɛl] 137
Kuppel coupole *f* [ku'pɔl] 125
Kupplung embrayage *m* [ãbrɛ'ja:ʒ] 53
Kupplungspedal pédale *f* d'embrayage [pe'dal dãbrɛ'ja:ʒ] 53
Kur cure *f* [ky:r] 175
Kuraufenthalt séjour *m* dans une ville d'eaux [se'ʒur dã‿z‿yn vil do] 175
Kurbelwelle vilebrequin *m* [vilbrə'kɛ̃] 53
Kurort station *f* thermale [sta'sjɔ̃ tɛr'mal] 175
Kurs *(Schiff)* route *f* [rut] 76
Kursbuch indicateur *m* des chemins de fer [ɛ̃dika'tœr de ʃmɛ̃ də fɛ:r] 60
Kurswagen voiture *f* directe [vwa'tyr di'rɛkt] 60
Kurtaxe taxe *f* de cure [taks də ky:r] 175
Kurve virage *m* [vi'ra:ʒ] 43
kurz court [ku:r] 133, 134, 157
Kurzfilm (film *m* de) court métrage [(film də) ku:r me'tra:ʒ] 179
Kurzschluß court-circuit *m* [kur-sir'kɥi] 54
kurzsichtig myope [mjɔp] 138
Kurzwaren mercerie *f* [mɛrsə'ri] 128
Kurzwelle onde *f* courte [ɔ̃:d kurt] 175
Kuß baiser *m* [bɛ'ze] 184
küssen embrasser [ãbra'se] 184
Küste côte *f* [ko:t] 76
Kutteln tripes *f/pl* [trip] 108

L

Labor laboratoire *m* [labɔra'twa:r] 163
Lachs saumon *m* [so'mɔ̃] 105
Lack *(Auto)* laque *f* [lak] 54
Lackierung *(Auto)* laque *f* [lak] 54
Laden magasin *m* [maga'zɛ̃] 121
Lage site *m* [sit] 81
Lager *(techn.)* coussinet *m* [kusi'nɛ] 54
Lähmung paralysie *f* [parali'zi] 170
Laken drap *m* de lit [dra də li] 90
Lamm agneau *m* [a'ɲo] 107
Lammkeule gigot *m* d'agneau [ʒi'go da'ɲo] 108
Lampe lampe *f* [lãp] 91
Land: *an ~ gehen* descendre à terre [de'sãdr‿a‿tɛ:r] 72
Landausflug excursion *f* à terre [ɛks-kyr'sjɔ̃‿a‿tɛ:r] 76
landen atterrir [atɛ'ri:r] 71
Landkarte carte *f* géographique [kart ʒeogra'fik] 130
Landschaft paysage *m* [pei'za:ʒ] 121
Landung atterrissage *m* [atɛri'sa:ʒ] 71
Landungsbrücke débarcadère *m* [de-barka'dɛ:r] 76

Landwein vin *m* du pays [vɛ̃ dy pɛ'i] 111
Landwirt agriculteur *m* [agrikyl'tœ:r] 37
lang long [lɔ̃] 133
lange *(zeitl.)* longtemps [lɔ̃'tɑ̃] 14
langsam lentement [lɑ̃t'mɑ̃] 42
Languste langouste *f* [lɑ̃'gust] 105
Langwelle grandes ondes *f/pl* [grɑ̃dz‿ɔ̃:d] 181
Lappen chiffon *m* [ʃi'fɔ̃] 57
lassen laisser [lɛ'se] 15, 44
Lastauto camion *m* [ka'mjɔ̃] 40
Lastkahn chaland *m* [ʃa'lɑ̃] 76
Läufer *(Schach)* fou *m* [fu] 181
leben vivre [vivr(ə)] 119
Lebensgefahr danger *m* de mort [dɑ̃'ʒe də mɔ:r] 191
Lebensmittel alimentation *f* [alimɑ̃tɑ'sjɔ̃] 128
Lebensmittelgeschäft magasin *m* d'alimentation [maga'zɛ̃ dalimɑ̃tɑ'sjɔ̃] 94
Lebensmittelvergiftung intoxication *f* alimentaire [ɛ̃tɔksikɑ'sjɔ̃ alimɑ̃'tɛ:r] 170
Leber foie *m* [fwa] 107, 167
Leder cuir *m* [kɥi:r] 139
Lederhose culotte *f* en peau [ky'lɔt‿ɑ̃‿'po] 134
Lederjacke blouson *m* en cuir [blu'zɔ̃ ɑ̃ kɥi:r] 134
Ledermantel manteau *m* de cuir [mɑ̃'to də kɥi:r] 134
Ledersohle semelle *f* de cuir [sə'mɛl də kɥi:r] 139
Lederwaren maroquinerie *f* [marɔkinə'ri] 128
ledig célibataire [seliba'tɛ:r] 79
leer *(Batterie)* vide [vid] 51
Leerlauf point *m* mort [pwɛ̃ mɔ:r] 52
Lehrbuch manuel *m* [ma'nɥɛl] 130
Lehrer instituteur *m* [ɛ̃stity'tœ:r] 37
Lehrling apprenti *m* [aprɑ̃'ti] 37
leicht léger [le'ʒe] 111
Leichtathletik athlétisme *m* [atle'tismə] 188
leid: ~ *tun* être désolé [ɛtr(ə) dezɔ'le] 22
leider malheureusement [malœrøz'mɑ̃] 22
leihen prêter [prɛ'te] 48, 57
Leihgebühr prix *m* de location [pri də lɔka'sjɔ̃] 95
Leine corde *f* [kɔrd] 144
Leinen toile *f* [twal] 136
Leinwand *(Kino)* écran *m* [e'krɑ̃] 179
Leitung ligne *f* [liɲ] 148
Lenkrad volant *m* [vɔ'lɑ̃] 54
Lenkung conduite *f* [kɔ̃'dɥit] 54
Leseraum salle *f* de lecture [sal də lɛk'ty:r] 74
Leuchter chandelier *m* [ʃɑ̃də'lje] 125
Leuchtturm phare *m* [fa:r] 76
Leukämie leucémie *f* [løse'mi] 170
Licht lumière *f* [ly'mjɛ:r] 88
Lichthupe avertisseur *m* lumineux [avɛrti'sœr lymi'nø] 53
Lichtmaschine dynamo *f* [dina'mo] 54
Lichtschalter interrupteur *m* [ɛ̃tɛryp'tœ:r] 91
Lidschatten ombre *f* à paupières [ɔ̃br‿a‿po'pjɛ:r] 141
Lidstrich crayon *m* (à paupières) [krɛ'jɔ̃(‿a‿po'pjɛ:r)] 141
Liebe amour *m* [a'mur] 183
lieben aimer [ɛ'me] 184
Liebesknochen éclair *m* [e'klɛr] 114
Lied chanson *f* [ʃɑ̃'sɔ̃] 177
Liederabend récital *m* de chant [resi'tal də ʃɑ̃] 177
Lieferauto camionnette *f* [kamjɔ'nɛt] 40
Liegekur cure *f* de repos [ky'r də rə'po] 175
liegen *(sich befinden)* se trouver [sə tru:ve] 116

M

Mandeln *(Körperteil)* amygdales *f/pl* [ami(g)'dal] 167
Maniküre manucure *f* [many'ky:r] 156
Mann mari *m* [ma'ri] 13, 14, 162
Mannschaft *(Schiffs~)* équipage *m* [eki'pa:ʒ] 76
Manschettenknöpfe boutons *m/pl* de manchette [bu'tɔ̃ də mɑ̃'ʃɛt] 133
Mantel manteau *m* [mɑ̃'to] 134
Margarine margarine *f* [marga'rin] 101
Mark mark *m* [mark] 157
Markt marché *m* [mar'ʃe] 121
Markthalle marché *m* couvert [mar'ʃe ku'vɛ:r] 121
Marmelade confiture *f* [kɔ̃fi'ty:r] 98
März mars *m* [mars] 33
Maschen: *Aufnehmen von ~* remaillage *m* [rəma'ja:ʒ] 137
Maschine appareil *m* [apa'rɛj] 68
Maschinenbau construction *f* mécanique [kɔ̃stryk'sjɔ̃ meka'nik] 39
Masern rougeole *f* [ru'ʒɔl] 170
Massage massage *m* [ma'sa:ʒ] 175
Masseur masseur *m* [ma'sœ:r] 175
Masseuse masseuse *f* [ma'sø:z] 175
massieren masser [ma'se] 175
Mast mât *m* [mɑ] 76
Mathematik mathématiques *f/pl* [matema'tik] 39
Matratze matelas *m* [mat'la] 90
Matrose matelot *m* [mat'lo] 76
matt *(Foto)* mat [mat] 132
Mauer mur *m* [my:r] 121
Maurer maçon *m* [ma'sɔ̃] 37
Mayonnaise mayonnaise *f* [majɔ'nɛ:z] 101
Mechaniker mécanicien *m* [mekani'sjɛ̃] 37, 48
Medikament médicament *m* [medika'mɑ̃] 159
Medizin médecine *f* [med'sin] 39
Meer mer *f* [mɛ:r] 77
Meerblick vue *f* sur la mer [vy syr la mɛ:r] 82
Meerrettich raifort *m* [rɛ'fɔ:r] 101
Meerwasser eau *f* de mer [o də mɛ:r] 175
mehr: *noch ~* davantage [davɑ̃'ta:ʒ] 126
mein mon [mɔ̃] 12, 14 *etc.*
Meißel ciseau *m* [si'zo] 57
Meisterschaft championnat *m* [ʃɑ̃pjɔ'na] 190
melden: *sich ~ (Telefon)* répondre [re'pɔ̃drə] 148
Melone melon *m* [mə'lɔ̃] 110
Menstruation règles *f/pl* ['rɛglə] 167
Messe *(kath. Religion)* messe *f* [mɛs] 125
Messer couteau *m* [ku'to] 97
Messerformschnitt coupe *f* au rasoir [kup o ra'zwa:r] 157
Meter mètre *m* ['mɛ:trə] 126
Metzger boucher *m* [bu'ʃe] 37
mich me [mə] 22
Miesmuscheln moules *f/pl* [mul] 105
Miete loyer *m* [lwa'je] 91
mieten louer [lwe] 41, 185
Migräne migraine *f* [mi'grɛn] 170
Milch lait *m* [lɛ] 98, 114
Milchbar milk-bar *m* ['milkbar] 114
Milchbrötchen petit pain *m* au lait [pti pɛ̃ o lɛ] 98
Milchgeschäft laiterie *f* [lɛ'tri] 128
Milchmixgetränk milk-shake *m* [mil'ʃek] 112
Millimeter millimètre *m* [mili'mɛtrə] 193
Milz rate *f* [rat] 167
Minarett minaret *m* [mina'rɛ] 125
minderjährig mineur [mi'nœ:r] 35
Mine mine *f* [min] 138
Mineralbad bain *m* d'eaux minérales [bɛ̃ do mine'ral] 175
Mineralwasser eau *f* minérale [o mine'ral] 112
Minigolfanlage terrain *m* de golf miniature [tɛ'rɛ̃ də gɔlf minja'ty:r] 180

Ministerium ministère *m* [minis'tɛ:r] 121
Minute minute *f* [mi'nyt] 86, 116
mir moi [mwa] 126, 20
mischen battre ['batrə] 181
mit avec [a'vɛk] 41, 83 *etc.*
Mitgliedskarte carte *f* de membre [kart də 'mɑ̃brə] 95
mitnehmen prendre ['prɑ̃:drə] 69
Mittag midi *m* [mi'di] 31
Mittagessen déjeuner *m* [deʒœ'ne] 91
Mitte milieu *m* [mi'ljø] 65
Mittel *(Medizin)* remède *m* [rə'mɛd] 161
Mittelfinger médius *m* [me'djys] 166
Mittelohrentzündung otite *f* de l'oreille moyenne [ɔ'tit də lɔ'rɛj mwa'jɛn] 170
Mittelrippenstück entrecôte *f* [ɑ̃trə-'kot] 107
Mittelstreifen bande *f* médiane [bɑ̃d me'djan] 43
Mittelwelle ondes *f/pl* moyennes [ɔ̃:d mwa'jɛn] 181
Mitternacht minuit *m* [mi'nɥi] 31
Mittwoch mercredi *m* [mɛrkrə'di] 33
Modenschau présentation *f* des collections [prezɑ̃tɑ'sjɔ̃ de kɔlɛk'sjɔ̃] 180
Modeschmuck bijoux *m/pl* fantaisie [bi'ʒu fɑ̃tɛ'zi] 133
Modezeitschrift journal *m* de modes [ʒur'nal də mɔd] 182
mögen vouloir [vu'lwa:r] 99, 113, 126
Mohammedaner mahométan *m* [maɔme'tɑ̃] 125
Mohrrübe carotte *f* [ka'rɔt] 108
Mole môle *m* [mo:l] 76
Moment instant *m* [ɛ̃s'tɑ̃] 87
Monat mois *m* [mwa] 32, 34
Mond lune *f* [lyn] 27
Montag lundi *m* [lœ̃'di] 33
Moped cyclomoteur *m* [siklɔmɔ'tœ:r] 41
morgen demain [də'mɛ̃] 31
Morgen: *guten* ~! bonjour! [bɔ̃'ʒu:r] 12
Morgenrock robe *f* de chambre [rɔb də 'ʃɑ̃:brə] 134
Mosaik mosaïque *f* [mɔza'ik] 125
Moschee mosquée *f* [mɔs'ke] 125
Moslem musulman *m* [myzyl'mɑ̃] 125
Motel motel *m* [mɔ'tɛl] 81
Motor moteur *m* [mɔ'tœ:r] 54
Motorboot bateau *m* à moteur [ba'to a mɔ'tœ:r] 75
Motorenöl huile *f* de moteur [ɥil də mɔ'tœ:r] 46
Motorrad moto *f* [mɔ'to] 41
Motorroller scooter *m* [sku'tœ:r] 41
Motorsport sport *m* motocycliste [spɔr mɔtɔsi'klist] 189
Mücken moustiques *m/pl* [mus'tik] 87
Mullbinde bandage *m* de gaze [bɑ̃-'da:ʒ də gɑ:z] 161
Mumps oreillons *m/pl* [ɔrɛ'jɔ̃] 170
Mund bouche *f* [buʃ] 167
Mundwasser eau *f* dentifrice [o dɑ̃ti'fris] 141
Munition munition *f* [myni'sjɔ̃] 143
Münzautomat taxiphone *m* [taksi'fɔn] 150
Münze pièce *f* de monnaie [pjɛs də mɔ'nɛ] 152
Museum musée *m* [my'ze] 116
Musik musique *f* [my'sik] 39
Musikalienhandlung magasin *m* de musique [maga'zɛ̃ də my'zik] 128
Musiker musicien *m* [myzi'sjɛ̃] 37
Musikstück morceau *m* de musique [mɔr'so də my'sik] 177
Muskateller vin *m* muscat [vɛ̃ mys'ka] 111
Muskatnuß noix *f* de muscade [nwa də mys'kad] 101
Muskel muscle *m* ['myskIə] 167
müssen devoir [d(ə)'vwa:r] 165
Mutter mère *f* [mɛ:r] 35
Mütze casquette *f* [kas'kɛt] 134

N

Nabe moyeu *m* [mwa'jø] 54

nach *(zeitl.)* après [a'prɛ] 31

nach à [a] 40

nachfüllen faire le plein [fɛr lə plɛ̃] 45

nachgehen *(Uhr)* retarder [rə'tɑr'de] 31

nachlösen *(im Zug)* supplément *m* [syple'mɑ̃] 66

Nachmittag après-midi *f* [aprɛmidi] 31

Nachnahme remboursement *m* [rɑ̃bursə'mɑ̃] 150

Nachrichten *(im TV)* informations *f/pl* [ɛ̃fɔrma'sjɔ̃] 181

nachsehen *(kontrollieren)* contrôler [kɔ̃tro'le] 52

nachsenden lassen faire suivre [fɛr 'sɥivrə] 146

nächste(r) prochain [prɔ'ʃɛ̃] 40

Nacht nuit *f* ['nɥi] 17

Nachtdienst service *m* de nuit [sɛr'vis də nɥi] 159

Nachtgeschirr vase *m* de nuit [vaz də nɥi] 172

Nachthemd chemise *f* de nuit [ʃə'miz də nɥi] 134

Nachtklub boîte *f* de nuit [bwat də nɥi] 180

Nachtschwester infirmière *f* de nuit [ɛ̃fir'mjɛr də nɥi] 172

Nachttarif tarif *m* de nuit [ta'rif də nɥi] 148

Nachttisch table *f* de nuit ['tablə də nɥi] 91

Nachttischlampe lampe *f* de chevet [lɑ̃p də ʃə'vɛ] 91

nachziehen *(Augenbrauen)* refaire [rə'fɛ:r] 156

Nacken nuque *f* [nyk] 167

Nadel aiguille *f* [ɛ'gɥij] 136

Nagel *(Finger~)* ongle *m* ['ɔ̃:glə] 156

Nagellack vernis *m* [vɛr'ni] 156

Nagellackentferner dissolvant *m* à ongles [disɔl'vɑ̃ a 'ɔ̃:glə] 141

Nagelreiniger cure-ongles *m* [kyr'ɔ̃:glə] 141

Nagelschere ciseaux *m/pl* à ongles [si'zo a 'ɔ̃:glə] 141

Nähe: *in der ~* près d'ici [prɛ di'si] 81

nähertreten approcher [aprɔ'ʃe] 16

Nähgarn fil *m* à coudre [fil a'ku:drə] 136

Nähnadel aiguille *f* à coudre [ɛ'gɥij a 'ku:drə] 136

Nähseide soie *f* à coudre [swa a 'ku:drə] 136

Name nom *m* [nɔ̃] 14, 48, 79

Namenstag fête *f* [fɛt] 22

Napfkuchen kouglof *m* [ku'glɔf] 114

Narkose narcose *f* [nar'ko:z] 172

Nase nez *m* [ne] 167

Nasenbluten saignement *m* du nez [sɛɲə'mɑ̃ dy ne] 170

Nationalitätszeichen plaque *f* de nationalité [plak də nasjɔnali'te] 54

Natron *(doppelt kohlensaures)* bicarbonate *m* de soude [bikarbɔ'nat də sud] 161

Naturschutzgebiet parc *m* national [park nasjɔ'nal] 121

Nebel brouillard *m* [bru'ja:r] 27

Nebenstraße rue *f* secondaire [ry səgɔ̃'dɛ:r] 121

neblig: *es ist ~* il fait du brouillard [il fɛ dy bru'ja:r] 25

Neffe neveu *m* [nə'vø] 35

Negativ négatif *m* [negatif] 131

nehmen prendre ['prɑ̃:drə] 83, 127

nein non [nɔ̃] 21

Nelken *(Blumen)* œillets *m/pl* [œ'jɛ] 130

Nerv nerf *m* [nɛ:r] 167, 174

Nervenarzt neutologue *m* [nørɔ'lɔg] 162

Nervenschock choc *m* nerveux [ʃɔk nɛr'vø] 170

nett charmant [ʃar'mɑ̃] 16

neu nouveau [nu'vo] 50

Neujahr jour *m* de l'an [ʒur də lɑ̃] 33

Polizeirevier commissariat *m* de police [kɔmisa'rja də pɔ'lis] 116
Polizeiwagen voiture *f* de police [vwa'tyr də pɔ'lis] 154
Polizist agent *m* de police [a'ʒɑ̃ də pɔ'lis] 154
Pommes frites frites *f/pl* [frit] 104
Pony *(Frisur)* frange *f* [frɑ̃:ʒ] 158
Portal portail *m* [pɔr'taj] 125
Portemonnaie porte-monnaie *m* [pɔrtmɔ'nɛ] 153
Portier portier *m* [pɔr'tje] 92
Portion portion *f* [pɔr'sjɔ̃] 96, 115
Porto port *m* [pɔ:r] 145
Porzellan porcelaine *f* [pɔrsə'lɛn] 144
Porzellangeschäft magasin *m* de porcelaine [maga'zɛ̃ də pɔrsə'lɛn] 129
Post courrier *m* [ku'rje] 85, 89, 146
Postamt bureau *m* de poste [by'ro də pɔst] 116, 145, 150
Postanweisung mandat-poste *m* mɑ̃da'pɔst] 146
Postbeamter employé *m* de postes [ɑ̃plwa'je də pɔst] 37
Postfach boîte *f* postale [bwat pɔs'tal] 150
Postkarte carte *f* postale [kart pɔs'tal] 85, 145
postlagernd poste *f* restante [pɔst rɛs'tɑ̃:t] 150
Postsparbuch livret *m* de caisse d'épargne postale [livrɛ d(ə) kɛs de'parɲ pɔs'tal] 146
Pralinen chocolats *m/pl* [ʃɔkɔ'la] 114
Präsident président *m* [prezi'dɑ̃] 13
Predigt sermon *m* [sɛr'mɔ̃] 123
Preis prix *m* [pri] 81, 191
Priester prêtre *m* ['prɛtrə] 123
prima! extra! [ɛks'tra] 21
Privatstrand plage *f* privée [plaʒ pri've] 92
Privatzimmer chambre *f* chez l'habitant ['ʃɑ̃brə ʃe labi'tɑ̃] 81
pro par [par] 83
Professor professeur *m* [prɔfɛ'sœ:r] 13
Programm programme *m* [prɔ'gram] 181
Programmheft programme *m* [prɔ'gram] 178
Programmvorschau prochains films *m/pl* [prɔ'ʃɛ̃ film] 179
Promenadendeck pont-promenade *m* [pɔ̃prɔm'nad] 76
Prospekt prospectus *m* [prɔspɛk'tys] 130
Protestant protestant *m* [prɔtɛs'tɑ̃] 123
protestantisch protestant [prɔtɛs'tɑ̃] 125
Prothese prothèse *f* [prɔ'tɛ:z] 173
Provision commission *f* [kɔmi'si̯ɔ̃] 152
provisorisch provisoirement [prɔvizwar'mɑ̃] 173
Prozession procession *f* [prɔsɛ'sjɔ̃] 125
prüfen vérifier [veri'fje] 46, 50
Prüflampe lampe-témoin *f* [lɑ̃pte'mwɛ̃] 57
Psychologie psychologie *f* [psikɔlɔ'ʒi] 39
Puder poudre *f* ['pu:drə] 141
Puderdose poudrier *m* [pudri'je] 141
Puderquaste houppette *f* [u'pɛt] 141
pünktlich *(bei Uhrzeit)* précise [presi:z] 30
Pullover pull-over *m* [pylo'vɛ:r] 134
Pulver *(Medizin)* poudre *f* ['pu:drə] 161
Punkt point *m* [pwɛ̃] 190
Punsch punch *m* [pɔ̃:ʃ] 112
Puppe poupée *f* [pu'pe] 144
Pute dinde *f* [dɛ̃:d] 106

S

Samt velours *m* [və'lu:r] 136
Sanatorium sanatorium *m* [sanatɔ'rjɔm] 175
Sand sable *m* ['sablə] 186
Sandalen sandales *f/pl* [sɑ̃'dal] 139
Sandstrand plage *f* de sable [plaʒ də 'sablə] 186
Sänger chanteur *m* [ʃɑ̃'tœ:r] 178
Sängerin cantatrice *f* [kɑ̃ta'tris] 178
Sanitätsstelle poste *m* de secours [pɔst də s(ə)'ku:r] 49, 65
Sardelle anchois *m* [ɑ̃'ʃwa] 102
Sarkophag sarcophage *m* [sarkɔ'fa:ʒ] 125
säubern nettoyer [nɛtwa'je] 47
Sauciere saucière *f* [so'sjɛ:r] 97
sauer amer [a'mɛr] 115
Sauerampfersuppe cousinette *f* [kuzi'nɛt] 103
Sauerkraut choucroute *f* [ʃu'krut] 109
Säule colonne *f* [kɔ'lɔn] 12
Sauna sauna *m* [so'na] 175
Schach échecs *m/pl* [e'ʃɛk] 187
Schachtel boîte *f* [bwat] 140
schade dommage [dɔ'ma:ʒ] 22
Schädel crâne *m* [kran] 168
Schaffner *(Bus~)* receveur *m* [rəsə'vœ:r] 59
Schal écharpe *f* [e'ʃarp] 135
Schalentiere coquillages *m/pl* [kɔki'ja:ʒ] 105
Schallplatte disque *m* [disk] 130
Schallplattengeschäft magasin *m* de disques [maga'zɛ̃ də disk] 129
Schalter *(Licht~)* commutateur *m* [kɔmyta'tœ:r] 55
Schalthebel levier *m* de changement de vitesse [lə'vje də ʃɑ̃ʒ'mɑ̃ də vi'tɛs] 55
scharf *(Speise)* assaisonné [asɛzɔ'ne] 115
Scharlach scarlarine *f* [skarla'tin] 171
Schauspiel spectacle *m* [spɛk'taklə] 178
Schauspieler acteur *m* [a'ktœ:r] 178
Schauspielerin actrice *f* [ak'tris] 178
Scheck chèque *m* [ʃɛk] 151
Scheckkarte carte *f* de chèques [kart də ʃɛk] 152
Scheibe *(Brot etc.)* tranche *f* [trɑ̃:ʃ] 98
Scheibenbremse frein *m* à disque [frɛ̃‿ɑ‿'disk] 51
Scheibenwaschanlage lave-glace *m* [lav'glas] 55
Scheibenwischer essuie-glace *m* [ɛsɥi'glas] 55
scheinen paraître [pa'rɛtrə] 115
Scheinwerfer phare *m* [fa:r] 55
Scheitel raie *f* [rɛ] 157
Schellfisch aiglefin *m* [ɛglə'fɛ̃] 105
Schenkel cuisse *f* [kɥis] 168
Schere ciseaux *m/pl* [si'zo] 136
Scheuertuch serpillière *f* [sɛrpi'jɛ:r] 87
Schi ski *m* [ski] 189
schicken envoyer [ɑ̃vwa'je] 48, 127
Schiebedach toit *m* ouvrant [twa u'vrɑ̃] 55
Schiedsrichter arbitre *m* [ar'bitrə] 188
Schienbein tibia *m* [ti'bja] 168
Schienenbus autorail *m* [otɔ'raj] 61
schießen tirer [ti're] 189
Schießsport tir *m* [tir] 189
Schießstand (stand *m* de) tir [(stɑ̃d də) tir] 189
Schiff bateau *m* [ba'to] 72, 77
Schiffbau construction *f* navale [kɔ̃stryk'sjɔ̃ na'val] 39
Schiffsagentur agence *f* maritime [a'ʒɑ̃s mari'tim] 77
Schiffsarzt médecin *m* de bord [med'sɛ̃ də bɔ:r] 77
Schiffshospital hôpital *m* [ɔpital] 74
Schiffsplatz billet *m* [bi'jɛ] 73
Schiffsreise voyage *m* en bateau [vwa'jaʒ ɑ̃ ba'to] 77
Schihose pantalon *m* de ski [pɑ̃ta'lɔ̃ də ski] 135
Schi laufen faire du ski [fɛr dy ski] 18

See *(Meer)* mer *f* [mɛ:r] 77
Seefisch poisson *m* de mer [pwa'sɔ̃ də mɛ:r] 105
Seegang mer *f* agitée [mɛr aʒi'te] 77
Seehecht colin *m* [kɔ'lɛ̃] 105
Seekrankheit mal *m* de mer [mal də mɛ:r] 77
Seemeile mille *m* marin [mil ma'rɛ̃] 193
Seezunge sole *f* [sɔl] 105
Segel voile *f* [vwal] 190
Segelboot voilier *m* [vwa'lje] 190
segeln faire de la voile [fɛr də la vwal] 190
Segelschule école *f* de yachting [e'kɔl də jɔ'tiŋ] 180
Segelsport voile *f* [vwal] 190
sehen voir [vwa:r] 12
Sehenswürdigkeit curiosité *f* [kyrjozi'te] 117
Sehne tendon *m* [tɑ̃'dɔ̃] 168
Sehnenzerrung déchirement *m* des tendons [deʃir'mɑ̃ de tɑ̃'dɔ̃] 171
sehr très [trɛ] 21
Seide soie *f* [swa] 137
Seidenpapier papier *m* de soie [pa'pje də swa] 138
Seife savon *m* [sa'vɔ̃] 87
Seil cordage *m* [kɔr'da:ʒ] 77
sein être ['ɛtrə] 14, 115
seit depuis [də'pɥi] 32
Seitenstechen points *m/pl* de côté [pwɛ̃‿d‿ko'te] 171
seitlich sur le côté [syr lə ko'te] 156
Sekretärin secrétaire *f* [səkre'tɛ:r] 37
Sekt champagne *m* [ʃɑ̃'paɲ] 111
Sekunde seconde *f* [z(ə)gɔ̃:d] 32
Selbstauslöser déclencheur *m* automatique [deklɑ̃'ʃœ:r otɔma'tik] 132
Selbstbedienung libre-service *m* [librəsɛr'vis] 129
Sellerie céleri *m* [sel'ri] 108
Semmel petit pain *m* [pti pɛ̃] 98
Sender émetteur *m* [emɛ'tœ:r] 180
Sendung émission *f* [emi'sjɔ̃] 181
Senf moutarde *f* [mu'tard] 101
Senfglas moutardier *m* [mutar'dje] 97
Senfgurken cornichons *m/pl* aux graines de moutarde [kɔrni'ʃɔ̃ o grɛn də mu'tard] 101
September seprembre *m* [sɛp'tɑ̃:brə] 33
Serpentine lacet *m* [la'sɛ] 43
Serviette serviette *f* [sɛr'vjɛt] 97
Sessel fauteuil *m* [fo'tœj] 92
Sessellift télésiège *m* [tele'sjɛʒ] 122
setzen *(auf)* miser (sur) [mi'ze (syr)] 182
Shampoo shampoing *m* [ʃɑ̃'pwɛ̃] 142
Shorts short *m* [ʃɔrt] 135
Sicherheitsgurt ceinture *f* de sécurité [sɛ̃'tyr də sekyri'te] 55
Sicherheitsnadel épingle *f* de sûreté [e'pɛ̃glə də syr'te] 136
Sicherung plomb *m* [plɔ̃] 88
Sie vous [vu] 15
sieben sept [sɛt] 28
Sieg victoire *f* [vik'twa:r] 190
Silber argent *m* [ar'ʒɑ̃] 133
silbern argenté [arʒɑ̃'te] 194
Sinfoniekonzert concert *m* symphonique [kɔ̃'sɛr sɛ̃fɔ'nik] 178
Sitz *(Auto)* siège *m* [sjɛ:ʒ] 55
Slawistik science *f* des langues slaves [sjɑ̃s de lɑ̃:g slav] 39
Slip slip *m* [slip] 135
sobald quand [kɑ̃] 149
Socken chaussettes *f/pl* [ʃo'sɛt] 135
Soda eau *f* de Seltz [o də sɛlts] 112
Sodbrennen aigreurs *f/pl* d'estomac [ɛ'grœr dɛstɔ'ma] 171
sofort tout de suite [tu‿d‿sɥit] 96
Sohle semelle *f* [sə'mɛl] 139
Sohn fils *m* [fis] 13, 14
Solist soliste *m* [sɔ'list] 178
Sommer été *m* [e'te] 33
Sommerkleid robe *f* d'été [rɔb de'te] 135

sprechen parler [par'le] 15, 24, 74
Sprechstunde (heures *f/pl* des) consultations *f/pl* [(œr de) kɔ̃syltɑsjɔ̃] 163
Sprechzimmer cabinet *m* des consultations [kabi'nɛ de kɔ̃syltɑ'sjɔ̃] 163
Springen saut *m* [so] 189
Springer *(Schach)* cavalier *m* [kava'lje] 181
Spritze *(mediz.)* piqûre *f* [pi'ky:r] 172
Sprudel eau *f* minérale (gɑzeuze) [o mine'ral (ga'zø:z)] 175
Sprung plongeon *m* [plɔ̃'ʒɔ̃] 190
Sprungbrett plongeoir *m* [plɔ̃'ʒwa:r] 190
Sprungschanze tremplin *m* (de saut) [trɑ̃'plɛ̃ (də so)] 189
Spülung *(WC)* chasse *f* d'eau [ʃas do] 88
Staatsangehörigkeit nationalité *f* [nasjɔnali'te] 79
Staatsbahnen S.N.C.F. [ɛs ɛn se ɛf] 192
Stadion stade *m* [stad] 187
Stadt ville *f* [vil] 40, 86
Stadtplan plan *m* de la ville [plɑ̃ də la vil] 130
Stadtteil quartier *m* [kar'tje] 122
Stadtzentrum centre *m* de la ville ['sɑ̃trə də la vil] 122
Standlicht feux *m/pl* de position [fø də pɔzi'sjɔ̃] 55
stark fort [fɔr] 163
Stärkungsmittel fortifiant *m* [fɔrti'fjɑ̃] 161
Start *(Flugzeug)* décollage *m* [dekɔ'la:ʒ] 71
starten *(Flugzeug)* décoller [dekɔ'le] 71
Station service *m* [sɛr'vis] 172
Stativ pied *m* [pje] 132
stattfinden *(Gottesdienst)* avoir lieu [a'vwar ljø] 123
Statue statue *f* [sta'ty] 119
stechend *(Schmerz)* poignant [pwa'ɲɑ̃] 163
Steckdose prise *f* de courant [priz də ku'rɑ̃] 88
Stecker fiche *f* [fiʃ] 92
Stecknadel épingle *f* [e'pɛ̃:glə] 136
Steckschlüssel clé *f* à douille [kle‿a‿'duj] 57
stehen aller [a'le] 183
stehlen voler [vɔ'le] 153
steigen monter [mɔ̃'te] 25
Steigung montée *f* [mɔ̃'te] 43
Stein *(Spiel)* pion *m* [pjɔ̃] 182
Steinbutt turbot *m* [tyr'bo] 105
Steinschlag chute *f* de pierres [ʃyt də pjɛ:r] 43
sterben mourir [mu'rir] 119
Stern étoile *f* [e'twal] 27
Sternwarte observatoire *m* [ɔbsɛrva'twa:r] 122
Steuer *(Schiff)* gouvernail *m* [guvɛr'naj] 77
Steuerbord tribord *m* [tri'bɔ:r] 77
Steuermann pilote *m* [pi'lɔt] 77
Steuerung *(Auto)* direction *f* [dirɛk'sjɔ̃] 56
Steward steward *m* [stju'ward] 75
Stewardeß hôtesse *f* de l'air [ho'tɛs də lɛ:r] 71
Stich *(Kartenspiel)* levée *f* [lə've] 181
Stiefel bottes *f/pl* [bɔt] 139
Stiefvater beau-père *m* [bo'pɛ:r] 35
Stiftzahn dent *f* à pivot [dɑ̃ a pi'vo] 174
Stirn front *m* [frɔ̃] 168
Stirnhöhle sinus *m* frontal [si'nys frɔ̃'tal] 168
Stock *(Etage)* étage *m* [e'ta:ʒ] 82
Stockfisch morue *f* [mɔ'ry] 105
Stoff tissu *m* [ti'sy] 137
Stofftier animal *m* en peluche [ani'mal ɑ̃ plyʃ] 144
Stoffwechsel métabolisme *m* [metabɔ'lismə] 168

Stola étole *f* [e'tɔl] 135
stopfen *(flicken)* repriser [rəpri'ze] 137
Stopfgarn coton *m* à repriser [kɔ'tɔ̃ a rəpri'ze] 137
Stoppuhr chronomètre *m* [krɔnɔ'mɛ:trə] 143
Stör esturgeon *m* [ɛstyr'ʒɔ̃] 105
stören déranger [de'rɑ̃'ʒe] 16
Störung perturbation *f* [pɛrtyrbɑ'sjɔ̃] 181
Stoßdämpfer amortisseur *m* [amɔrti'sœ:r] 56
stoßen! poussez! [puse] 191
Stoßstange pare-chocs *m* [par'ʃok] 5
stottern *(Motor)* avoir des ratés [avwar de ra'te] 54
Strafstoß penalty *m* [penal'ti] 188
Strähne mèche *f* [mɛʃ] 158
Strand plage *f* [pla:ʒ] 86
Strandhotel hôtel *m* de la plage [o'tɛl də la pla:ʒ] 91
Strandnähe: *in* ~ près de la plage [prɛ də la pla:ʒ] 81
Straße route *f* [rut] 19, 25, 40, 43
Straßenarbeiten travaux *m/pl* [travo] 191
Straßenbahn tram *m* [tram] 117
Straßenbahnhaltestelle arrêt *m* du tramway [a'rɛ dy tram'wɛ] 116
Straßenkarte carte *f* routière [kart ru'tjɛ:r] 130
Straßenzustand état *m* des routes [e'ta de rut] 27
Strecke ligne *f* ['liɲə] 67
streichen *(annulieren)* annuler [any'le] 148
Streichholz allumette *f* [aly'mɛt] 140
Streichkäse fromage *m* à tartiner [frɔ'maʒ a tarti'ne] 110
streng sévère [se'vɛr] 165
Strickjacke veste *f* tricot [vɛs tri'kot] 135
Strohhut chapeau *m* de paille [ʃa'po də paj] 134
Strohkartoffeln pommes *f/pl* paille [pɔm paj] 104
Stromanschluß prise *f* de courant [priz də ku'rɑ̃] 94
Stromspannung voltage *m* [vɔl'ta:ʒ] 75, 86
Strömungen *(im Wasser)* courants *m/p* sous-marins [ku'rɑ̃ suma'rɛ̃] 185
Strümpfe bas *m/p* [ba] 135
Strumpfhalter jarretelle *f* [ʒar'tɛl] 136
Strumpfhose collants *m/pl* [kɔ'lɑ̃] 135
Stück morceau *m* [mɔr'so] 113, 126
Student(in) étudiant(e *f*) *m* [ety'djɑ̃(t)] 37
Studienrat professeur *m* [prɔfɛ'sœ:r] 37
studieren faire des études [fɛr dez‿e'tyd] 38
Studium études *f/pl* [e'tyd] 38
Stuhl chaise *f* [ʃɛ:z] 92
Stuhlgang selle *f* [sɛl] 168
Stunde heure *f* [œ:r] 31
stündlich d'heure en heure [dœ:r ɑ̃n‿œ:r] 31
Sturm tempête *f* [tɑ̃'pɛt] 27
Stürmer *(Fußball)* avant *m* [a'vɑ̃] 188
stürmisch: *es ist* ~ il fait de la tempête [il fɛ də la tɑ̃'pɛt] 25
stürzen faire une chute [fɛr yn ʃyt] 164
stutzen *(beschneiden)* tailler [ta'je] 157
suchen chercher [ʃɛr'ʃe] 15, 18
Sucher *(Foto)* viseur *m* [vi'zœ:r] 132
Südwind vent *m* du sud [vɑ̃ dy syd] 27
Super *(Benzin)* super *m* [sy'pɛ:r] 45
Super-8-Farbfilm film *m* en couleurs super huit [film ɑ̃ ku'lœ:r syper‿'ɥit] 131
Supermarkt supermarché *m* [sypɛrmar'ʃe] 129
Suppe potage *m* [pɔ'ta:ʒ] 103
Suppenteller assiette *f* à soupe [a'sjɛt‿a‿'sup] 97
Suppentopf potée *f* [pɔ'te] 103

süß doux [du] 111
Süßwaren confiserie *f* [kɔ̃fizə'ri] 129
Süßwasserfisch poisson *m* d'eau douce [pwa'sɔ̃ do dus] 105
Swimmingpool piscine *f* [pi'sin] 74
Synagoge synagogue *f* [sina'gɔg] 122
Synchronisation synchronisation *f* [sɛ̃krɔnizɑ'sjɔ̃] 179
synchronisiert synchronisé [sɛ̃krɔni'ze] 179

T

Tabak tabac *m* [ta'ba] 140
Tabakladen bureau *m* de tabac [by'ro də ta'ba] 129
Tablett plateau *m* [pla'to] 97
Tablette comprimé *m* [kɔ̃pri'me] 165
Tachometer tachymètre *m* [taki'mɛ:trə] 56
Tag jour *m* [ʒu:r] 31, 32, 82
Tagesraum salle *f* commune [sal kɔ'myn] 95
täglich tous les jours [tu le ʒu:r] 31
Tal vallée *f* [va'le] 122
Talkumpuder poudre *f* de talc [pudre də talk] 161
Tampons tampons *m/pl* [tɑ̃'pɔ̃] 142
Tankstelle station *f* d'essence [sta'sjɔ̃ dɛ'sɑ̃:s] 45
Tankwart pompiste *m* [pɔ̃'pist] 45
Tante tante *f* [tɑ̃:t] 35
Tanz dance *f* [dɑ̃:s] 183
tanzen dancer [dɑ̃'se] 183
Tänzer danseur *m* [dɑ̃'sœ:r] 178
Tänzerin danseuse *f* [dɑ̃'sø:z] 178
Tanzlokal dancing *m* [dɑ̃'siŋ] 183
Tanzsaal salle *f* de danse [sal də dɑ̃:s] 74
Tasche sac *m* [sak] 63
Taschenlampe lampe *f* de poche [lɑ̃:p də pɔʃ] 144
Taschenmesser couteau *m* de poche [ku'to də pɔʃ] 144
Taschenschirm tom-pouce *m* [tɔm'pus] 144
Taschentuch mouchoir *m* [mu'ʃwa:r] 135
Taschenuhr montre *f* de poche ['mɔ̃trə də pɔʃ] 143
Tasse tasse *f* [tɑ:s] 97
Tatarbeefsteak bœuf *m* tartare [bœf tar'ta:r] 107
Tau *(Wetter)* rosée *f* [ro'ze] 27
Tau *(Seil)* cordage *m* [kɔr'da:ʒ] 77
Taube pigeon *m* [pi'ʒɔ̃] 106
tauchen plonger [plɔ̃'ʒe] 186
Taucherausrüstung équipment *m* de plongée [ekip'mɑ̃ də plɔ̃'ʒe] 186
tauen dégeler [de'ʒle] 27
Taufbecken fonts *m/pl* baptismaux [fɔ̃ batis'mo] 125
Taufe baptème *m* [ba'tɛm] 123
tauschen échanger [eʃɑ̃'ʒe] 66, 94
Tauwetter dégel *m* [de'ʒɛl] 27
Taxi taxi *m* [tak'si] 64, 89, 117, 122
Taxistand station *f* de taxis [sta'sjɔ̃ də tak'si] 122
Techniker technicien *m* [tɛkni'sjɛ̃] 37
Tee thé *m* [te] 114
Teegebäck petits fours *m/pl* [pti fu:r] 113
Teekanne théière *f* [te'jɛ:r] 97
Teelöffel petite cuiller *f* [p(ə)tit kɥi'jɛ:r] 97
teilnehmen *(an)* prendre part (à) ['prɑ̃dr pa:r (a)] 123
Teilnehmer *(Telefon)* correspondant *m* [kɔrɛspɔ̃'dɑ̃] 148
Telefon téléphone *m* [tele'fɔn] 92, 150
Telefonbuch annuaire *m* du téléphone [a'nɥɛr dy tele'fɔn] 147
telefonieren téléphoner [telefɔ'ne] 147
Telefonzelle cabine *f* téléphonique [ka'bin telefɔ'nik] 147
telegrafisch télégraphique [telegra'fik] 152

Tretboot pédalo *m* [peda'lo] 186
Trichter entonnoir *m* [ɑ̃tɔ'nwa:r] 57
Triebwagen automotrice *f* [otɔmɔ'tris] 61
Triebwerk réacteur *m* [reak'tœ:r] 71
trinken boire [bwar] 96
Trinkhalle buvette *f* [by'vɛt] 175
Trinkwasser eau *f* potable [o pɔ'tablə] 95
trocken sec [sɛk] 158
Trockenhaube séchoir *m* [se'ʃwa:r] 158
Trockenrasierer rasoir *m* électrique [ra'zwar elɛk'trik] 142
trocknen sécher [se'ʃe] 93
Trommelfell tympan *m* [tɛ̃'pɑ̃] 168
Tropfen gouttes *f/pl* [gut] 161
tropfen *(Hahn)* goutter [gu'te] 88, 53
Trumpf atout *m* [a'tu] 181
Truthahn dinde *f* [dɛ̃:d] 106
Tube tube *m* [tyb] 126
Tuberkulose tuberculose *f* [tybɛrky'lo:z] 171
Tuch *(Lappen)* chiffon *m* [ʃi'fɔ̃] 57
Tulpen tulipes *f/pl* [ty'lip] 130
tun faire [fɛr] 154
Tunnel tunnel *m* [ty'nɛl] 43
Tür porte *f* [pɔrt] 92
Türklinke poignée *f* [pwa'ɲe] 92
Turm tour *f* [tu:r] 122
Turnen gymnastique *f* [ʒimnas'tik] 190
Turner gymnaste *m* [ʒim'nast] 190
Turnschuhe chaussures *f/pl* de gymnastique [ʃo'syr də ʒimnas'tik] 139
Türschloß serrure *f* de la portière [sɛ'ryr də la pɔr'tjɛr] 56
Typhus typhus *m* [ti'fys] 171

U

U-Bahn métro *m* [me'tro] 122
übel: *mir ist ~* j'ai mal au cœur [ʒe mal‿o‿'kœ:r] 164
Übelkeit mal *m* au cœur [mal‿o‿kœ:r] 171
über au-dessus de [o'dsy də] 25
überbacken au gratin [o gra'tɛ̃] 103
Überfahrt traversée *f* [travɛr'se] 72
Überfall agression *f* [agrɛ'sjɔ̃] 153
Übergang passage *m* [pasaʒ] 65
übergeben: *sich ~* vomir [vɔ'mi:r] 163
Übergepäck bagages *m/pl* en excédent [ba'gaʒ‿ɑ̃‿nɛkse'dɑ̃] 68
überholen doubler [du'ble] 42
Überholverbot interdiction *f* de dépasser [ɛ̃tɛrdik'sjɔ̃ də depa'se] 43
übermorgen après-demain [ɑprɛdə'mɛ̃] 31
Übernachtung nuit *f* [nɥi] 92
überprüfen vérifier [veri'fje] 56
übersetzen traduire [tra'dɥi:r] 24
Übersetzung traduction *f* [tradyk'sjɔ̃] 130
überweisen *(Patienten)* envoyer [ɑ̃vwa'je] 165
Überweisung *(Post)* virement *m* [vir'mɑ̃] 152
Ufer rivage *m* [ri'va:ʒ] 77
Uhr heure *f* [œ:r] 30, 148
Uhrenarmband bracelet *m* (pour montre) [bras'lɛ (pur 'mɔ̃:trə)] 143
Uhrmacher horloger *m* [ɔrlɔ'ʒe) 37
UKW ondes *f/pl* ultra-courtes [ɔ̃d yltra'kurt] 181
Ultraschall ultra-son *m* [yltra'sɔ̃] 175
um *(gegen)* à [a] 30, 32
Umgebung alentours *m/pl* [alɑ̃'tu:r] 122
Umkehrfilm film *m* inversible [film ɛ̃vɛr'siblə] 132
Umleitung déviation *f* [devjɑ'sjɔ̃] 43
Umstände: *machen Sie keine ~* ne vous dérangez pas [nə vu derɑ̃ʒe pa] 16
Umsteigefahrschein ticket *m* de correspondance [ti'kɛ də kɔrɛspɔ̃'dɑ̃:s] 59
umsteigen changer [ʃɑ̃'ʒe] 59, 61, 117
umtauschen échanger [eʃɑ̃'ʒe] 127

V

Wildschwein sanglier *m* [sɑ̃gli'je] 107
willkommen: *herzlich* ~! soyez le (la) bienvenu(e) [swa'je lə (la) bjɛ̃və'ny] 12
Wimperntusche rimmel *m* [ri'mɛl] 142
Wind vent *m* [vɑ̃] 27
Windbeutel chou *m* à la crème [ʃu a la krɛm] 114
windig: *es ist* ~ il fait du vent [il fɛ dy vɑ̃] 27
Windschutzscheibe pare-brise *m* [par'bri:z] 47
Winter hiver *m* [i'vɛ:r] 33
wir nous [nu] 26
Wirbelsäule colonne *f* vertébrale [kɔ'lɔn vɛrte'bral] 168
Wirsingkohl chou *m* frisé [ʃu fri'ze] 108
Wirtschaftswissenschaft science *f* économique [sjɑ̃s ekɔnɔ'mik] 39
Wissenschaftler savant *m* [sa'vɑ̃] 37
wo où [u] 18
Woche semaine *f* [sə'mɛn] 31, 32, 82
Wochenende week-end *m* [wi'kɛnd] 32
Wochenschau actualités *f/p* de la semaine [aktɥali'te də la smɛn] 179
Wodka vodka *f* [vɔd'ka] 112
woher d'où [du] 19
wohin où [u] 18
wohl: *sich* ~ *fühlen* se sentir bien [sə sɑ̃tir bjɛ̃] 163
Wohl *zum* ~*!* à votre santé! [a vɔtrə sɑ̃'te] 99
wohnen habiter [abi'te] 14, 19, 184
Wohnort domicile *m* [dɔmi'sil] 79
Wohnung logement *m* [lɔʒ'mɑ̃] 93
Wohnwagen caravane *f* [kara'van] 95
Wohnzimmer séjour *m* [se'ʒu:r] 93
Wolke nuage *m* [nɥa:ʒ] 27
Wolkenbruch pluie *f* torrentielle [plɥi tɔrɑ̃'sjɛl] 27
Wolldecke couverture *f* de laine [kuvɛr'tyr də lɛn] 87
Wolle laine *f* [lɛn] 136
wollen vouloir [vul'wa:r] 21
Wort mot *m* [mo] 24, 147
Wörterbuch dictionnaire *m* [diksjɔ'nɛ:r] 130
wozu? pourquoi? [pur'kwa] 18
Wunde plaie *f* [plɛ] 171
Wundsalbe pommade *f* cicatrisante [pɔ'mad sikatri'zɑ̃:t] 161
wünschen souhaiter [swɛ'te] 20
Würfel dé *m* [de] 182
würfeln jouer aux dés [ʒwe o de] 182
Würfelzucker sucre *m* en morceaux ['sykr‿ɑ̃ mɔr'so] 114
Wurst saucisse *f* [so'sis] 102
Wurzelbehandlung traitement *m* de la racine [trɛt'mɑ̃ də la ra'sin] 174

Z

zäh coriace [kɔ'rjas] 115
zahlen payer [peje] 115
Zahlkarte mandat-carte *m* [mɑ̃da'kart] 146
Zahlmeisterbüro bureau *m* du commissaire [by'ro dy kɔmi'sɛ:r] 74
Zahlmeister commissaire *m* [kɔmi'sɛ:r] 74
Zahlung paiement *m* [pɛ'mɑ̃] 152
Zahn dent *f* [dɑ̃] 168
Zahnarzt dentiste *m* [dɑ̃'tist] 173
Zahnbürste brosse *f* à dents [brɔs‿a‿dɑ̃] 142
Zahnfleisch gencive *f* [ʒɑ̃'si:v] 174
Zahnhals col *m* [kɔl] 174
Zahnklinik clinique *f* dentaire [kli'nik dɑ̃'tɛ:r] 174
Zahnmedizin dentisterie *f* [dɑ̃tistə'ri] 39
Zahnpasta dentifrice *m* [dɑ̃ti'fris] 142
Zahnschmerzen mal *m* aux dents [mal‿o‿dɑ̃] 173
Zahnspange agrafe *f* dentaire [a'graf dɑ̃'tɛ:r] 174